# Wirtschafts-Strafverordnungen

Erläutert von

Dr. E. Fuhrmann

Landgerichtsdirektor in Berlin

J. Schweitzer Verlag, Berlin W 35

1943

Druck von Walter de Gruyter & Co., Berlin W 35,
vormals G. J. Göschen'sche Verlagshandlung J. Guttentag,
Verlagsbuchhandlung • Georg Reimer • Karl J. Trübner
Veit & Comp. • Printed in Germany

# Vorwort

Gern habe ich der Bitte des Verlages entsprochen, die Wirtschaftsstrafverordnungen, die im Brennpunkte des harten Schicksalskampfes des deutschen Volkes stehen, kurz zu erläutern. Ursprünglich sollte nur die Verbrauchsregelungs-Strafverordnung behandelt werden. Da hiermit jedoch Abschnitt 1 der Kriegswirtschaftsverordnung, die Warenverkehrsverordnung und die Preisstrafrechtsverordnung eng zusammenhängen, ja teilweise ineinander greifen, habe ich es übernommen, auch diese mit einigen Bemerkungen zu versehen. Angeschlossen sind etliche Verordnungen, Anordnungen und Verwaltungserlasse, deren Abdruck zur Erschöpfung und Abrundung des Stoffes erforderlich war.

Das Schrifttum und die Rechtsprechung habe ich, soweit mir zugänglich, berücksichtigt, jedoch davon abgesehen, mich mit ihnen eingehend auseinanderzusetzen. Soweit nötig, sind abweichende österreichische Strafbestimmungen angeführt.

Wenn ich mich auch bemüht habe, die einschlägigen Vorschriften, besonders die Anordnungen vollständig und nach dem neuesten Stande wiederzugeben, so bin ich mir doch klar darüber, daß es mir bei der Fülle der Bestimmungen, bei der Vielzahl der sie erlassenden Stellen und bei dem weiten, stets im Fluß befindlichen Gebiet der deutschen Wirtschaft nicht voll gelungen ist, alles zu erfassen. Trotzdem hoffe ich, daß das Buch jedem, der es gebraucht, von Nutzen sein wird.

Berlin, Anfang April 1943.

Fuhrmann.

# Inhaltsverzeichnis

# Verzeichnis der Abkürzungen

| | |
|---|---|
| a.E. | = am Ende |
| a.a.O. | = am angeführten Ort |
| Abs. | = Absatz |
| aF | = alte Fassung |
| AG. | = Amtsgericht |
| aM. | = anderer Meinung |
| AO. | = Anordnung |
| Art. | = Artikel |
| AV. | = Allgemeine Verfügung |
| AVO. | = Ausführungsverordnung |
| Bem. | = Bemerkung |
| BGB. | = Bürgerliches Gesetzbuch |
| BGBl. | = Bundesgesetzblatt |
| Das Recht | = Monatsbeilage der Deutschen Justiz |
| DevG. | = Gesetz über die Devisenbewirtschaftung vom 12. 12. 1938 |
| d. h. | = das heißt |
| DJust. | = Deutsche Justiz, Amtliches Blatt der deutschen Rechtspflege |
| DR. | = Deutsches Recht, Wochenausgabe, |
| DRAnz. | = Deutscher Reichsanzeiger und Preußischer Staatsanzeiger |
| DRM. | = Deutsches Recht, Monatsausgabe seit 1. 1. 1943 weggefallen |
| DStR. | = Deutsches Strafrecht, Strafrechtswissenschaftliches Ergänzungsblatt der „Deutschen Justiz" |
| DStrafrZ. | = Deutsche Strafrechtzeitung |
| DVO. | = Durchführungsverordnung |
| E | = Entscheidungen des Reichsgerichts in Strafsachen |
| Erl. | = Erlaß |
| ff. | = folgende |
| GenStA. | = Generalstaatsanwalt |
| ggfalls | = gegebenenfalls |
| GS. | = Gerichtssaal |
| GoltdA. | = Goltdammers Archiv für Strafrecht und Strafprozeß |
| GWO. | = Gewerbeordnung |
| HRR. | = Höchstrichterliche Rechtsprechung, Ergänzungsblatt zur „Deutschen Justiz" und zur Sammlung der Entscheidungen des Reichsgerichts |
| HV. | = Hauptvereinigung |
| JGG. | = Jugendgerichtsgesetz |
| Johow | = Jahrbuch der Entscheidungen des Kammergerichts |
| JurW. | = Juristische Wochenschrift |
| KG | = Kammergericht |
| KFG. | = Gesetz über den Verkehr mit Kraftfahrzeugen |
| KStVO. | = Kriegsstrafverfahrensordnung v. 17. 8. 1938, RGBl. 1939 I S. 1457 |

| | | |
|---|---|---|
| KWVO. | = | Kriegswirtschaftsverordnung |
| LG. | = | Landgericht |
| LWA. | = | Landeswirtschaftsamt |
| LwRMBl. | = | Reichsministerialblatt der landwirtschaftlichen Verwaltung |
| MBliV. | = | Ministerialblatt für innere Verwaltung |
| Mittbl. I, II | = | Mitteilungsblatt des Reichskommissars für die Preisbildung Teil I, II |
| n. F. | = | neue Fassung |
| ö. | = | österreichisch (z. B. öStG. = österreichisches Strafgesetz) |
| OKW. | = | Oberkommando der Wehrmacht |
| OLG. | = | Oberlandesgericht |
| OStA. | = | Oberstaatsanwalt |
| PolVO. | = | Polizeiverordnung |
| PreisstrafrechtsVO. oder PStVO | = | Verordnung über Strafen und Strafverfahren bei Zuwiderhandlungen gegen Preisvorschriften vom 3. 6. 1939, RGBl. I S. 999, in der Fassung der VO. vom 28. 8. 1941, RGBl. I S. 539 |
| PrFM. | = | Preußischer Finanzminister |
| RAbgO. | = | Reichsabgabenordnung |
| RdErl. | = | Runderlaß |
| RFM. | = | Reichsfinanzminister |
| RfM. | = | Reichsforstmeister |
| RfPr. | = | Reichskommissar für die Preisbildung |
| RG. | = | Reichsgericht |
| RGBl. | = | Reichsgesetzblatt |
| RGZ. | = | Entscheidungen des Reichsgerichts in Zivilsachen |
| RJM. | = | Reichsminister der Justiz |
| RMdInn. | = | Reichsminister des Innern |
| RMfEuL. | = | Reichsminister für Ernährung und Landwirtschaft |
| RNVBl. | = | Verkündungsblatt des Reichsnährstands |
| RV. | = | Rundverfügung |
| RVerwBl. | = | Reichsverwaltungsblatt |
| RVerwG. | = | Reichsverwaltungsgericht |
| RVM. | = | Reichsverkehrsminister |
| RWG | = | Reichswirtschaftsgericht |
| RWM. | = | Reichswirtschaftsminister |
| RWMBl. | = | Ministerialblatt des Reichswirtschaftsministeriums |
| RZBl. | = | Reichszollblatt |
| s. | = | siehe |
| Sondg. oder Sdg. | = | Sondergericht |
| StA. | = | Staatsanwalt |
| StG. | = | Strafgesetz (österr.) |
| StGB. | = | Strafgesetzbuch für das Deutsche Reich |
| StPO. | = | Strafprozeßordnung des Reichs |
| StrVO. | = | Strafvollstreckungsordnung |
| StVO. | = | Straßenverkehrsordnung |
| StVZO. | = | Straßenverkehrszulassungsordnung |
| UnlWG. | = | Gesetz gegen den unlauteren Wettbewerb |
| u. U. | = | unter Umständen |

| | | |
|---|---|---|
| VGH. | = | Volksgerichtshof |
| vgl. | = | vergleiche |
| VO. | = | Verordnung |
| VRStVO. | = | Verbrauchsregelungs-Strafverordnung, Fassung v 26. 11. 1941, RGBl. I S. 734 |
| VVO. | = | Verordnung gegen Volksschädlinge |
| WA. | = | Wirtschaftsamt |
| WarVerkVO. | = | Verordnung über den Warenverkehr |
| ZAkDR. | = | Zeitschrift der Akademie für deutsches Recht |
| z. B. | = | zum Beispiel |
| ZPO. | = | Zivilprozeßordnung |
| ZStrW. | = | Zeitschrift für die gesamte Strafrechtswissenschaft |
| z. T. | = | zum Teil |
| ZustVO. | = | Zuständigkeitsverordnung v. 21. 2. 1940, RGBl. I S. 405 |
| z. Zt. | = | zur Zeit |

# Teil I

## Verordnung über Strafen und Strafverfahren bei Zuwiderhandlungen gegen Vorschriften auf dem Gebiet der Bewirtschaftung bezugsbeschränkter Erzeugnisse (Verbrauchsregelungs-Strafverordnung) in der Fassung vom 26. November 1941

(RGBl. I S. 734)

### Einleitung

Übersicht über den Aufbau der Verbrauchswirtschaft und ihre Entwicklung zur Verbrauchsregelungsstrafverordnung.

Der Ausbruch des Krieges forderte die Umstellung der Verbrauchswirtschaft. War vordem der Warenumlauf nur in geringem Umfang beschränkt, so mußte nunmehr der Verbrauch aller lebenswichtigen Güter geregelt werden. Die Zwangswirtschaft wurde eingeführt. Zu diesem Zwecke wurde die Verordnung zur vorläufigen Sicherstellung des lebenswichtigen Bedarfs des deutschen Volkes vom 27. August 1939 (RGBl. I S. 1498) erlassen. Die Verordnung führte für Lebensmittel, Seife, Hausbrandkohle, Spinnstoff und Schuhwaren Bezugscheine ein und enthält Bestimmungen über gerichtliche und Ordnungsstrafen sowie über Zwangsmaßnahmen. Bald wurde diese sog. Sicherstellungsverordnung ersetzt. Während diese die landwirtschaftlichen und gewerblichen Erzeugnisse noch zusammen behandelte, war durch die Verordnung über die Wirtschaftsverwaltung v. 27. August 1939 (RGBl. I S. 1495) mit den Änderungen in der Vorordnung v. 28. November 1939 ((RGBl. I S. 2315) [1]) die Organisation in gewerbliche Wirtschaft sowie in Ernährung und Landwirtschaft getrennt worden. Für den Bereich der gewerblichen Wirtschaft wurden Bezirkslandeswirtschaftsämter und bei den unteren Verwaltungsbehörden Wirtschaftsämter errichtet. Ihre Aufgaben sind in den Artikeln III u. VI der Ersten Durchführungsverordnung zur Verordnung über die Wirtschaftsverwaltung vom 27. August 1939 (RGBl. I S. 1519)[2] aufgeführt. Für den Bereich Ernährung und Landwirtschaft sind Landes-(Provinzial-)Ernährungsämter und bei den unteren Verwaltungsbehörden Ernährungsämter entstanden. Deren Aufgabenkreis ist im Ersten Abschnitt der Verordnung über die öffentliche Bewirtschaftung von landwirtschaftlichen Erzeugnissen vom 27. August 1939 (RGBl. I S. 1521)[3] festgelegt. Diese Verordnung enthält ferner allgemeine Bestimmungen über die öffentliche Bewirtschaftung landwirtschaftlicher Erzeugnisse, die im einzelnen in neun Verordnungen vom 7. September 1939 (RGBl. I Nr. 122 S. 1705) aufgeführt sind, und verwies hinsichtlich der Strafvorschriften (§ 34) auf die Warenverkehrsverordnung. Hierdurch ergaben sich erhebliche Schwierigkeiten. § 12 der Verordnung über den

[1] abgedruckt S. 124.
[2] Abgedruckt S. 129.
[3] Abgedruckt S. 132.

Warenverkehr in der Fassung vom 18. August 1939 (RGBl. I S. 1431)[1] drohte lediglich Vergehensstrafen an; das Ordnungsstrafrecht aus § 15 der Verordnung stand den Ernährungsämtern nicht zu. Die Sicherstellungs verordnung ist für die Ernährungswirtschaft mit dem 24. September 1939 ((VO. v. 22. September 1939, RGBl. I S. 1872) außer Kraft getreten. Für das Gebiet der gewerblichen Wirtschaft wurde sie durch die Verordnung über die Verbrauchsregelung vom 14. November 1939 (RGBl. I S. 2221)[2] ersetzt, die in den §§ 12—14 Strafbestimmungen enthielt. Diese sowie § 34 der Verordnung vom 27. August 1939 (RGBl. I S. 1521)[3] wurden durch Verordnung über Strafen und Strafverfahren bei Zuwiderhandlungen gegen Vorschriften auf dem Gebiet der Bewirtschaftung bezugsbeschränkter Erzeugnisse (Verbrauchsregelungs-Strafverordnung) vom 6. April 1940 (RGBl. I S. 610) außer Kraft gesetzt. Die Verordnung führte nunmehr gemeinschaftliche Strafvorschriften für Zuwiderhandlungen im Bereich der gewerblichen wie der Ernährungswirtschaft ein und brachte das Ordnungsstrafrecht der Wirtschafts- und Ernährungsämter, den Antrag auf gerichtliche Entscheidung u. a. Zu dieser VRStVO. sind ergangen

AV. d. RJM. vom 15. April 1940 (DJust. S. 455),
Erlaß d. RWM. vom 28. Mai 1940 (RWMinBl. S. 362),
Erlaß d. RMfEuL. vom 10. Juli 1940 Rietzsch Kom. S. 190,
Erlaß d. MdI. vom 30. April 1941 (DJust. S. 660).

Jedoch auch diese Regelung wies Lücken und Unebenheiten auf. Die in 1½ Jahr gesammelten Erfahrungen haben in der vorliegenden Fassung der VRStVO. ihren Niederschlag gefunden. Durch Artikel I der Verordnung zur Ergänzung und Änderung von Vorschriften auf dem Gebiete der Verbrauchsregelung vom 25. November 1941 (RGBl. I S. 731) ist sie erheblich verbessert und gemäß Artikel IV am 26. November 1941 (RGBl. I S. 734) neugefaßt veröffentlicht worden. Zu dieser Neufassung sind ergangen

AV. d. RJM. vom 12. Januar 1942 (DJust. S. 49)[3]
Erlaß d. RWM. vom 4. Dezember 1941 (RWMinBl. S. 184)
Erlaß d. RMfEuL. vom 21. Januar 1942 (LwMinBl. S. 87.

Geltungsbereich.

Die VRStVO. gilt im Großdeutschen Reich abgesehen vom Protektorat Böhmen und Mähren. Hier sind von der Protektoratregierung Verordnungen und in deren Ausführung Kundmachungen erlassen, die in der Sammlung der Gesetze und Verordnungen (Slg.) veröffentlicht sind und auf die zu § 23 verwiesen ist. Im Elsaß ist die VRStVO. durch Verordnung vom 17. April 1942 (VOBl. S. 146), in Lothringen durch Verordnung vom 20. Mai 1942 (VOBl. S. 261) und in Luxemburg durch Verordnung vom 8. April 1942 (VOBl. S. 136) eingeführt.

Schrifttum zur alten Fassung der VO v. 6. April. 40 (RGBl. I S. 610): Schneider-Peren bei Alpers—Backe—Landfried—Posse—Syrup, Kommentar zur Reichsverteidigungsgesetzgebung, Berlin 1939ff., Bd. II; Rietzsch bei Freisler—Grau—Krug—Rietzsch, Deutsches Strafrecht Bd. I, Berlin 1941, S. 355ff.; Schneider-Peren bei Pfundtner—Neubert,

---

[1] Abgedruckt in der Fassung vom 11. Dezember 1942 (RGBl. I S. 686) S. 66.

[2] Abgedruckt S. 145.

[3] Abgedruckt S. 158.

Das neue Reichsrecht, III RV 25; Cunio, Kriegswirtschaftsstrafrecht 1941; Käss, Die VRStVO.; Anderegg, Verbrauchs-Regelungs-Strafverordnung unter Mitberücksichtigung der neuen Strafbestimmungen der Kriegswirtschaftsvo. geg. Tausch- u. Schleichhandel 1942; Brombach, DJust. 1940 S. 496 u. 788; Hagemann, ebenda S. 587; Mittelbach, DR. 1940 S. 531, 781, bes. S. 1508; 1941 S. 2316 u. Schuhmacher, ebenda S. 1816. Nagler, GS. 114 S. 177; Nüse, DJust. 1940 S. 958; Kohlrausch, Strafgesetzbuch 37. Aufl. S. 809. Zur Neufassung: Rietzsch, DR. 1942 S. 97; Schneider, DJust. 1942 S. 303 u. 319; Peren-Schneider-Rietzsch, Das Strafrecht der Verbrauchsregelung u. des Tausch- u. Schleichhandels, 2. Bearbeitung (Rietzsch Komm.); Schwarz, Strafgesetzbuch, 11. Aufl. S. 1047; Brombach, RVerwBl. 1942 S. 128 u. Deutsche Verwaltung 1942 S. 29.

---

Allen Blockadeversuchen zum Trotz ist die Versorgung unseres Volkes mit den lebensnotwendigen Verbrauchsgütern gesichert. Durch die Einführung von Karten und Bezugscheinen ist dafür gesorgt, daß jeder Deutsche seinen Anteil an diesen Gütern erhält. Die gerechte Verteilung ist von der Disziplin jedes einzelnen Deutschen abhängig. Besonders hohe Verantwortung für den Erfolg der Verbrauchsregelung tragen Erzeuger, Verarbeiter und Händler als Treuhänder der ihnen anvertrauten Verbrauchsgüter.

Zum Schutze vor uneinsichtigen und böswilligen Volksgenossen wird auf Grund der Verordnung über den Warenverkehr in der Fassung vom 18. August 1939 (RGBl. I S. 1431) und des Gesetzes über den vorläufigen Aufbau des Reichsnährstandes und Maßnahmen zur Markt- und Preisregelung für landwirtschaftliche Erzeugnisse vom 13. September 1933 (RGBl. I S. 626) verordnet:

## § 1

**(1) Mit Gefängnis und Geldstrafe, letztere in unbeschränkter Höhe, oder mit einer dieser Strafen wird bestraft[1], wer[2] in Ausübung eines Gewerbes oder Berufs[3]**

1. **bezugsbeschränkte Erzeugnisse[4] ohne Bezugsberechtigung[5], insbesondere ohne gültige[6] Bescheinigung über die Bezugsberechtigung[7] (z. B.[8] Bezugskarte, Bezugschein, Großbezugschein, Punktscheck, Bestellschein, Eintragung in die Kundenliste), bezieht[9] oder abgibt[10], eine ihm nicht zustehende Bezugsberechtigung[11] für sich[12] ausnutzt[13] oder die Verfügung über eine Bezugsberechtigung einem andern überläßt[14] oder sich verschafft[15],**
2. **durch unrichtige[16] oder unvollständige[17] Angaben eine Bezugsberechtigung erschleicht[18],**
3. **dem Verbraucher[19] (Versorgungsberechtigten)[20] bezugsbeschränkte Erzeugnisse[4] vorenthält[21], zu deren Abgabe er verpflichtet ist[22],**

**4. Bescheinigung über die Bezugsberechtigung[7] entgegennimmt[23] oder Abschnitte abtrennt[24], ohne Ware zu iiefern[25],**

**5. gegen Anordnungen der Landeswirtschaftsämter oder Wirtschaftsämter[27] verstößt, die auf Grund ausdrücklicher Ermächtigung erlassen werden[28] und auf die Strafandrohungen dieser Verordnung Bezug nehmen[29],**

**6. eine sonstige Zuwiderhandlung gegen die Vorschriften des Zweiten Abschnitts der Verordnung über die öffentliche Bewirtschaftung von landwirtschaftlichen Erzeugnissen[30] oder gegen eine Bestimmung begeht[31], die auf Grund der Verordnung über die öffenliche Bewirtschaftung von landwirtschaftlichen Erzeugnissen[32] oder einer hierauf beruhenden anderen Vorschrift[33] erlassen worden ist.**

**Der Versuch[34] ist strafbar[35].**

**(2) In leichten Fällen[36] kann auf Geldsrafe bis zu 150 Reichsmark oder auf Haft erkannt werden[37].**

**(3) Liegt in den Fällen des Abs. 1 Nr. 6 ausschließlich[38] eine Zuwiderhandlung gegen eine Anordnung einer bewirtschaftenden Stelle[39] auf dem Gebiet der Ernährungswirtschaft vor (§§ 6 und 7 der Verordnung über die öffentliche Bewirtschaftung von landwirtschaftlichen Erzeugnissen vom 27. August 1939 — Reichsgesetzbl. I S. 1521),[40] so tritt die Strafverfolgung nur auf Verlangen[41] der bewirtschaftenden Stelle[42] ein. Das Verlangen ist unzulässig, wenn wegen derselben Handlung eine Ordnungsstrafe (§§ 4 und 20) festgesetzt worden ist[44]. Das Verlangen kann zurückgenommen werden[45 46].**

**1.** Eine Schuldform, Vorsatz, Fahrlässigkeit, von der die Zuwiderhandlungen getragen sind, ist nicht angegeben. Im Fall des Erschleichens einer Bezugsberechtigung (§ 1 Abs. 1 Nr. 2 u. § 2 Abs. 1 Nr. 2) und des Überlassens einer Bescheinigung, in Bereicherungsabsicht (§ 2 Abs. 1 Nr. 1) sowie in den Versuchsfällen ist Vorssatz erforderlich, in den übrigen übrigen Fällen genügt Fahrlässigkeit.

Zur Annahme des Vorsatzes reicht die Feststellung aus, daß die Täter das Bewußtsein hatten, gegen ein Gesetz zu verstoßen oder sonst Unrecht zu tun oder mindestens diese Möglichkeit in Kauf nahm. Liegt Vorsatz oder bedingter Vorsatz nicht vor, so bleibt Fahrlässigkeit. Fahrlässig handelt, wer den Tatbestand eines Strafgesetzes pflichtwidrig verwirklicht oder auch die Tat mit Wissen und Willen begeht und dabei pflichtwidrig nicht erkennt, daß er damit gegen ein Gesetz verstößt oder sonst Unrecht tut. Solche Schuldform ist immer gegeben; denn die Bezugsbeschränkungen sind ständig bekannt gegeben, jedermann hat im Laufe des jahrelangen Krieges ihre Auswirkungen an sich erfahren. Wer nicht unterrichtet ist, hat seine Unkenntnis verschuldet § 59 Abs. 2 StGB. Das trifft auch zu, soweit die VRStVO. als Blankettstrafgesetz als offenes Strafgesetz — E. 76 S. 37 (41) — anzusehen ist. Vgl. Anm. 27, ferner Abs. 1 Ziff. 6, Abs. 3 zu § 1, §§ 5, 6, 20. Die sachlichen Verbrauchsregelungsvorschriften, die außerhalb der VRStVO. liegen und die diese Strafbestimmungen ausfullen, sind die Tatumstände im Sinne des § 59 StGB. So ist eine Bestrafung in allen Fällen möglich, mag die etwa bestehende Unkenntnis auf Rechtsirrtum oder auf außerstrafrechtlichem Irrtum beruhen. Ebenso Rietzsch, Komm. S. 40.

Vorsätzlich handelt der sog. Wahnverbrecher, der Täter, der eine strafrechtliche harmlose Tat als Wirtschaftsdelikt begeht. Der Händler glaubt sich strafbar gemacht zu haben, wenn er aus dem Privatbesitz eines Bauern von diesem auf Karte gekaufte Wurst kauft. Solche Handlung ist straflos.

**2.** Täter können sein Deutscher, Staatenloser und Ausländer, der im Inlande beschäftigt ist. RG. HRR. 1942 Nr. 604, jedoch nur die natürliche, nicht die juristische Person Anm. 12 zu § 4.

**3.** Im Gegensatz zu den Verbrauchern, von denen in § 2 die Rede ist, stehen in Ausübung eines Gewerbes oder Berufs die Erzeuger, Verarbeiter und Händler, die als Treuhänder ihnen anvertrauter Güter nach dem Vorspruch besonders hohe Verantwortung für den Erfolg der Verbrauchsregelung tragen. Zu den Erzeugern gehört der Landwirt, der Bauer, Siedler, der Geflügelhalter E. 76 S. 223. Zu den Groß- und Kleinhändlern, den Verteilern, ist jeder Kaufmann, der Spediteur, der Gastwirt, Leiter einer Werkküche (RG. DR. 1943 S. 402) zu rechnen. Verarbeiter sind Fabrikanten, Handwerker.

Auf den Umfang des Betriebes kommt es nicht an. Der Täter muß in nicht bloß bei Gelegenheit der Ausübung des Gewerbes (RG. HRR. 1942 Nr. 869), innerhalb, im Rahmen seines Gewerbes oder Berufs handeln E. 76 S. 230, er muß als Gewerbetreibender, als Berufsausübender auftreten, er muß für sein Gewerbe oder seinen Beruf tätig werden: z. B. auch der Händler, der betriebsfremde Ware für sein Geschäft eintauscht RG. v. 6. 3. 42 — 6 D. 6, 42 —. Im Zusammenhang mit dem Gewerbebetriebe handelt der Gastwirt, wenn er Lebensmittel zur Verpflegung seiner Angestellten besorgt E. 76 S. 230. Eine solche Betätigung ist nicht gegeben, wenn, wie § 2 Abs. 2 dartut, der Erzeuger oder Händler für sich aus seinem Betriebe Waren entnimmt: z. B. Landwirt schlachtet ohne Genehmigung für seinen Haushalt oder der Händler erwirbt branchefremde Ware für sich, nicht für sein Geschäft.

Dem Inhaber oder Leiter des landwirtschaftlichen und gewerblichen Betriebes steht die Gefolgschaft: Arbeiter, Angestellte, Gehilfen und im Betriebe tätige Familienangehörige gleich. RG. HRR. 1941 Nr. 696, z. B. die Frau des Gastwirts beim Einkauf von Geflügel E. 76 S. 230. Gleichgültig ist es, wo das Gewerbe ausgeübt wird. Es haftet nicht am Betriebs- oder Geschäftslokal: Der Schankwirt (oder als Vertreter seine Ehefrau) gibt Zigaretten in seiner Privatwohnung ab. E. 76 S. 230 (233), Die gleiche Verantwortung wie der Händler hat ferner der, welchem die Besorgung und Verteilung von Waren ubertragen worden ist: der im Gewerbe zugelassene Warenverkäufer für Zigarren und Erfrischungen oder der fremdstämmige Arbeiter, der von seiner deutschen Arbeitgeberin ständig damit betraut ist, die Lebensmittel für die anderen bei der Arbeitgeberin tätigen fremden Arbeiter zu kaufen und an sie zum Selbstkostenpreis zu verteilen. RG. HRR. 1942 Nr. 604.

In Ausübung eines Gewerbes oder Berufs handelt auch, wer pflichtwidrig die ihm übertragene Berufsaufgabe nicht erfüllt. RG. DJust. 1943 S. 63 — DR. 1943 S. 187.

Diesen legalen Händlern, die den gewerberechtlichen Vorschriften nachkommen, sind gleich zu ordnen die Personen, die sich einen Gewerbebetrieb anmaßen, sich nach außen hin in gleicher Art, wie Gewerbetreibende betätigen und sich dabei einen Verdienst verschaffen wollen, die also gewerbsmäßig handeln. E. 75 S. 187, E. 76 S. 37 (41). Kellner: der beim Gästebedienen Schlipse verkauft; der frühere Fischhändler, der die aus den besetzten Gebieten unrechtmäßig eingeführten Schuhe vertreibt. RG. DJust. 1942 S. 804 = DR. 1943 S. 37; der Hehler, der die gestohlenen Militärhemden in Teilen an Arbeitskameraden absetzt; der frühere Kaufmann, jetzt Rentner, der alte Bestände aus der Vorkriegszeit an Bekannte laufend abgibt und sich dadurch eine Einnahmequelle verschafft; Betriebe oder Behörden, die Waren aus Beutebeständen oder Großeinkäufen in den besetzten Gebieten an ihre Gefolgschaft verkaufen. Vgl. Erlaß des RMW. u. RMfEuL. v. 1. 5. 1942, RWMBl. S. 243.

Auch der Verbraucher kann sich der Teilnahme an der Zuwiderhandlung nach § 1 schuldig machen, ohne daß er in Ausübung eines Gewerbes und Berufs gehandelt hat. RG. v. 13. 6. 1941 Schwarz StGB. 11. Aufl. S. 1057.

Zu diesem Personenkreis gehören nicht die Beamten und Angestellten des Reichs, der Länder, der Gemeinden und der Organisationen, die mit der Durchführung der Vorschriften über die Bewirtschaftung bezugsbeschränkter Erzeugnisse dienstlich betraut sind, ebensowenig die Amtswalter und Helfer der NSV., die bei der Zuteilung und Ausgabe Lebensmittelkarten mitarbeiten. Für deren Amtsmißbrauch gelten, soweit sie, Beamte im staatsrechtlichen Sinne sind, das Beamtendienststrafrecht, §§ 331 ff. StGB., auch Artikel III der VO. v. 25. 11. 1941 (RGBl. I S. 731) und sonstige allgemeine Strafvorschriften. Die Angestellten sind, da sie nach §§ 1, 20 War.verk.VO. §§ 1, 4 VO. v. 27. 8. 1939 (RGBl. I S. 1521), Erl. des RMfEuL. v. 20. 9. 1939 (LwMBl. S. 1069) u. § 1 VO. v. 14. 11. 1939 (RGBl. I S. 2221) staatshoheitliche Aufgaben erfüllen, im Sinne der § 359 StGB. als Beamte anzusehen E. 75 S. 193. Hierüber siehe Anm. 1 zu Art. III d. VO. v. 25. 11. 1941 auf Seite 49. Natürlich können sich die Beamten und Angestellten der Teilnahme an Zuwiderhandlungen nach § 1 und als Verbraucher der Straftaten nach § 2 schuldig machen. Unterrichtung der Ämter von Zuwiderhandlungen der Amtangeh. AV. v. 12. 1. 1942 zu III 6, die Seite 158 abgedruckt ist.

**4.** Erzeugnisse sind auf dem Gebiete der Ernährungswirtschaft alles, was zur Ernährung hervorgebracht wird, im gewerblichen Sektor Fertigwaren, auch sog. Vorprodukte, d. h. Erzeugnisse in den Vorstufen der Produktion und der Verteilung, soweit sie zum Verbrauch bestimmt sind.

A. Bezugsbeschränkte Erzeugnisse sind die Waren, die durch Anordnung des zuständigen Reichsministers oder des von ihm Ermächtigten öffentlich bewirtschaftet werden und die der letzte Verbraucher nur auf Karte oder Bezugschein (Kundenliste) beziehen kann. E. 76 S. 37(40). Es scheiden also die Waren aus, die der Verbraucher entweder schon vor dem Kriege erworben hat oder die er frei beziehen kann, während der Bezug durch Groß- oder Einzelhändler Einschränkungen unterliegt. Bezugsbeschränkung liegt nicht in den Richtlinien, die eine Reichsstelle für den Verteiler erläßt, z. B. im Falle der Abgabe knapper Ware (Ledertaschen), ohne daß der Verbraucher davon unmittelbar betroffen wird. Gegenstand der Beschränkung ist die Zeit, in der die Bezugmöglichkeit besteht, und die Menge der Ware, die der Verbraucher beziehen darf, auch die Wahl des Lieferanten (Kaufmanns). Ist die Menge nicht festgesetzt, so behält sich das Amt weiteres vor, z. B. bei den Tabakkontrollkarten, bei den Bezugsausweisen für Petroleum und Zuteilungen von Treibgas.

Bezugsbeschränkt können auch Waren sein, die nicht öffentlich bewirtschaftet sind: Obst und Gemüsearten, soweit das Ernährungsamt gemäß § 3 der VO. v. 27. 8. 1939 (RGBl. I S. 1521) es angeordnet hat; Fische und Fischwaren, soweit in Gemeinden die Eintragung in Kundenlisten vorgesehen ist, oder gewerbliche Erzeugnisse, dessen Abgabe und Bezug für den nichtgewerblichen Verbrauch das Landeswirtschafts- bzw. Wirtschaftsamt nach § 12 der VO. v. 14. 11. 1939 (RGBl. I S. 2221) i. d. Fass. d. VO. v. 25. 11. 1941 (RGBl. I S. 731) geregelt hat.

Keine Voraussetzung der Bezugsbeschränkung ist die Beschlagnahme der Ware, die im gewerblichen Sektor auf der Warverk.VO., im Ernährungssektor auf §§ 21 ff. d. VO. v. 27. 8. 1939 (RGBl. I S. 1521) u. a. VOen des RMfEuL. beruht. Durch die Beschlagnahme wird das Recht, die Ware zu be- oder zu verarbeiten, sowie sie zu veräußern oder sich zu ihrer Veräußerung zu verpflichten, beschränkt. §§ 2, 3 der VO. über die Wirkungen der Beschlagnahme zur Regelung des Warenverkehrs v. 4. 3. 1940, RGBl. I S. 551). Der bisherige Verfügungsberechtigte darf nur mit Genehmigung der anordnenden Stelle über die Ware verfügen. Der Verlag darf z. B. nur zum Druck bestimmter Werke seinen Papiervorrat verwenden. Die Beschlagnahme erfaßt lediglich die Bestände der Erzeuger und Verarbeiter, nicht die der Verbraucher. Nur soweit die beschlagnahmte Ware beim Letztverbraucher abzusetzen ist, ist sie bezugsbeschränkt. Das ist nicht der Fall bei Fellen und Häuten, wohl aber beim Kaffe. Ebenso Rietzsch Komm. S. 29. a. M. RG. E. 76 S. 37. Hiernach richtet sich die Strafbarkeit. Sind unzulässige Geschäfte über bezugsbeschränkte und beschlagnahmte Waren vorgenommen, so treffen die Zuwiderhandlungen aus § 12 Warverk.VO. und aus § 1 VRStVO. tateinheitlich zusammen.

B. Bezugsbeschränkte Erzeugnisse sind:

a) im Bereich der gewerblichen Wirtschaft:

Fahrräder, Anordnungen Nr. 11 und 12 der Reichsstelle für technische Erzeugnisse über die Verbrauchsregelung für Fahrräder, Motorfahrräder und Fahrradanhänger v. 2. 10. 1941 u. 15. 12. 1941, DRAnz. Nr. 232 u. 295.

Fahrzeug-Kautschuk-Bereifungen, AO. I 43 der Reichsstelle für Kautschuk und Ruß v. 22. 12. 42,DRAnz. 1943 Nr. 2; I 43;

Flüssige Kraftstoffe, AO. I 43 der Reichsstelle für Mineralöl v. 21. 12. 42 (Verbrauchsregelung für flüssige Kraftstoffe), DRAnz. Nr. 303;

Handbälle, AO. der Reichsstelle für Lederwirtschaft v. 29. 2. 1940, DRAnz. Nr. 51; ·

Kohle, AO. H 10, H 10a, 10b der Reichsstelle für Kohle v. 22. 4. 1941, 23. 12. 1941 u. v. 13. 1. 1943, DRAnz. Nr. 93, 300 u. 20;

Leder, AO. 72 der Reichsstelle für Lederwirtschaft v. 5. 4. 1940, DRAnz. Nr. 81;

Milchzentrifugen, AO. 10 der Reichsstelle für technische Erzeugnisse über die Verbrauchsregelung für Milchzentrifugen und Einrichtungen zur Herstellung von Butter v. 15. 2. 1941 DRAnz. Nr. 39;

Petroleum, AO. III 43 der Reichsstelle für Mineralöl zur Regelung des Einzelhandels mit Petroleum v. 21. 12. 42 DRAnz. Nr. 303;

Schmieröl, AO. II 43 der Reichsstelle für Mineralöl über die Regelung des Absatzes und des Verbrauchs von Schmieröl für Verbrennungskraftmaschinen v. 21. 12. 42, DRAnz. Nr. 303;

Schreibmaschinen, AO. 7 der Reichsstelle für technische Erzeugnisse über die Verbrauchsregelung für Schreibmaschinen v. 10. 5. 1940 i. d. F. der Bek. v. 8. 5. 1941, DRAnz. Nr. 105;

Schuhe und Sohlenmaterial, VO. über die Verbrauchsregelung für Schuhe und Sohlenmaterial v. 16. 1. 43, RGBl. I S. 26.

Spinnstoffwaren, Verordnung über die Verbrauchsregelung für Spinnstoffwaren vom 14. 11. 1939, RGBl. I S. 2196, in der Fassung der Verordnung v. 17. 2. 43, RGBl. I S. 104, AO. II 43 des Reichskommissars für Kleidung und verwandte Gebiete v. 29. 12. 42 (RAnz. 1943 Nr. 5);

Tabakwaren AO. über die Regelung des Kleinverkaufs von Tabakwaren .v 7. 1. 1942, und Anordnung zur Durchführung der Anordnung über die Regelung des Kleinverkaufs von Tabakwaren v. 7. 1. 1942, DRAnz. Nr. 21;

Trockenbatterien, AO. 6 der Reichsstelle für technische Erzeugnisse über die Verbrauchsregelung für Trockenbatterien v. 23. 4. 1940, DRAnz. Nr. 95.

b) im Bereich der Ernährungswirtschaft:

Eier und Ei-Erzeugnisse, Verordnung über die öffentliche Bewirtschaftung von Eiern und Ei-Erzeugnissen v. 7. 9. 1939 — RGBl. I S. 1732; die Verordnung gilt auch für Nutz- und Zuchtgeflügel (Bek. des RMfEuL. v. 8. 2. 1940, DRAnz. 46); über Eierablieferung für Geflügelhalter, vgl. AO. 10 42 der HV. d. dt. Eierwirtschaft v. 15. 12. 1942, RNVbl. S. 543 = DJust. 1943 S. 59; über Güteprüfung und Ersatz des Ausfalls der Eier AO. 19/39 ders. HV. v. 13. 10. 1939 — RNVBl. S. 760 — der AO. 22/39 v. 2. 11. 1939 — RNVBl. S. 800; über die Abgabe von Schlacht-, Nutz- und Zuchtgeflügel sowie Verbot der Pensionsgeflügelhaltung AO. 2/40 ders. HV. v. 29. 2. 1940 — RNVBl. S. 87;

Fische und Fischwaren, VO. v. 7. 9. 1939 (RGBl. I S. 1734), soweit die Gemeinden Kundenlisten oder andere Bezugsregelungen eingeführt haben. Anm. 8f.

Gartenbauerzeugnisse, VO. v. 7. 9. 1939, RGBl. I S. 1731, 1952 und verschiedene Anordnungen über die Ausgabe und Verteilung von Gewürzen, Speisezwiebeln, Obstgetränke, Trockengemüse und Gemüsekonserven. Brotaufstrichmittel sind: Obstkonfitüren, Marmeladen, Pflaumenmus, Obstgelees, Obstkraut und Rübenkraut. Gewürze sind Pfeffer, Paprika, Piment, Nelken, Senf, Zimt, Kümmel, Majoran und Mischungen. Getreide- und Futtermittel, VO. v. 7. 9. 1939, RGBl. I S. 1705. Zu Getreideerzeugnissen gehören: Hülsenfrüchte, Futtermittel, Reis, Kaffeersatz- und Zusatzmittel sowie schwarzer und grüner Tee. Brot und Mehl werden auf die Reichsbrotkarte, Graupen, Grieß, Grütze, Haferflocken, Teigwaren, Reis, Kaffeeersatz und Zuckermittel sowie Tee auf Nährmittelkarte, schließlich Futtermittel für Pferde und Hunde auf Futtermittelscheine abgegeben;

Kaffee, Beschlagnahme der Kaffeebestände und das allgemeine Röstverbot AO. 8 der Reichsstelle für Kaffee v. 9. 9. 1939, DRAnz. Nr. 210. AO. Nr. 18 ders. Reichsstelle v. 20. 2. 1942, DRAnz. Nr. 44. Abgegeben wird der Kaffee auf Nährmittelkarte nach Aufruf;

Kartoffeln, VO. v. 7. 9. 1939, RGBl. I S. 1727. Abgabe von Speisekartoffeln auf Bezugsausweis, Erl. d. RMfEuL. v. 5. 3. 1942 (LwRMBl. S. 261). Für Kartoffelwalzmehl und Backhilfsmittel besteht Bezugscheinpflicht, Erl. d. RMfEuL. v. 22. 2. 1941, DRAnz. Nr. 49. Über die Marktordnung in der Kartoffelwirtschaft (AO. der HV. der deutschen Kartoffelwirtschaft v. 1. 11. 1940 — RNVBl. S. 579 —);

Milch und Fett, VO. v. 7. 9. 1939 — RGBl. I S. 1714, 1776. Milchablieferung AO. der HV. der deutschen Milch- und Fettwirtschaft AO. 5 v. 6. 9. 1939 (RNVBl. S. 641) i. d. F. der AO. A. 15 v. 30. 11. 1939 (RNVBl. S. 835). Maßnahme zur Bewirtschaftung von Milch, Milcherzeugnissen, Ölen und Fetten AO. A 9 ders. HV. v. 23. 9. 1939 (RNVBl. S. 707) i. d. F. der AO. v. 14. 11. 1939 (RNVBl. S. 811). Die Durchführung der Milchablieferungs. pflicht AO. A 28 ders. HV. v. 9. 4. 1941 (RNVBl. S. 136, 153). Kindermilchnährmittel, Erlaß des RMfEuL. v. 9. 12. 1941 (LwRMBl. S. 1050) und die AO. A 31 ders. HV. v. 27. 5. 1941 (RNVBl. S. 231). Absatz von Speiseöl. AO. A 22 ders. HV. 30. 6. 1940 (RNVBl. S. 262);

Saatgut, VO. v. 18. 10. 1939, RGBl. I S. 2051. Bewirtschaftende Stelle ist die Saatgutstelle;

Süßwaren und Rohkakao, VO. v. 7. 9. 1939, RGBl. I S. 1735 und andere Anordnungen, z. B. über den Verkehr mit Kunsthonig AO. 99 der Wirtschaftlichen Vereinigung der deutschen Zucker- u. Süßwarenwirtschaft v. 31. 10. 1939 (RNVBl. S. 795); Abgabe auf besonders aufgerufene Abschnitte der Nährmittelkarten oder der örtlichen Bezugsausweise;

Tiere und tierische Erzeugnisse, VO. v. 7. 9. 1939 — RGBl. I S. 1714 — i. d. F. der Bek. v. 10. 1. 1940 — DRAnz. Nr. 13 —, der VO. v. 19. 9. 1940 — RGBl. I S. 1255 — und der VO. v. 26. 5. 1941 — RGBl. I S. 292 —, abgedruckt S. 148. Über die Bewirtschaftung vgl. AO. 1/43 der HV. der deutschen Viehwirtschaft, betr. Schlachtviehmarktordnung für das Jahr 1943 v. 19. 12. 1942 (RNVBl. S. 551). Hasen, Kaninchen und Fasanen sind bezugsbeschränkt, aber nicht fleischmarkenpflichtig. Wildgeflügel, wie Rebhühner und Wildenten, sind nicht bewirtschaftet;

Zucker, VO. v. 7. 9. 1939, RGBl. I S. 1728. Bewirtschaftung von Zucker, zuckerhaltigen Futtermitteln und Melasse AO. Nr. 57 der HV. der deutschen Zucker- u. Süßwarenwirtschaft v. 19. 9. 1939 (RNVBl. S. 678). Zucker für Gaststätten Erl. des RMfEuL. v. 28. 3. 1941 (LwRMBl. S. 299). Abzugeben auf die Reichskarten für Marmelade und Zucker.

C. Von der Bewirtschaftung werden auch die vom Auslande, aus den besetzten Gebieten eingeführten Erzeugnisse erfaßt. Lediglich Waren im Gewicht bis zu 5 kg, die im Personenverkehr oder nachweislich als Geschenk im Post- oder Frachtverkehr hereingelangen, sind von der Beschlagnahme frei und können verbraucht werden, ohne daß sie auf die Rationen angerechnet werden. Die Mitnahme von Waren durch Angehörige der Wehrmacht ist zum Verbrauch im eigenen Haushalt unbeschränkt. Dagegen ist die entgeltliche Weiterveräußerung verboten. RV. d. RJM. v. 21. 10. 1942 — 4640 III a² 2027, betr. Gen.gouv. v. 19. 12. 42 — 4640 III a² 2421, 42. Der Erwerb solcher Waren ist daher strafbar. RG. DJust 1942 S. 804.

D. Solange die bezugsbeschränkte Ware nicht ordnungsmäßig in den Besitz des Letztverbrauchers gelangt ist, bleibt diese Bindung bestehen. Das unrechtmäßig erlangte, das gestohlene, das unterschlagene, das geschumggelte Erzeugnis wird nicht frei. Die Beschränkung hört auf, wenn der Versorgungsberechtigte die Ware bezogen hat; erst dann kann er unumschränkt darüber verfügen: durch Schenkung, durch Tausch, soweit nicht dadurch gegen § 1 a KWVO. verstoßen wird, oder durch sonstige Abgabe, ohne damit Handel zu treiben. E. 74 S. 214. Diese Abgabe darf auch nicht verabredet sein; da der Bezugsberechtigte z. B. ein gewerbliches Erzeugnis, Schuhe, nur zum eigenen Verbrauch beziehen darf § 5 der VO. v. 14. 11. 1939 (RGBl. I S. 2221), abgedruckt S. 145, ist in solcher Abgabe eine strafbare Umgehung der Vorschriften der Verbrauchsregelung zu erblicken.

Von vornherein ungebunden sind von Selbstversorgern (§ 13 d. VO. v. 27. 9. 1939, RGBl. S. 1521; § 5 d. VO. v. 7. 9. 1939, RGBl. I S. 1714) im eigenen Betriebe gewonnene und zum Eigenverbrauch bestimmte und entnommene Erzeugnisse: Vollmich, Landbutter, Hülsenfrüchte, Mehl; werden diese oder auch solche Waren, die den Selbstversorgern überlassen werden, wie Molkereibutter, eingespart, so können sie an Verbraucher abgegeben werden. E. 74 S. 214; 75 S. 266. Von diesem Grundsatz sind für Erzeugnisse aus Hausschlachtungen: Frisch-Pökelfleisch, Schinken, Speck, Wurst, Schmalz u. a., sowie für Eier Ausnahmen gemacht. Deren Verkauf, Kauf und Tausch ist allerdings verboten. Dagegen ist die schenkweise Abgabe an Verbraucher erlaubt. Hinsichtlich Eier AO. 10/42 der HV. der dt. Eierwirtschaft v. 15. 12. 1942, RNVBl. S. 543, früher anders RG. E. 76 S. 223. Der Geflügelhalter, der die Ablieferungspflicht nicht oder nicht voll erfüllt, vielmehr ablieferungspflichtige Eier an Dritte verkauft oder vertauscht, kann strafbar sein:

1. wegen Nichterfüllung der Ablieferungspflicht; hierin liegt ein Verstoß gegen § 1 Abs. 1 Nr. 6 VerbrRegStVO. i. Verb. m. § 2 Abs. 4 AO. 2/41 v. 10. 2. 1941 (RNVBl. 31) oder seit dem 15. 12. 1942 i. Verb. m. § 1 AO. 10 42. v. 15. 12. 1942 (RNVBl. 543);

2. im Falle der Abgabe an einen Bezugsberechtigten außerhalb des Gebiets der Kreisbauernschaft des Erzeugers bzw. jetzt außerhalb des vom Eierwirtschaftsverband bestimmten Gebiets; hierin liegt wiederum ein Verstoß gegen § 1 Abs. 1 Nr. 6 VerbrRegStVO., und zwar i. Verb. m. § 2 Abs. 1 AO. Nr. 16/39 v. 27. 9. 1939 (RNVBl. 717) und jetzt § 3 AO. 10/42 v. 15. 12. 1942 (RNVBl. 543);

3. im Falle der Abgabe ohne Einforderung einer Bescheinigung über die Bezugsberechtigung; hierin liegt ein Vergehen gegen § 1 Abs. 1 Nr. 1 VerbrRegStVO. Das Nähere darüber, welche Bescheinigungen über die Bezugsberechtigung der Erzeuger beliefern darf, ergibt sich aus § 2 AO. 16/39 v. 27. 9. 1939 (RNVBl. 717), in der Fassung der AO. Nr. 11/41 vom 3. 12. 1941 (RNVBl. 493) und jetzt aus § 3 AO. 10/42 v. 15. 12. 1942 (RNVBl. 543);

4. nach § 1a KWVO. i. d. Fass. der VO. v. 25. 3. 1942 (RGBl. I, 147), falls dessen Voraussetzungen vorliegen;

5. nach § 1 Abs. 2 der PreisstrafrechtsVO. auch nach § 302e StGB., falls der Erzeuger die zulässigen Preise überschritten hat.

Eine weitere Ausnahme gilt für Kraftstoffe, die auf Tankausweiskarten bezogen nicht veräußert werden dürfen. § 12 AO. 1 zur Ergänzung und Durchführung der AO. I 43 der Reichsstelle für Mineralöl v. 21. 12. 1942 (DRAnz. Nr. 303).

**5.** A. Die Bezugsberechtigung gibt kein Recht auf den Bezug einer Ware. Der Bezugsberechtigte hat keinen Anspruch darauf, die in der Lebensmittelkarte angegebene Ware in der bezeichneten Menge und Zeit zu beziehen. In der Bezugsberechtigung liegt vielmehr die staatliche Erlaubnis, daß über die rationierte Ware unter Aufhebung etwaiger Beschlagnahme in der vermerkten Weise verfügt werden kann. Die Bezugsberechtigung ist der Nachweis für eine Befugnis zum Bezug. RG. HRR. 1942 Nr. 740. „Ohne Bezugsberechtigung" erwirbt, wer z. B. bei Sonderzuteilungen durch bes. Anordnungen, die neben der Karte ergehen ausgenommen, wird z. B. Juden bei Sonderzuteilungen für Weihnachten.

Die gleichen Aufgaben wie die Bezugsberechtigungen erfüllen die Bescheinigungen über die Bezugsberechtigungen.

B. Da die Bezugsberechtigung nur für die Person des Versorgungsberechtigten bestimmt ist, gilt sie als unübertragbar. Damit ist selbstverständlich nicht ausgeschlossen, daß der rechtmäßige Inhaber jemand offen oder stillschweigend beauftragt, das Recht aus der Bescheinigung für ihn auszuüben, d. h. die Bezugsberechtigung auszunutzen: Erkrankte Witwe. bittet Nachbarn oder NSV-Helfer auf Lebensmittelkarten einzukaufen. Ausnahmen von der Unübertragbarkeit sind mit Rücksicht auf den Verkehr zuzulassen. Anm. 6. Die Bezugsberechtigung ist kein Ausweispapier nach § 281 StGB., da sie einer Person nicht zum Ausweis dienen soll.

C. Bescheinigungen über die Bezugsberechtigung ohne Namenseintragung sind nach dem Aufdruck ungültig, trotzdem als Urkunden i. S. §§ 133,

348 Abs. 2 349 StGB. anzusehen. Das gleiche gilt von abgetrennten Abschnitten der Bezugskarten (Tankausweis- und Lebensmittelkarten) und von Reisemarken, die keinen Aussteller und keinen Berechtigten aufweisen. Einen Strafschutz gewährt das RG. nur unter Heranziehung des § 2 StGb. E. 76 S. 305 = RG. HRR. 1942 Nr. 616, DR. 1942 S. 1595. Mittelbach ebenda Anm. und DR. 1941 S. 2317; Heinke DR. 1943 S. 399. Die Reisemarken, die den Inhabernamen nicht angeben, und die abgetrennten Abschnitte der Bezugskarten, die nach der Verkehrsauffassung als gültige Bescheinigungen angesehen sind (Anm. 6), verkörpern selbst ein Bezugsrecht und genießen gleichen Strafschutz wie die mit den Stammabschnitt verbundenen. Setzt jemand in den Vordruck eines Bezugsberechtigten unbefugt seinen oder einen anderen Namen ein, so liegt Blankettfälschung nach § 269 StGB. vor RG. HRR. 1942 Nr. 744. Über Beiseiteschaffen von Vordrucken für Bezugsbescheinigungen § 1 Abs. 2 KWVO. S. 52.

Mit der Namenseintragung erhält die Bezugsberechtigung die Eigenschaft einer (öffentlichen) Urkunde. E. 76 S. 79 (81). Hinsichtlich der Reisemarken und abgetrennten Kartenabschnitte siehe Absatz 1; vgl. auch E. 76 S. 305 (308). Die Ausstellung überhöhter Großbezugscheine ist aus §§ 348 Abs. 1 349 StG. strafbar; die Entfernung oder Änderung, der unbefugte Aufdruck das absichtliche Verwischen von Entwertungsvermerken auf Karten und Abschnitten, das Einkleben fremder Teilabschnitte in eine Karte, ist zum mindesten unter Anwendung des § 2 StGB. als Verfälschung einer öffentlichen Urkunde zu werten §§ 267, 348 StGB. E. 76 S. 79. Soweit die Vermerke vom Verteiler (Verbraucher) vorgenommen werden, handelt es sich um Privaturkunden: Fleischer klebt verschiedenartige ihm nicht abgelieferte Marken auf den Ablieferungsbogen und entwertet sie mit seinem Stempel; Finder der Fettkarte ändert Inhabernamen. Regelmäßig liegt auch gewinnsüchtige Urkundenfälschung nach § 268 Abs. 1 Ziff. 1 u. 2 StGB. vor, da das Erlangen der Bezugsberechtigung einen Vermögensvorteil darstellt E. 74 S. 290, 382. Bei Verwahrungsbruch (§ 133 StGB.) ist meist auch die gewinnsüchtige Absicht festzustellen RG. v. 7. 1. 1943, 2 u. D. 455, 42.

D. Die Entwendung von Lebensmittelkarten oder von Vordrucken ist stets Diebstahl, nicht etwa Übertretung nach § 370 Nr. 5 StGB. da es sich um keine verbrauchbaren Sachen handelt.

**6.** Zur Gültigkeit der Bescheinigung gehört ihre Echtheit. Ge- und verfälschte Bescheinigungen sind ungültig. Um gültig zu sein, müssen sie von der zuständigen Stelle: Wirtschaftsamt § 3 d. VO. v. 14. 11. 1939 RGBl. I S. 2221. Ernährungsamt § 11 VO. v. 27. 8. 1939 (RGBl. I S. 1521) ausstellt und ausgegeben werden. Sie gelten für das gesamte Reichsgebiet, abgesehen von Nährmittelkarten und Bezugsausweisen für gewisse Sonderzuteilungen, deren Geltung auf den Bezirk des ausgebenden Ernährungsamtes beschränkt ist. Die Bescheinigung ist nur für einen Zeitabschnitt gültig. Die Gültigkeitsperiode, die vorgedruckt ist, deckt sich bei den Lebensmittelkarten mit Ausnahme in Zucker- und Marmeladenkarten mit der Zuteilungsperiode. Bei der Kleiderkarte werden manche Punkte erst bei Aufruf gültig. Schließlich hängt die Gültigkeit von dem Bestand und Inhalt der Bescheinigung ab, wie er z. B. in § 9 der VO. v. 14. 11. 1939 (RGBl. I S. 2221) vorgeschrieben ist. Der Bezugschein trägt den Stempel und Unterschrift der ausstellenden Stelle, Name und Wohnung des bezugsberechtigten Verbrauchers, sowie Art und Menge des abzugebenden Erzeugnisses. Die Bezugskarten bestehen aus einer Namenskarte mit mehreren Abschnitten. Auf der Namenskarte ist dir Name des Versorgungsberechtigten einzutragen. Die Abschnitte sind nur im Zusammenhange mit der Stammkarte gültig. § 11 VO. v. 27. 8. 1939 (RGBl. I S. 1521) und § 6 VO. v. 14. 11. 1939 (RGBl. I S. 2221). In beiden Punkten haben sich durch die Gepflogenheiten des täglichen Lebens Abweichungen herausgebildet, die zum Gewohnheitsrecht geworden sind. Im Gaststättenbetrieb hat es sich eingebürgert, daß Abschnitte ohne Stammkarte entgegengenommen oder eingewechselt werden. Auch voreilig abgeschnittene Punkte der Fleisch- und Kleiderkarte sind weiterhin gültig. Andere Ausnahmen sind in dieser Richtung durch § 5 d. VO. über die Verbrauchsregelung für Spinnstoffwaren v. 17. 2. 1943 (RGBl. I S. 104) und § 8 VO. über die Verbrauchsregelung für Seifenerzeugnisse v. 23. 9. 1939 (RGBl. I S. 1873) zugelassen. Vgl. auch Anm. 13.

Die Gültigkeit hat der Lieferer und Verteiler zu überprufen. Erkennt er oder rechnet er mit der Ungültigkeit der Bescheinigung, so darf eine Belieferung nicht erfolgen. Andernfalls macht er sich strafbar. Dagegen kann ihm nicht zugemutet werden, nachzuprüfen, ob dem Kunden, der eine gültige Karte vorlegt, diese auch zusteht. Der Kaufmann schneidet die Abschnitte der Bezugskarte ab, ohne sich nach dem namhaft gemachten Versorgungsberechtigten zu erkundigen. Ist ihm andererseits die Zahl der Haushaltsangehörigen bekannt und werden erheblich mehr Karten zur Belieferung vorgelegt, so muß er sie bei Vermeidung der Straffälligkeit auf Echtheit und sonstige Gültigkeit durchsehen. Der verschwommene Druck der längere Zeit benutzten Karte ist kein Zeichen der Fälschung.

**7.** Im Bereich der gewerblichen Wirtschaft unterscheidet der § 2 VO. v. 14. 11. 1939 (RGBl. I S. 2221) Bezugskarten für den regelmäßigen Bedarf und Bezugscheine für besonderen Bedarf, die nur auf Antrag neben oder an Stelle der Bezugskarte ausgestellt werden. Bezugskarten der gewerblichen Wirtschaft sind z. B. die Reichskleiderkarte (vgl. die VO.en v. 14. 11. 1939, RGBl. I S. 2196, und v. 20. 8. 1940, RGBl. I S. 1131 über die Verbrauchsregelung für Spinnstoffwaren in der Fassung v. 11. 10. 1941, RGBl. I S. 630) und v. 17. 2. 1943, RGBl. I S. 104 und die Reichsseifenkarte (die VO. v. 23. 9. 1939, RGBl. I S. 1873, in der Fassung der VO.en v. 26. 1. 1940, RGBl. I S. 241, und v. 14. 8. 1940, RGBl. I S. 1120).

Im Bereich der Ernährungswirtschaft unterscheidet der Erlaß des RMfEuL., v. 20. 6. 1940 DRAnz. Nr. 153 in der Fassung v. 22. 7. 1941 DRAnz. Nr. 153, Berechtigungsscheine, Großbezugscheine, Bezugscheine und Bedarfsnachweise.

Berechtigungsscheine (Lebensmittelkarten, Reise- und Gaststättenmarken, Urlauberkarten) dienen im Rahmen der darin angegebenen Mengen der eigenen Bedarfsdeckung der Verbraucher oder der Lebensmittelbeschaffung für besondere Zwecke (Kochkurse usw.). Sie gelten regelmäßig für Einzelpersonen, ausnahmsweise z. B. bei Hochzeiten, für mehrere Personen. Sie berechtigen zum Einkauf von Waren im Rahmen der normalen Rationssätze oder über diese hinaus (z. B. Berechtigungsscheine für Vegetarier), ausnahmsweise auch zum Bezuge von nichtkartenpflichtigen Erzeugnisse, z. B. von Gewürzen für Hausschlachtungen. An größeren Orten können die Ernährungsämter an Stelle von Berechtigungsscheinen Lebensmittelmarken ausgeben (vgl. den Erlaß des RMfEuL. v. 6. 1. 1942, DRAnz. Nr. 6, RNVBl. 1942 S. 11, LandwMBl. 1942 S. 46).

Über Großbezugschein siehe Anm. 8 zu c.

Bezugscheine werden den Verteilern, Gaststätten usw. auf Grund der eingereichten Einzelabschnitte, Bestellscheine, Reise- und Gaststättenmarken und der Berechtigungsscheine ausgestellt und dienen nicht zur eigenen Bedarfsbefriedigung, sondern berechtigen zum Warenbezug von den Vorstufen zum Zwecke des gewerbsmäßigen Warenabsatzes. Außerdem werden ohne Vorlage von Unterlagen für Betriebe, Anstalten und Einrichtungen Bezugscheine zur Versorgung anstaltsmäßig untergebrachter oder sonstwie in Gemeinschaftsverpflegung befindlicher Personen (Wehrmacht, Lager usw.) und für besonders geregelte Fälle ausgestellt. Sammelbezugscheine § 12 VO. v. 27. 8. 1939, RGBl. I S. 1521.

Bedarfsnachweise sind Einzelabschnitte der Haushalts- und Urlauberkarten, Bestellscheine, Reise- und Gaststättenmarken sowie Berechtigungsscheine.

8. Die Beispiele einer Bescheinigung sind:

a) Bezugskarte für die bewirtschafteten landwirtschaftlichen Erzeugnisse § 11 der VO. v. 27. 8. 1939, RGBl. I S. 1521. Hierher gehören die Haushaltskarten, Lebensmittelkarten der Normalverbraucher, Zusatzkarten für Schwer- und Schwerstarbeiter und die Zulagekarten für Lang- und Nachtarbeiter, auch die Urlauberkarten (Erlaß v. 29. 5. 1941, LwMBl. S. 441 und v. 5. 3. 1942, LwRMBl. S. 257), ferner die Bezugskarten der gewerblichen Wirtschaft nach der VO. v. 14. 11. 1939, RGBl. I S. 2221 ,z. B. Kleider- und Seifenkarten (Anm. 7), die Tabakkontrollkarte.

b) Bezugschein. In der Ernährungswirtschaft sind Bezugscheine die Papiere der Verteiler usw., die zum Warenbezug von den Vorstufen berechtigen; in der gewerblichen Wirtschaft sind Bezugscheine die für besonderen Bedarf auf Antrag von den Wirtschaftsämtern ausgestellten Bescheinigungen (§ 2 der VO. v. 14. 11. 1939, RGBl. I S. 2221) z. B. für Schuhwaren und für Kraftstoffe (Tankausweiskarten). Siehe auch Anm. 7.

c) Großbezugschein für die Ernährungswirtschaft sind Bezugsscheine, die dem Großverteiler und auch sonstigen Verteilern, die unmittelbar vom Hersteller beziehen können, auf Grund von Bezugscheinen ausgestellt werden. Wie der Bezugschein in der Regel an die Stelle einer Vielzahl von einzelnen Bedarfsnachweisen tritt, so tritt der Großbezugschein regelmäßig an die Stelle einer Vielzahl von Bezugscheinen.

Der Sprachgebrauch ist in der gewerblichen Wirtschaft der gleiche.

d) Punktscheck. Die Landeswirtschaftsämter oder die Reichsstelle für Kleidung haben Punktverrechnungsstellen eingerichtet, welche für die punktkontoberechtigten Betriebe Punktguthaben führen. Über diese Punktguthaben können die punktkontoberechtigten Betriebe, d. h. die Verkaufsstellen und Lieferstellen, die auf Grund der von ihnen abgelieferten Kleiderkartenabschnitte und Bezugscheine Ware beziehen, durch Punktschecks verfügen. Das Punktguthaben wird u. a. auf Grund der Bestätigungen des Wirtschaftsamts über die abgelieferten Reichskleiderkartenabschnitte oder Bezugscheine eingerichtet. AO. II 43 der Reichsstelle für Kleidung und verwandte Gebiete v. 29. 12. 1942 DRAnz. 1943 Nr. 5. Über Lederschecks AO. IV 43 der Reichsstelle für Lederwirtschaft v. 5. 1. 1943, DRAnz. Nr. 6.

e) Bestellschein. Mit einzelnen Lebensmittelkarten, z. B. der Reichsfettkarte, der Reichskarte für Marmelade und Eier und der Reichsmilchkarte, der Bezugskarte für Gemüsekonserven und Trockengemüse (Erl. des RMfEuL. v. 16. 2. 1943 DRAnz. Nr. 43) sind Bestellscheine verbunden. Sie sind vom Verbraucher bei einem Händler abzugeben, der daraufhin seinen Bedarf an Waren für einen größeren Zeitraum berechnet, um sich bei seinem Lieferanten in entsprechendem Umfang einzudecken.

f) Kundenliste. Die Befugnis der Ernährungsämter, den Verbrauch durch Einführung von Kundenlisten zu regeln, beruht auf § 3 Abs. 2 b der VO. v. 27. 8. 1939 RGBl. I S. 1521. Hiervon ist z. B. Gebrauch gemacht für Fische und Geflugel, Räucherwaren und früher Petroleum. Jetzt wird Petroleum gegen Petroleumbezugsausweise der Wirtschaftsämter und Petroleumberechtigungsscheine der Reichsstelle f. Mineralöle bezogen. AO. III 43 der Reichsstelle f. Mineralöle v. 21. 12. 1942 DRAnz. Nr. 303. Soweit Kundenlisten von Einzelhandelgeschäften eingeführt sind, genießen sie keinen Strafschutz z. B. für Bier, Scheuertücher.

**9.** Beziehen ist das vertragsmäßige Erlangen der tatsächlichen Verfügungsgewalt, der Möglichkeit, unmittelbarer, wenn auch nicht alleiniger Einwirkung auf die Sache, sei es auch unter auflösender Bedingung E. 74 S. 300. RG. HRR. 1942 Nr. 452. Zu dem vertragsmäßigen Erlangen gehört auch als wesentlicher Bestandteil des Geschäfts der Abschluß des obligatorischen Vertrages oder die sachenrechtliche Einigung über den Eigentumsübergang Rietzsch Komm. S. 58. Von Wichtigkeit ist die Frage bei Abgrenzung des Versuchs: von den Vorbereitungshandlungen. Erbieten zum Bezug ist bereits Versuch. Fleischer gibt zu verstehen, daß er ausnahmsweise Wurst ohne Marken verkauft. Beziehen ist auch das Eintauschen von Waren, die wenigstens auf einer Seite bezugsbeschränkt sein müssen: der Bauer tauscht ein Huhn gegen ein Paar Schuhe. Vgl. AV. des RJM. v. 12. 1. 1942, S. 158 abgedruckt. Zugleich liegt ein Vergehen gegen § 1 a **KWVO.** vor. Nicht strafbar ist es, wenn Mangelware gegen Mangelware vertauscht wird. Ebenso bezieht, wer sich mit einer bezugsbeschränkten Ware beschenken läßt. Doch ist das Beziehen auf das Erlangen durch strafbare Handlung: Diebstahl, Unterschlagung bezugsbeschränkter Ware, wie Rietzsch Komm. S. 60 will, nicht auszudehnen. Das läßt schon der Wortsinn nicht zu. Praktisch ist es auch nicht von Bedeutung. Denn der Wille des Diebes ist auf Stehlen, auf Wegnahme der Ware, nicht auf Beziehen derselben gerichtet.

Dem Beziehen ohne Bezugsberechtigung steht gleich, wenn eine größere Menge erworben wird, als auf der Bescheinigung vermerkt ist, wobei bei Mengenbelieferung kein kleinlicher Maßstab anzulegen ist (bei Belieferung von Kohlen bis zu 5%), ferner wenn Waren außerhalb der auf der Bezugskarte angegebenen Zeitspanne gekauft wird: Vor- und Nachbelieferung, weiter wenn entgegen § 5 der VO. v. 14. 11. 1939 (RGBl. I S. 2221) bezugsbeschränkte Erzeugnisse nicht zum eigenen Gebrauch oder Verbrauch, sondern zum Weiterverkauf erworben wurden: Kauf der Schuhe für den befreundeten Drogisten, endlich wenn auf bereits abgetrennte Abschnitte gekauft wird § 6 Abs. 2 der angef. VO.; Ausnahmen in Anm. 6.

Dagegen liegt kein Beziehen, auch nicht im Versuchsstadium vor wenn der Kauf — natürlich ohne Übergabe der Ware — unter der aufschiebenden Bedingung getätigt wird, daß ein Bezugsschein erteilt wird. Hierin liegt ein erlaubtes Zurücklegen der Ware; darüber siehe noch Anm. 21.

**10.** Abgeben ist das vertragsmäßige Überlassen der tatsächlichen Verfügungsgewalt, die tatsächliche Auslieferung der bezugsbeschränkten Ware. E. 74 S. 300 RG. HRR. 1941 Nr. 403 u. 695. Hinsichtlich des Umfangs des Begriffs und seiner Anwendungsfälle wird auf die entsprechenden Bemerkungen in der Anmerkung 9 Absatz 1 verwiesen.

Abgebender Täter ist der Angestellte: er verkauft gegen den Willen des Geschäftsinhabers ohne Abnahme der Bezugskarte oder die Verkäuferin schenkt ihrem Freunde einen Schlips aus den Geschäftsvorräten. Gleichzeitig liegt Untreue nach § 266 StGB. vor. Der Großhändler selbst ist wegen Abgabe zu belangen, wenn er sich beim unzulässigen Geschäft eines Vermittlers (Agenten) bedient, während dieser sich der Beihilfe schuldig macht, wenn er auf die Auslieferung der Ware, also auf das Abgeben ohne Bezugsber. besonders hinwirkt. RG. v. 16. 1. 1941, 2·D 563, 41. Da die Verteilung an die Verbraucher pünktlich und ausreichend erfolgen muß, ist die Vorschußbelieferung des Händlers, der die erforderlichen Karten noch nicht zusammen hat, zuzulassen.

Der Verteiler darf die Ware nur an den Bezugsberechtigten abgeben. Ist er davon überzeugt, daß der Kunde zur Verfügung über die Bezugsberechtigung nicht befugt ist, darf er die Ware nicht ausliefern: Bäckerfrau sieht wie ein Kunde dem andern, der mit seinen Brotmarken beim Einkauf nicht auskommt, solche überläßt. Weitergehende Nachprüfungspflicht ist dem Händler nicht zuzumuten. Über Ausnahmen siehe Anm. 6 Abs. II zu § 1.

**11.** Die Bezugsberechtigung steht dem Versorgungsberechtigten (§ 2 der VO. v. 27. 8. 1939 (RGBl. I S. 1521) und dem Verbraucher (§ 2 der VO. v. 14. 11. 1939 (RGBl. I S. 2221) zu. Die ge- und verfälschte, sowie die erschlichene Bezugskarte steht niemand zu, über die unrechtmäßig erlangte: die gestohlene, unterschlagene, widerrechtlich zurückbehaltene, verbotswidrig übertragene; die gekaufte, die geschenkte, die versehentlich überlassene Bescheinigung kann allein der ursprünglich Berechtigte verfügen, aber auch nur dann wenn er für die abhanden gekommene Bezugskarte noch keine Ersatzkarte erhalten hat § 8 der VO. v. 14. 11. 1939 (RGBl. I S. 1221).

Die Bezugsberechtigung steht nicht mehr zu, wenn die Voraussetzungen die zu ihrer Entstehung geführt haben, weggefallen sind. Bei den Lebens mittelkarten für Kleinkinder ist daran gedacht, daß etwa überschüssige Lebensmittel der Mutter zugute kommen. Wird der Säugling in ein Heim, das keine Gemeinschaftsverpflegung hat, gebracht, so fällt der für die Mutter vorgesehene Verwendungszweck weg. Dem Heim stehen die Karten für die nicht verwendbaren Lebensmittel nicht zu.

**12.** „Für sich" heißt für den eigenen Bedarf oder für den Bedarf der Personen, die von ihm bei der Versorgung abhängig sind: Haushaltsangehörigen, Gefolgschaftsmitglieder.

**13.** Ausnutzen kann mit Auswerten oder mißbräuchlichem Benutzen gleichgestellt werden. Ausnutzen bedeutet daher mehr als Benutzen. Es wird hauptsächlich in der Übergabe der Bezugsberechtigung bestehen, doch genügt schon der Abschluß eines obligatorischen Vertrages oder die sachenrechtliche Einigung über den Eigentumsübergang an solcher Ware auf Grund der Bezugsberechtigung. Aus welchem Grunde die Beziehungsberechtigung ausgenutzt wird, ob in Bereicherungsabsicht oder aus dem Bestreben heraus, sie zu verwerten, ist gleichgültig. Versuch des Ausnutzens liegt in dem Antrag auf Abschluß eines Geschäfts. Beihilfe zur Ausnutzung kann durch Abgabe von Ware geleistet werden, wenn der Abgebende in Ausübung seines Gewerbes handelnd weiß oder damit rechnet, daß die Bescheinigung dem Vorzeigenden nicht zusteht: der Kleinhändler kennt seine Kunden persönlich, nicht bloß kartenmäßig; der Zahl oder dem Inhalte nach fällt ihm die Unstimmigkeit, der unberechtigte Kartenbesitz des Kunden auf.

Die Ausnutzung muß stets rechtswidrig erfolgen. Der auftragsmäßige Einkauf auf Grund der übergebenen Bezugsberechtigung ist unbedenklich. Auch soweit gesundes Rechtsempfinden, das sich auf dauernde Übung stützt, die Benutzung einer nicht zustehende Bezugsberechtigung zuläßt, ist von der Bestrafung abzusehen: Kellner benutzen Abschnitte der Kuchen- und Fettkarte, die sie selber abgeben müssen, zum Herausgeben oder Einwechseln auf größere Abschnitte. In diesen und ähnlichen Fällen wird wohl gegen formelle Vorschriften verstoßen, doch, worauf es ankommt, die Lenkung des Verbrauchs bezugsbeschränkter Waren nicht gefährdet.

Die Bezugsberechtigung muß zum Bezug bezugsbeschränkter Ware benutzt werden. Eine andere Verwertung z. B. Weitergabe oder Verkauf fällt nicht hierunter, sondern wäre ein unbefugtes Überlassen Anm. 14.

**14.** Das Überlassen, ein Fall des Abgebens, besteht in der Aushändigung der Bescheinigung an den anderen, der sie für sich ausnutzen soll. Es stellt also Beihilfe zur Ausnutzung einer fremden Bezugsberechtigung dar.

Abgesehen von der Übergabe umfaßt das Überlassen die schuldnerische Verpflichtung dazu: das Verkaufen, Vertauschen, Verschenken wie die willensmäßige Einigung über den Übergang des Eigentums an dem Papier.

Gleich ist, ob die Bezugsberechtigung dem Überlassenden zusteht oder nicht. RG. HRR. 1942 Nr. 869.

Strafbar ist jedoch nur die unbefugte Überlassung; das ist der Fall wenn sie gegen Bestimmungen der Verbrauchsregelung verstößt z. B. gegen § 11 Abs. 2 der VO. v. 27. 8. 1939 (RGBl. I S. 1521): Verbot der Übertragung der Stammkarte und gegen § 5 Abs. 1 der VO. v. 14. 11. 1939, (RGBl. I S. 2221): Erwerb zum eignen Verbrauch oder Gebrauch, abgedruckt S. 132 und 145. Befugt und damit erlaubt ist die Überlassung der Bezugsberechtigung zum Zwecke der Ausführung eines Auftrags, für den Bedarf des rechtmäßigen Inhabers die Bescheinigung auszunutzen: der Händler bevollmächtigt einen anderen auf Grund des Sammelbezugscheins einzukaufen. Eine Nachprüfung des Vollmachtverhältnisses durch den Lieferanten ist nicht erforderlich.

Aus welchem Grunde der Gewerbetreibende die Bezugsberechtigung dem andern überläßt, ist für die Strafbarkeit ohne Bedeutung. Das Überlassen kann entgeltlich und unentgeltlich erfolgen. Immerhin wird ein mittelbarer Vorteil, auch für die Zukunft, für den Gewerbetreibenden stets zu unterstellen sein.

Versuch: Der Drogist stellt dem befreundeten Friseur in Aussicht, den nächsten Sammelbezugschein für Seifenerzeugnisse ihm zuzuleiten.

**15.** Das Verschaffen, ein Fall des Beziehens, besteht in dem Erlangen der tatsächlichen Verfügungsgewalt über den Beszugschein zu dem Zwecke ihn für sich auszunutzen. Die Bescheinigung umfaßt den schuldverpflichtenden Vertrag (Kauf, Tausch, Geschenkannahme) und die Einigung über den Übergang des Eigentums an dem Papier.

Strafbar kann nur der sein, wer sich unbefugt die Verfügung über die Bezugsberechtigung verschafft. Erfolgt die Benutzung anstelle des Berechtigten und für diesen, so ist in solcher Handlungsweise Unrechtes nicht zu sehen: Handeln auf Grund einer Vollmacht.

Ob das Verschaffen entgeltlich oder unentgeltlich erfolgt, ist gleichgültig: Schneider kauft Kleiderkarten auf, um zahlungsfähige Kunden zu beliefern, die über keine Punkte mehr verfügen.

Ebenso wie Beziehen kann das Verschaffen auf rechtmäßigem und auf unrechtmäßigem Wege wie durch Diebstahl, Hehlerei, Erschleichen erfolgen Mit diesen Delikten steht es in Tateinheit. Trifft es mit Beziehen bezugsbeschränkter Erzeugnisse ohne Bezugsberechtigung zusammen, so fällt es als Vorbereitungshandlung dazu weg. Versuch: Anstaltenmachen, Tauschangebot.

**16.** Unrichtige Angaben sind wahrheitswidrige und irreführende Behauptungen, die dem wirklichen Sachverhalte widersprechen, z. B. über Verbrauch an Kohlen im Vorjahr, über die Zahl der in einer Entbindungsanstalt untergebrachten Frauen zwecks Beschaffung von Feinseifenkarten.

**17.** Unvollständige Angaben sind solche, durch die der Sachverhalt lückenhaft widergegeben wird, z. B. die bewußt unklare Angabe über die Zahl der Gemeinschaftsverpflegten. Bei der bestehenden Auskunftspflicht genügt ein Verschweigen.

**18.** Das Erschleichen umfaßt ein wahrheitswidriges Handeln. Daher ist stets Vorsatz erforderlich. Durch die unwahre Darstellung in dem Antrag auf Bewilligung der Bezugsberechtigung wird das Amt irregeführt und veranlaßt, die Urkunde auszustellen und auszuhändigen. Die unwahre Angabe muß also das Amt zur Erteilung der Bezugsberechtigung bestimmt haben. Dieser Zusammenhang liegt nicht vor, wenn der Antragsteller und der bewilligende Amtsangestellte gemeinschaftliche Sache machen. Immer muß der Täter zum mindesten damit rechnen, ohne seine falsche Darstellung werde ihm die beantragte Bezugsberechtigung nicht ausgestellt. Läßt sich das Amt nicht täuschen oder bedarf der nachgesuchten Genehmigung überhaupt nicht, so liegt nur Versuch vor.

Strafbar macht sich der Antragsteller, gleichgültig ob er die unwahren Angaben selbst macht oder sich eines gut- oder bösgläubigen Dritten bedient. E. 71 S. 371.

Wird die erschlichene Bezugsberechtigung, die echt und an sich gültig ist, nach Nr. 1 ausgenutzt, so liegen zwei selbständige Handlungen vor.

Betrug, dessen Tatbestand (§ 263 StGB.) sich mit dem Erschleichen der Bezugsberechtigung an sich nicht deckt, da das Reich durch Aushändigung des Papierzettels nicht geschädigt ist, kann bei Schädigung eines Dritten mit der genannten Zuwiderhandlung zusammentreffen. Z. B. wenn ein Kaufmann sich auf den Namen eines anderen einen Bezugschein erschleicht.

**19.** Verbraucher § 4 der VO. v. 14. 11. 1939 (RGBl. I S. 2221).

**20.** Versorgungsberechtigter. § 11 der VO. v. 27. 8. 1939 (RGBl. I S. 1521).

**21.** Vorenthalten heißt Verweigerung und Unterlassung der Verausgabung der vorhandenen Ware. Nichtlieferung ist auch die zu geringe Belieferung. Der Täter muß sich rechtswidrig weigern, die auf Lager oder unter dem Ladentisch befindliche Ware zu verabfolgen. Eine allgemeine Belieferungspflicht ist nicht ausgesprochen: Der Konditor kann die Zahl der abzugebenden Kuchenstücke festlegen, der Kaufmann kann seine Stammkunden bevorzugen. Laufkunden werden je nach der Dringlichkeit (Krankheit, Schwerarbeit) und Größe der Familie bedient. Näheres Anm. 8 zu § 1 KWVO. Zurücklegen einer Ware zugunsten eines kauflustigen Kunden bis zur Beschaffung und Beibringung des Bezugscheins ist gestattet. Insoweit kein Vorenthalten gegenüber einem anderen Kunden. Ebenso ist die Lieferung auf Abruf im Verkehr zugelassen: Kohlenhändler liefert nicht nach der amtlichen Mitteilung, sondern je nach Bedarf des Verbrauchers, selbst auf die Gefahr hin, daß dadurch ein anderer Verbraucher nicht beliefert werden kann. Andere Gründe: um Sachwerte für Erhaltung des Geschäfts zu schaffen, um Steuerhinterziehungen zu verdecken, um den Käufer zu zwingen, zugleich eine andere Ware abzunehmen oder eine Ware einzutauschen, rechtfertigen nicht, Ware vorzuenthalten. Siehe § 1a KWVO.

**22.** Die Abgabeverpflichtung, die allgemein nicht besteht, wird a) durch Vertrag und b) durch behördliche Anordnung begründet.

Beispiele: zu a) Annahme des Bestellscheins, Eintragung in die staatlich eingeführte Kundenliste (Anm. 8f.), Eintragung und Vorlegung eines Haushaltsausweises, Abgabe der Marken in der Gastwirtschaft, im Krankenhaus, Abgabe der Lebensmittelkarten für einen Kranken, vgl. § 12 der VO. v. 27. 8. 1939 (RGBl. I S. 1521).

zu b) Anordnungen d. RWM., RMfEuL. der Reichsstellen (Art. I der DVO. v. 27. 8. 1939 (RGBl. I S. 1519), der bewirtschaftenden Stellen (§ 2 der VO. v. 27. 8. 1939, RGBl. I S. 1521) und auch der Ämter. Durch diese können z. B. die Verteiler verpflichtet werden, gegen Vorlage eines gültigen Abschnitts einer vom Amt ausgegebenen Karte (in Berlin Bezugsausweis) Ware abzugeben oder auch auf Grund besonderer Anordnung an Brautleute oder Bombengeschädigte bezugsbeschränkte Erzeugnisse auszuliefern.

**23.** Entgegennehmen schließt in sich die Abgabe der Bescheinigung durch den Kunden, setzt also dessen Einverständnis mit der Entgegennahme dessen Verzichtleistung auf die Bescheinigung voraus: Verbraucher überläßt seinem Bäcker entbehrliche Brotkartenabschnitte.

Hiermit ist das sog. Gutschreiben, die schriftliche Anerkennung des Anspruchs auf Lieferung von Waren, verboten. Erlaubt ist es nur, wenn der Kaufmann zur Zeit seiner Lieferungspflicht wegen augenblicklichen Mangels an Ware nicht nachkommen kann.

**24.** Die Abtrennung der Abschnitte kann im Einverständnis mit dem Kunden, ohne und gegen dessen Willen erfolgen. In letzteren Fällen kann die Zuwiderhandlung mit Betrug zusammentreffen, da die Bezugsbescheinigung für den Verbraucher stets einen Vermögenswert darstellt: Kaufmann will den Stoff nicht liefern, obwohl er die Kleiderkartenpunkte abgeschnitten hat.

**25.** Der Nichtlieferung steht die zu geringe Belieferung oder die Belieferung mit markenfreier Ware gleich: Der Schlächter gibt statt des gekauften Fleischsalats Heringsalat.

**26.** Die Anordnungen der Landeswirtschaftsämter (§ 3 der VO. v. 27. 8. 1939, RGBl. I S. 1495) und der Wirtschaftsämter (§ 9 aaO.), die auf diese Rechtssetzungsbefugnis (Anm. 28 ) zurückgehen, genießen Strafschutz.

**27.** Blankettvorschrift. Darüber Anm. 1.

**28.** Die Rechtsetzungsbefugnis haben die Reichsstellen; auf Grund besonderer Übertragung ist sie mit Zustimmung des Reichswirtschaftsministers auch anderen Stellen, z. B. den Landeswirtschaftsämtern § 3 der

War.verk.VO., sogar den Wirtschaftsämtern aus besonderem Anlaß § 12 der VO. v. 14. 11. 1939 (RGBl. I S. 2221) i. Fassung des Art. II der VO. v. 25. 11. 1941 (RGBl. I S. 731) gegeben. Nr. 5 selbst gibt solche Anordnungsbefugnis nicht.

**29.** Durch Runderlaß des RWM. v. 4. 12. 1941 (RWMBl. S. 434) sind die Ämter zu dieser Bezugnahme ermächtigt worden.

**30.** Aus der VO. v. 27. 8. 1939 (RGBl. I S. 1521), die S. 132 abgedruckt ist, kommen in Frage: §§ 13 Abs. 2, 21, 27, 29, 31 bis 33.

**31.** Der hier ausgesprochene Strafschutz wird durch § 20 ausgedehnt.

**32.** Hierfür kommen in Frage: Die 9 VO. über die öffentliche Bewirtschaftung einzelner Lebensmittel v. 7. 9. 1939 (RGBl. I Nr. 172 S. 1705), insbesondere § 12 Abs. 2 der Verordnung über Bewirtschaftung von Tieren, (RGBl. I S. 1714 — abgedruckt S. 148, § 10 Abs. 2 der Verordnung betr. Milch, RGBl. I S. 1719, § 7 Abs. 2 der Verordnung betr. Zucker RGBl. I S. 1728), die Verordnung betr. Saatgut v. 18. 10. 1939 (RGBl. I S. 2051) und die Verordnung über die Gewährung von Sonderzulagen an Schwer- und Schwerstarbeiter v. 16. 9. 1939 (RGBl. I S. 1825). Beispiele: ein Händler nimmt im Einvernehmen mit einem Beamten des Ernährungsamts eine Bescheinigung über eine zu hohe Bezugsberechtigung entgegen E. 75 S. 86 (88) oder entzieht Waren der Beschlagnahme RG. v. 30. 9. 1941 Schwarz StGB. S. 1057.

Hinzukommen zahlreiche Erlasse des RMfEuL., z. B. über das Bezugscheinwesen v. 20. 6. 1940 (DRAnz. Nr. 153) i. F. v. 22. 7. 1941 (LwRMBl. S. 619) und Anordnungen der Ernährungsämter gemäß §§ 3, 27 d. VO. v. 27. 8. 1939 (Anm. 30) z. B. über die ordnungsmäßige Bestellung der Felder Urteil des AG. Wittenberge D Just. 1941 S. 139. Auch Einzelanordnungen der Ernährungsämter sind zu befolgen RG. DJust. 1943 S. 63 = DR. 1943 S. 187.

**33.** Das sind die Anordnungen, die auf Grund der in Anm. 32 genannten VO.en v. 7. 9. 1939 vom RMfEuL. oder von den Ernährungsämtern erlassen sind z. B. Erlaß d. RMfEuL. über Hausschlachtungen und Selbstversorger mit Fleisch und Fett v. 28. 8. 1941 (DRAnz. Nr. 218) und v. 30. 5. 1942 DRAnz. Nr. 141. Handelt es sich jedoch um Anordnungen der Marktverbände (Hauptvereinigungen, Wirtschaftsverbände), so ist in der Anordnung anzugeben, ob der Strafschutz der VRStVO. Anwendung finden soll. Denn § 1 Abs. 1 Nr. 6 sichert nicht Anordnungen, die lediglich auf Grund einer Verordnung über den Zusammenschluß der Betriebe eines Wirtschaftszweiges ergehen und den etwa in der ZusammenschlußVO oder in der Satzung des Zusammenschlusses vorgesehenen Strafschutz genießen (Schneider-Peren, Note 7 zu § 1 bei Pfundtner-Neubert, Das neue Reichsrecht, III RV. 25). Diese Festlegung geschieht durch Bezugnahme „auf die geltenden Bestimmungen". Beispiel: Schlachtviehmarktordnung v. 18. 12. 1942, RNVBl. S. 551: für gewerbliche Schlachtung bedarf es eines Schlachtscheins, für Hausschlachtungen der Hausschlachtgenehmigung (siehe § 2 Anm. 15), für Schweineeinkauf außerhalb der Viehmärkte u. Verteilungsstellen des Schlußscheins und der Einkaufsgenehmigung RG. DJust. 1943 S. 187.

Soweit es sich um Zuwiderhandlungen gegen eine Anordnung eines bewirtschaftenden Stelle auf dem Gebiete der Ernährungswirtschaft handelt, ist die Strafverfolgung in Abs. 3 geregelt.

**34.** Die Bestimmung gehört zu Absatz 1. Die Versuchshandlung muß vorsätzlich begangen sein. Da die unter Nr. 1—6 angeführten Zuwiderhandlungen weit in den Beginn der Handlungen vorverlegt sind, bleibt für Versuchshandlungen, die bestraft werden sollen, wenig übrig. Von ihnen sind die Vorbereitungen zu der Tat zu scheiden, die straflos bleiben.

Versuch am untauglichen Objekt: Händler bestellt ohne Bezugschein Waren, die er für bezugsbeschränkt hält, die aber tatsächlich markenfrei sind. Versuch mit untauglichen Mitteln. Anm. 18.

Andere Versuchsfälle: Tapetenverkäufer läßt durchblicken, Ware nur an Fleischer zu liefern, wenn er Schmalz vorrätig hat oder Weinhändler erbietet sich Weißbrot ohne Brotkarte zu kaufen. Vgl. Anm. 9, 13, 14, 18.

Rücktritt vom Versuch und Abwendung des Erfolges läßt Versuchshandlung straflos: Der Kaufmann zieht sein Angebot aus freien Stücken zurück oder nimmt aus sich heraus davon Abstand, sich die verbotenen Ware liefern zu lassen.

**35.** Die Strafe ist gegenüber der für die vollendete Tat auszuwerfenden Strafe nach § 44 StGB. zu mildern, nach § 4 der Verordnung gegen Gewaltverbrechen v. 5. 12. 1939 (RGBl. I S. 2378) ist dagegen allgemein die Strafe zulässig, die für die vollendete Tat vorgesehen ist.

**36.** Leichter Fall liegt vor, wenn die Versorgungslage unbedeutend beeinträchtigt oder wenn das Verschulden des Täters gering ist, insbesondere wenn er in einem verzeihlichen Rechtsirrtum gehandelt hat. Bei mehreren Tatbeteiligten kann bei dem einen der leichte Fall bejaht, beim andern verneint werden. E. 76 S. 223 (226).

**37.** Die leichten Fälle sind nicht als Vergehen, sondern als Übertretungen zu behandeln. Vgl. § 21 Abs. 1 Satz 1. Beihilfe und Versuch bleiben straflos; eine gerichtliche Verfolgung tritt nur ein, wenn es das öffentliche Interesse erfordert. VO. v. 6. 10. 1931 (RGBl. I S. 537). Sie werden, wenn überhaupt, im Ordnungsstrafverfahren verfolgt § 4.

Die leichten Fälle sind als solche im Urteil und Strafbefehl zu kennzeichnen, da Verurteilungen wegen solcher Übertretung zu Geldstrafe dem Strafregister nicht mitzuteilen sind. § 2 Abs. 3 Strafreg.VO.

**38.** Ist die verletzte Anordnung auch in einem Erlaß des RMfEuL. oder in einer Anordnung eines Ernährungsamts enthalten, ist Abs. 3 nicht anwendbar, z. B. Zusammentreffen mit der Schlachtviehmarktordnung RG. HRR. 1942 Nr. 868.

**39.** Bewirtschaftende Stellen sind:

a) die Hauptvereinigungen, die zur Marktordnung für das Reichsgebiet auf Grund des § 3 des Reichsnährstandsgesetzes v. 13. 9. 1933, RGBl. I S. 626, errichteten Zusammenschlüsse § 6 der VO. v. 27. 8. 1939, RGBl. I S. 1521. Zur Zeit bestehen mit dem Sitz in Berlin folgende Hauptvereinigungen: Hauptvereinigung der deutschen Zucker- u. Süßwarenwirtschaft, Hauptvereinigung der deutschen Gartenbauwirtschaft, Hauptvereinigung der deutschen Weinbauwirtschaft, Hauptvereinigung der deutschen Getreide- u. Futtermittelwirtschaft, Hauptvereinigung der deutschen Brauwirtschaft, Hauptvereinigung der deutschen Kartoffelwirtschaft, Hauptvereinigung der deutschen Viehwirtschaft, Hauptvereinigung der deutschen Eierwirtschaft, Hauptvereinigung der deutschen Fischwirtschaft, Hauptvereinigung der deutschen Milch- u. Fettwirtschaft; ferner die Wirtschaftliche Vereinigung der deutschen Hefe-Industrie und die Wirtschaftliche Vereinigung der Margarine- und Kunstspeisefett-Industrie. — Die Hauptvereinigungen sind Körperschaften des öffentlichen Rechts und haben die Aufgabe, die Aufbringung, Lagerung, Verwendung, Zuleitung und Verteilung der landwirtschaftlichen Erzeugnisse zu regeln.

b) die Saatgutstelle. VO. v. 18. 10. 1939 RGBl. I S. 2051.

c) die Untergliederungen der Hauptvereinigungen (§ 7 der VO. v. 27. 8. 1939). Diese gliedern sich in

α) Wirtschaftsverbände. Sie sind die Mitglieder der Hauptvereinigungen und umfassen die Einzelbetriebe der Erzeuger, Verteiler und Bearbeiter. Ihre Aufgabe ist die Versorgung der einzelnen Gaue, Provinzen usw. mit den von ihnen verwalteten Erzeugnissen.

β) Unterverbände und Sonderbeauftragte für die Versorgung bestimmter Bedarfsgebiete, die je nach Bedarf, z. B. für Industriegebiete, bestellt werden.

Die Untergliederungen sind Bestandteile teils der Landes- (Provinzial-) Ernährungsämter, teils der Ernährungsämter Abt. A und unterstehen nach § 5 Abs. 2 der VO. v. 27. 8. 1939 deren Weisungen.

Zu den bewirtschaftenden Stellen gehören nicht die 6 Reichsstellen im Bereich des Ernährungsministerium. Solche bestehen zur Zeit für „Getreide und Futtermittel und sonstige landwirtschaftliche Erzeugnisse", für „Tiere und tierische Erzeugnisse", für „Milcherzeugnisse, Öle und Fette", für „Eier", für „Garten- und Weinbauerzeugnisse" und für „Fische". Sie sind wie die Hauptvereinigungen Körperschaften des öffentlichen Rechts, sind aber nicht selbständig, sondern bilden Geschäftsabteilungen der letzteren (§ 8 der VO. v. 27. 9. 1939, RGBl. I S. 1521). Ihre Aufgabe sind die im Zuge der Lenkung der Verbrauchsregelung erforderlichen geschäftlichen Maßnahmen, z. B. die Beschaffung, Lagerung und Verwaltung von dem Ausland eingeführten Vorräten.

Über die Reichsstellen der gewerbl. Wirtschaft vgl. Anm. 6 zu § 3 der WarverkVO.

**40.** Abgedruckt S. 132.

**41.** Es ist das Verlangen einer Körperschaft des öffentlichen Rechts und steht dem Verlangen einer Behörde gleich wie in § 5 Preisstrafr.VO. v. 3. 6. 1939 (RGBl. I S. 999), § 5 RundfunkVO. v. 1. 9. 1939 (RGBl. I S. 1683). Das Strafverlangen ist bei mehreren Beteiligten teilbar, an keine Frist gebunden und kann zurückgenommen werden. §§ 61 ff. StGB. finden keine Anwendung.

Da das Verlangen Prozeßvoraussetzung ist, erfolgt beim Fehlen Einstellung des Verfahrens, nicht Freisprechung RG. DJust. 1943 S. 187.

**42.** Ein Wirtschaftsverband kann das Verlangen auch stellen, wenn die Zuwiderhandlung eine Anordnung der ihm übergeordneten Hauptvereinigung betrifft. RdErl. des RMfEuL. v. 10. 7. 1940. RG. HRR. 1942 Nr. 605.

**43.** Die Zeichnungsberechtigung bei der Stellung des Verlangens richtet sich nach der Organisation der Stelle, die das Strafverlangen ausspricht.

**44.** Festgesetzt ist die Ordnungsstrafe mit der Bekanntgabe. § 7. Wird gegen die Ordnungsstrafe der Antrag auf gerichtliche Entscheidung gestellt, so kann auch die gerichtliche Strafverfolgung verlangt werden.

**45.** Die Zurücknahme ist bis zur Rechtskraft der Entscheidung statthaft.

**46.** Anhang. Zusammentreffen mehrerer Strafvorschriften. Es stehen zusammentreffend mit § 1 in Tateinheit

Diebstahl (§ 242 StGB.) z. B. beim Verschaffen von Bezugsber. Anm. 15.
Hehlerei § 259 Anm. 9, 15.
Betrug § 263 Vorspiegelung, die Bezugskarte nachzubringen oder ohne Punkte zu liefern. RG. HRR. 1941 Nr. 695; Vorlegung falscher Karten vgl. E. 76 S. 81. Erschleichen von Bezugschein auf Namen eines andern Anm. 18, Abtrennen von Bezugscheinabschnitten ohne Lieferung Anm. 24.
Untreue § 266 des Angestellten, der die bezugsbeschränkte Ware ohne Bescheinigung über Bezugsberechtigung aushändigt Anm. 10; Beamter schafft Teilabschnitte von Tankausweiskarten beiseite. RG. DR. 1943 S. 398 = E. 76 S. 305.
Urkundendelikte. Fälschungen § 267 Anm. 5, schwere öffentl. E. 75 S. 62 E. 76 S. 79. Ineinanderlegen falscher (von Feindfliegern abgeworfener) Kleiderkarten mit echter E. 76 S. 79.
Blankettfälschung § 269 Anm. 5c.
Verwahrungsbruch § 133 Anm. 5c.
Falschbeurkundung und Urkundenbeseitigung §§ 348, 349 Anm. 5c.
Schmiergelderverbot § 12 UnlWG: Händler gibt bezugsbeschränkte Ware markenfrei ab, erhält gegen Geschenk vom Angestellten bezugsbeschränkte Ware ohne Bezugschein.
WarverkVO. § 12 Anm. 4A.
Preisvergehen. §§ 1 Abs. 2, 9. Preisstr.VO.
Volkschädl. Tat § 4 VolksschädlVO. E. 74 S. 290 (295) E. 76 S. 79.
Fleischbeschaugesetz § 26, 27 bei Haus- und Schwarzschlachtungen Anm. 14 zu § 1 KWVO.
Kriegswirtschaftssabotage § 1 KWVO. Anm. 14 ebenda; § 1 Abs. 2 (Inverkehrbringung nachgem. Bezugskarten und Überlassen).
Tauschhandel § 1 a KStVO. Anm. 9 bei Vorenthalten Anm. 21.
Zuwiderhandlungen des § 1 untereinander § 1 Abs. 1 Nr. 1 u. 6 E. 76 S. 223; Über Zusammentreffen mit Ordnungsstraftaten Anm. 13 zu § 4.
Tatmehrheit besteht bei Verwendung gefälschter Bezugskarten.
Über das Verhältnis zum Diebstahl Anm. 24 zu § 2.

## § 2

**(1) Mit Geldstrafe bis zu 150 Reichsmark oder mit Haft[1] wird bestraft[2], wer, ohne in Ausübung eines Gewerbes oder Berufs zu handeln[3],**

1. **bezugsbeschränkte Erzeugnisse[4] ohne Bezugsberechtigung[5] bezieht[6], eine ihm nicht zustehende Bezugsberechtigung[7] für sich ausnutzt[8] oder die Verfügung über eine Bezugsberechtigung sich gegen Entgelt[9] verschafft[10] oder in der Absicht, sich zu bereichern[11], einem anderen überläßt[12],**
2. **eine nach § 1 Abs. 1 Nr. 2[13] oder 5[14] strafbare Handlung begeht,**
3. **eine sonstige Handlung begeht, die in den im Rahmen der öffentlichen Bewirtschaftung von landwirtschaftlichen Erzeugnissen erlassenen Bestimmungen unter Strafe gestellt ist[15].**

**(2) Mit dieser Strafe wird ferner bestraft, wer[16] bezugsbeschränkte Erzeugnisse[17] dem eigenen Betrieb[18] entnimmt[19], ohne hierzu berechtigt zu sein[20].**

**(3) Der Versuch ist strafbar[21].**

**(4) In schweren Fällen[22] ist die Strafe Gefängnis und Geldstrafe, letztere in unbeschränkter Höhe, oder eine dieser Strafen[23 24].**

**1.** Also Übertretungen (§ 21 Abs. 1). Der Versuch ist nach Abs. 3 für strafbar erklärt. Dagegen ist die Beihilfe zu der Übertretung straflos § 49 StGB., falls der Gehilfe nicht in Ausübung eines Gewerbes oder Berufs handelt. § 1 VRStVO. § 50 StGB. Zulässig ist, den Gehilfen zu einer Übertretung mit einer Ordnungsstrafe zu belegen. § 4 Anm. 8.

**2.** Da es sich um Übertretungen handelt, sollen hiermit — im Gegensatz zu Abs. 4 — nur die gelegentlichen Zuwiderhandlungen erfaßt werden: RG. DR. 1943 S. 514: die Hausfrau, die beim Einkauf gegen die formellen Bestimmungen verstößt; der Selbstversorger, der zuviel seiner Wirtschaft entnimmt.

**3.** Täter ist der Verbraucher, der Versorgungsberechtigte, dem der Gewerbetreibende und Selbstversorger gleichgestellt sind, wenn sie unberechtigt bezugsbeschränkte Erzeugnisse dem eignen Betriebe entnehmen. Abs. 2.

**4.** Anm. 4 zu § 1.

**5.** Anm. 5 zu § 1.

**6.** Anm. 9 zu § 1. Wer ordnungsmäßig bezugsbeschränkte Erzeugnisse bezogen hat, kann darüber unbeschränkt und nach freiem Ermessen verfügen E. 74 S. 214. Abzulehnen ist der daraus gezogene Schluß, was mit der auf Karte bezogenen Ware geschehen darf, kann auch mit der Bescheinigung gemacht werden: weil die ordnungsmäßig gekaufte Butter verkauft werden kann, sind auch die betr. Fettkartenabschnitte übertragbar. Dadurch wäre das Bezugscheinwesen in Frage gestellt. Die Bezugsbeschränkung lebt also in der Hand des Verbrauchers nicht wieder auf. Dagegen tritt die Bezugsbeschränkung wieder ein, wenn die Ware nicht verbraucht, sondern Gegenstand des Handels wird.

**7.** Anm. 11 zu § 1. Fortgesetzte Handlung begeht, wer sich auf fremde Karten Reisemarken verschafft und diese nachher benutzt RG. v. 5. 2. 1942, 2 D 568, 41, ist dann aber nicht anzunehmen, wenn der Täter von vornherein darau ausgegangen ist, Waren jeder Art ohne Karten in allen möglichen Geschäften zu beziehen. RG. HRR. 1942 Nr. 454. E. 70 S. 51. Vgl. Anm. 1 zu § 4.

Für den Verbraucher (Versorgungsber.) ist in §§ 4, 5 der VO. v. 14. 11. 1939 (RGBl. I S. 2221) und in § 11 der VO. v. 27. 8. 1939 (RGBl. I S. 1521), die S. 145 u. 132 abgedruckt sind, die ihm zustehende Bezugsberechtigung festgelegt. Dem Verbraucher steht die ihm für seinen Familienangehörigen versehentlich zugeteilte Bezugskarte nicht oder nicht mehr zu: die für den zum Wehrdienst Eingezogenen, die für einen im Laufe der Zuteilungsperiode Verstorbenen ausgegebene Karte oder die für Kleinstkind ausgestellte Nährmittelkarte, das inzwischen 3 Jahre alt geworden ist.

Ohne zustehende Bezugsberechtigung erwirbt der Verbraucher, der die Schuhe in der Absicht einkauft, sie an einen andern zu verkaufen oder zu verschenken. Denn die gewerbliche Ware darf nur dem Karteninhaber zukommen § 5 aaO. Diese Umgehung ist unbedenklich bei Bezugscheinen verboten, die auf Antrag für besonderen Bedarf ausgestellt werden. Solche Umgehungen sind immer unzulässig, wenn damit eine Störung der Wirtschaftsführung verbunden sein kann. Ebenso Rietzsch DR. 1943 S. 185 (Anm. S. 187). Vgl. auch Anm. 6.

**8.** Anm. 13 zu § 1. Es ist nicht gut zu heißen, wenn der Vermieter die Lebensmittelkarten eines Untermieters benutzt, der die Karten auf der mehrwöchigen Auslandsreise nicht gebraucht.

**9.** Strafbar ist der Handel auch im Tauschwege. Jedoch ist zwischen

Verbrauchern das gegenseitige unentgeltliche Aushelfen mit Lebensmittelkartenabschnitten erlaubt.

**10.** Anm. 15 zu § 1. Soweit es sich um unrechtmäßig verschaffte Karten handelt, steht hiermit die sonst verletzte Strafvorschrift z. B. Hehlerei in Tateinheit.

**11.** Die Bereicherungsabsicht ist mit dem Streben gleichbedeutend, sich einen Vermögensvorteil zu verschaffen. Dieser kann in — bezahlten — Waren bestehen, deren Beschaffung schwierig ist. RG. HRR. 1942 Nr. 869. Eine Gewinnsucht (§ 27 StGB.) ist nicht erforderlich. Damit ist jeder Handel mit Bezugskarten verboten. Doch reicht die Absicht, sich einen Vorteil nicht entgehen zu lassen, nicht aus: ein auf Wochen ins Ausland reisender Beamter läßt der Familie seine Lebensmittelkarten zurück.

**12.** Anm. 14 zu § 1. Die schenkweise Überlassung der Bezugskarte ist straflos: Der Freund übergibt seine Kuchenkarte zur Benutzung dem Mitschüler; die Mutter stellt ihre Kleiderkartenpunkte der verheirateten Tochter zur Verfügung, die ihre Karte verbraucht hat. Überhaupt muß der Austausch von Bezugscheinen innerhalb der Familie, innerhalb der Haushaltsgemeinschaft gestattet sein.

Ist solche aus Gefälligkeit erfolgte Überlassung nicht strafbar, so ist sie auch nicht bei alsbaldiger Benutzung der Karte als Beihilfe zur Ausnutzung einer nicht zustehenden Bezugsberechtigung zu bestrafen. Einmal würde solche Ausnutzung nicht rechtswidrig sein (Anm. 13 zu § 1), ferner wäre Beihilfe zur Übertretung straflos. Der Strafbarkeit steht auch der allgemeine Gesichtspunkt entgegen, daß wegen Beihilfe nicht bestraft wird, falls die Ausführung der Tat selbst straflos ist. Aus demselben Grunde kann die Benutzung der überlassenen Karte als Anstiftung zur Abgabe seiner Ware nicht strafbar sein. Ist das der Fall, so ist es auch nicht strafwürdig, wenn in der Verteilungsstufe der Händler auf solche in der Familiengemeinschaft zusammengestellte Karte Ware (z. B. Anzug) abgibt. Zudem wird die Verbrauchslenkung nicht gefährdet und der Grundsatz nicht verletzt: die Warenabgabe entspricht der Markenausgabe.

**13.** Anm. 18 zu § 1: Lebensmittelkarten erschleicht auch der Fabrikant für seinen städtischen Haushalt, der sich aus seinem Landgut in der Hauptsache versorgen läßt. Hieraus ist auch das Erschleichen von Sonderzulagen für Schwer- und Schwerstarbeiter, werdende und stillende Mütter (§ 12 der VO. v. 16. 9. 1939 RGBl. I S. 1825) jetzt zu bestrafen. Vgl. § 24.

**14.** Anm. 27—29 zu § 1.

**15.** Anm. 30—33 zu § 1 Abs. 1 Nr. 6, Anm. 39—40 zu § 1 Abs. 3. Hierunter und in Verb. mit Abs. 2 fällt auch die verbotene Hausschlachtung des Landwirts RG. DR. 1943 S. 142 und zwar zugleich mit § 7 der VO. v. 7. 9. 1939 (abgedr. Seite 148) in Verb. mit der SchlachtviehmO. in Anm. 33 zu § 1. Ein Strafverlangen einer bewirtschaftenden Stelle ist nicht vorgesehen, weil die Anordnungen für die Verbraucher vom RMfEuL. selbst erlassen sind. Die bewirtschaftenden Stellen können übrigens selbst auch im Ordnungsstrafverfahren vorgehen § 20.

**16.** Händler und Selbstversorger. Darunter fällt nicht der in der Stadt versorgungsberechtigte Händler, der sich einen Bauernhof gekauft hat, um sich daraus zur Unterstützung seines städtischen Haushalts beliefern zu lassen.

**17.** Für landwirtschaftliche Erzeugnisse gelten als Selbstversorger die Inhaber des Betriebes, die Angehörigen der Wirtschaft u. a. § 13 derVO. v. 27. 8. 1939 (RGBl. I S. 1521) u. § 5 der VO. v. 7. 9. 1939 (RGBl. I S.

1714). Dieser Kreis ist durch die 9 VO. v. 7. 9. 1939 (RGBl. I Nr. 172) und durch Erlaß des RMfEuL. v. 21. 9. 1939 (RNVBl. S. 695) v. 14. 11. 1939 (DRAnz. Nr. 279) und v. 8. 3. 1940 (DRAnz. Nr. 70) noch erweitert. Der erstgenannte Erlaß ergibt die Rationen der Selbstversorger für Brot und Mehl, Fleisch, Fett, Käse, Vollmilch, Zucker und Nährmittel. Die Rationen sind ferner geregelt

für Brot und Mehl durch Erlaß v. 14. 3. 1942 (LwRMBl. S. 298),

für Fleisch und Schlachtfette durch Erlaß v. 14. 4. 1942 (DRAnz. Nr. 98) vgl. auch Erlaß über Hausschlachtungen vom 28. u. 29. 8. 1941, DRAnz. Nr. 218, RNVBl. 1941, 362 (Auszug auch DJust. 1941 S. 1037); v. 30. u. 31. 5. 1942 (DRAnz. Nr. 141),

für Molkereibutter durch Erlaß v. 14. 11. 1939 (DRAnz. Nr. 279) und durch verschiedene Anordnungen der Milch- und Fettwirtschaftsverbände,

für Landbutter durch den gleichen Erlaß und durch die Anordnung A 15 der HV. der Milch- und Fettwirtschaft v. 30. 11. 1939 (RNVBl. S. 835),

für Nährmittel in Getreide durch Erlaß v. 22. 4. 1942 DRAnz. Nr. 108,

für Vollmilch durch Erlaß v. 14. 11. 1939 (DRAnz. Nr. 279),

für Zucker durch Erlasse v. 1. 10. u. 3. 12. 1941 (LwRMBl. S. 771 und 1063f.

**18.** Warenlager und Wirtschaft. Eigner Betrieb ist auch der, der dem Ehegatten gehört.

**19.** Das Entnehmen erfolgt zum eignen Bedarf, um es zur Versorgung der Familienangehörigen und der Angestellten zu verbrauchen: der Bauer nimmt eine ungenehmigte Hausschlachtung für den eignen Haushalt vor. Dabei umfaßt die Entnahme auch den Verbrauch und das Bereitstellen des Fleisches RG. v. 23. 10. 1941, 5 D 436, 41.

**20.** Der Händler wie Erzeuger entnimmt den eignen Beständen mehr als ihm zusteht. E. 76 S. 230. Sie unterliegen für ihren persönlichen Bedarf auch der allgemeinen Bezugsbeschränkung. Geben sie die zu Unrecht entnommenen Waren an andere ohne Karten weiter, so treten sie als Gewerbetreibende auf. § 1 Abs. 1 Nr. 1. Der Geflügelhalter verkauft Eier, vgl. Anm. 4 D zu § 1; ebenso macht sich der Gewerbetreibende strafbar, wenn er bezugsbeschränkte Erzeugnisse aus seinem Betriebe zu Tauschzwecken benutzt.

**21.** Entgegen § 43 Abs. 1 StGB., wonach nur der Versuch des Verbrechens oder Vergehens strafbar ist. Fälle des Versuchs: Antrag zum Kauf oder Verkauf einer Bezugskarte, Aufforderung, ohne Marken Waren abzugeben, Gesuche um Bewilligung von Bezugscheinen mit unwahren Angaben.

**22.** Siehe Anm. 2. Bei den schweren Fällen ist in Betracht zu ziehen die Persönlichkeit des Täters z. B. ob er rückfällig ist, seine Beweggründe zur Tat und besonders die Nachteile, die für die Versorgung entstanden sind. AV. des RJM. v. 12. 1. 1942 zu I 4, S. 158 abgedruckt. Als schwerer Fall ist regelmäßig anzusehen, wenn jemand die Genehmigung zu einer Hausschlachtung erschleicht. RG. DR. 1943 S. 514, HRR. 1942 Nr. 606.

Die Feststellung des schweren Falls ist wegen der Strafregistermitteilung im Urteils- und Strafbefehlssatz zu vermerken. § 2 Strafreg.VO.

**23.** Die Tat ist Vergehen § 21. Auch der Versuch und Beihilfe ist strafbar. RG. DR. 1943 S. 142.

**24.** Anhang. Zusammentreffen mehrerer Strafvorschriften. Es treffen mit § 2 in Tateinheit zusammen:

Unterschlagung und Untreue beim Überlassen,
Hehlerei beim Abgeben und Verschaffen (Anm. 10).
Urkundendelikte, Anm. 5 zu § 1, Blankettfälschung mit Ausnutzung RG. HRR. 1941 Nr. 744.
Betrug beim Beziehen, beim Überlassen, beim Erschleichen,
§ 12 UnlWG. vgl. Anm. 46 zu § 1 (dabei ist Verbraucher statt Händler zu setzen).
§ 1 KWVO.
§§ 27, 28 Fleischbeschaugesetz bei Haus- und Schwarzschlachtungen RG. HRR. 1942 Nr. 868.
Im Stehlen bezugsbeschränkter Sachen liegt kein Beziehen E. 75 S. 184 a. M. Rietzsch Komm. S. 60.
Tatmehrheit besteht zwischen Abs. 2 u. § 1 Abs. 1 Nr. 1, wenn der Geflügelhalter im Betriebe nicht verbrauchte Eier verkauft, vgl. ausführl. Anm. 4 a. D. zu § 1.

## § 3

**(1) Mit Gefängnis bis zu zwei Jahren und Geldstrafe in unbeschränkter Höhe oder mit einer dieser Strafen wird bestraft[1], wer bezugsbeschränkte gewerbliche Erzeugnisse[2], die zur[3] Ausübung eines Gewerbes oder Berufs[4] zugeteilt oder bestimmt sind[5], für einen anderen als den im Antrag angegebenen oder sonst bei der Zuteilung vorgesehenen Zweck[6] oder entgegen den Auflagen[7] oder Bestimmungen für ihre Verwendung[8] gebraucht[9] oder verbraucht[10].**

**(2) In leichten Fällen[11] kann auf Geldstrafe bis zu 150 Reichsmark oder auf Haft erkannt werden[12].**

**(3) Der Versuch ist strafbar[13 14].**

**1.** Dadurch wird die Bestrafung wegen mißbräuchlicher Benutzung von Kraftfahrzeugen aus § 4 die VO. v. 6. 9. 1939 (RGBl. I S. 1698) beseitigt.

**2.** Es sind gewerbliche Erzeugnisse im engeren Sinne. Lebensmittel scheiden aus, wenn sie auch in Gewerbebetrieben be- und verarbeitet sind: Haferflocken u. a. Mühlenerzeugnisse, Kaffeersatz, Konserven, eingefrorene Tomaten und Früchte, Kartoffel- u. a. Stärkeerzeugnisse RdErl. des RMfEuL. v. 21. 1. 1942 (LwRMBl. S. 87).Verwendungsverbote und Verwendungseinschränkungen landwirtschaftlicher Erzeugnisse sind durch § 1 Abs. 1 Nr. 6 geschützt.

**3.** Es kommt also die Zuteilung für den persönlichen Bedarf nicht in Frage.

**4.** Siehe Anm. 3 zu § 1.

**5.** In Betracht kommen Arbeitskleidung, Arbeitsschuhe, Kraftstoffe und Fahrzeugbereifungen. Für Kraftstoffe AO. I 43 der Reichsstelle für Mineralöle v. 21. 12. 1942 (DRAnz. Nr. 303), für Reifen AO. Nr. 1 zur Durchf. der AO. I 43 der Reichsstelle für Kautschuk v. 22. 12. 1942 (DRAnz. 1943 Nr. 2. Hierin ist auch Muster einer Reifenkarte enthalter).

**6.** Der Zweck, für den die gewerblichen Erzeugnisse verwendet werden sollen, ist im Antrag oder in dem Bescheide über die Zuteilung klar zu umschreiben, z. B. Art der Fahrten. Sind in dem Antrag mehrere Zwecke angegeben, so kann die bewirtschaftende Stelle (bei Mineralöl das Wirtschaftsamt, bei Reifen das Landeswirtschaftsamt) in dem Bescheide (Tankausweiskarten) bestimmen, ob sie alle Zwecke oder nur einzelne berücksichtigen, auch ob sie den Zweck beschränken will.

**7.** Auch die Auflagen sind klar festzulegen. Bei der Reifenzuteilung sind Auflagen: rechtzeitige Instandsetzung und Runderneuerung sowie pflegliche Behandlung der Reifen, vorschriftsmäßige Belastung des Wagens und Beachtung der Höchstgeschwindigkeit, die die in § 9 StVO. oder § 36 StVZO. zugelassenen einschränken.

**8.** Es ist gleichgültig, ob die Verwendungsbestimmungen vor oder nach Inkrafttreten des § 3 ergangen. Solche Bestimmungen sind § 9 Straßenverkehrsordnung, § 36 a Straßenverkehrs-Zulassungs-Ordnung, § 2 der in Anm. 5 genannten AO. I 43, Erlaß des Reichsverkehrsminister v. 9. 2. 1942 (Reichsverkehrsbl. Ausg. B S. 15 mit Berichtigung u. a. Vorschriften, die vom Reichsverkehrsminister und Reichsminister des Innern gemäß § 6 das Gesetz über den Verkehr mit Kraftfahrzeugen erlassen sind. Hierher gehören auch die polizeilichen und sonstigen Beschränkungen für die Benutzung von Mietkraftdroschken z. B. Täuschung des Fahrers über Dringlichkeit der Fahrt.

**9.** Ein Gebrauch, der den Zuteilungszweck nicht ausschließt, liegt z. B. darin, wenn der Berufs-(Monteur-)Anzug bei der Verrichtung von Hausarbeiten benutzt wird, oder wenn der Arbeiter die Seifenverschmutzungszulage für seine Familie verwendet.

**10.** Dem Zuteilungszweck zuwider handelt, wer Sachen, z. B. Arbeitskleidung verschenkt oder vernichtet.

**11.** Hierfür wird der Grad des Verschuldens und die Höhe des Schadens ausschlaggebend sein. Es sind Fälle geringeren Unrechtgehalts. Z. B. der Kraftfahrer nimmt aus Gefälligkeit eine humpelnde Frau auf oder mangels andrer fester Stiefel trägt der Schlosser seine Berufsschuhe ständig.

**12.** Übertretung. Verjährung § 21.

**13.** Also auch der Versuch der Übertretung des Abs. 2.

**14.** Anhang. Strafverfahren für Zuwiderhandlungen nach §§ 1 bis 3. Diese Zuwiderhandlungen sind beschleunigt zu verfolgen Ziff. 3 AV. des RJM. v. 15. 4. 1940, abgedruckt S. 156. Die Vergehen nach §§ 1 Abs. 1, § 2 Abs. 4, § 3 Abs. 1 sind entweder durch Strafbefehl des Amtsgerichts (§ 407 StPO.) zu erledigen oder durch Anklage vor dem Amtsrichter möglichst im beschleunigten Verfahren nach §§ 28ff. der ZuständigkeitsVO. v. 21. 2. 1940, RGBl. I S. 405 zur Aburteilung zu bringen. In umfangreichen Sachen und für rechtlich schwierige Fälle ist vor der Strafkammer anzuklagen. In den Alpen- und Donaugauen (Ostmark) sind die Amtsgerichte und der Einzelrichter beim Landgericht zur Aburteilung zuständig. VO. v. 20. 4. 1941 (RGBl. I S. 164).

Die Übertretungen nach § 1 Abs. 2, § 2 Abs. 1 u. 2, § 3 Abs. 2, soweit sie nicht mit Straftaten anderer Strafvorschriften zusammentreffen Anm. 46 zu § 1, werden durch Ordnungsstrafen und Verwarnungen der Ämter (§ 4) geahndet. An sich können auch polizeiliche Strafverfügungen nach § 413 StPO. ergehen. Doch sollen solche mit Rücksicht auf die Ordnungsstrafbefugnis der Ämter vermieden werden RdErl. des RWM. v. 28. 5. 1940 (RWMBl. S. 362).

Über Zusammenwirken der Justizbehörden mit den Ämtern siehe AV. des RJM. v. 15. 4. 1940 Ziff. 4 u. 6 u. v. 12. 1. 1941 zu III abgedruckt S. 156 u. 158.

## § 4

**(1) Besteht bei einer nach §§ 1, 2 oder 3 strafbaren Handlung[1] kein öffentliches Interesse[2] an der Strafverfolgung[3], so kann[4] das Landeswirtschafts-[5], Landes-(Provinzial-)ernährungs-, Wirtschafts- oder Ernährungsamt[6] (im folgenden zusammenfassend Amt[7] genannt) gegen die schuldigen Personen (Täter und Teilnehmer)[8] Ordnungsstrafen[9] bis zur Höhe von 1000 Reichsmark[10], bei Zuwiderhandlungen, die in Ausübung eines Gewerbes oder Berufs begangen worden sind[11], bis zur Höhe von 5000 Reichsmark[12] festsetzen[13]. Das gleiche gilt[14] bei Zuwiderhandlungen gegen eine dem Amt[15] gegenüber bestehende Auskunftspflicht[16].**

**(2) Wird die Zuwiderhandlung[17] in einem Geschäftsbetrieb[18] begangen[19], so können[20] außerdem[21] gegen die Inhaber[22] oder Leiter[23] des Geschäftsbetriebes Ordnungsstrafen[24] bis zur Höhe von 5000 Reichsmark festgesetzt werden[25], wenn sie nicht nachweisen[26], daß sie die im Verkehr erforderliche Sorgfalt zur Verhütung der strafbaren Handlung angewandt haben[27]. Ist Inhaber des Geschäftsbetriebes eine Handelsgesellschaft, eine juristische Person[28] oder sonstige Personenvereinigung[29], so ist der Nachweis an Stelle des Inhabers von den zur gesetzlichen Vertretung befugten Personen[30] zu führen.**

**(3) In Fällen von geringerer Bedeutung[31] kann statt[32] der Ordnungsstrafe eine schriftliche Verwarnung[33] ausgesprochen werden[34]. Sie ist gebührenpflichtig[35]. Eine Anfechtung ist nicht zulässig[36].**

**(4) Zuständig für die Entscheidung[37] ist das Amt, in dessen Bezirk der Täter seinen Wohnsitz oder Sitz[38] hat oder die strafbare Handlung begangen worden ist[39]. Richtet sich die Strafverfolgung lediglich gegen Leiter oder Angestellte einer Zweigniederlassung oder eines sonstigen Zweigbetriebes, so ist das Amt zuständig, in dessen Bezirk sich die Zweigniederlassung oder der Zweigbetrieb befindet; das gleiche gilt, wenn das Unternehmen seinen Sitz im Ausland hat.**

**(5) Bei zusammenhängenden Zuwiderhandlungen[40], welche einzeln zur Zuständigkeit verschiedener Behörden[41] gehören würden, ist jede dieser Behörden zuständig.**

**(6) Ist hiernach eine Zuständigkeit nicht oder mehrfach begründet, so ist die Behörde zuständig, die zuerst mit der Sache befaßt worden ist[42]. Sie kann die Sache an die andere zuständige Behörde abgeben, wenn dies zweckmäßig erscheint[43]. In Zweifelsfällen bestimmt die gemeinsame höhere Behörde[44] die zuständige Behörde.**

**1.** Die Tatbestände der drei Paragraphen müssen nach der äußeren wie nach der inneren Seite verwirklicht sein. Die entsprechende Anwendung eines Strafgesetzes aus § 2 wird den Justizbehörden zu überlassen sein.

Es kann eine Einzeltat oder eine fortgesetzte Handlung sein. Hierbei muß ein bestimmter Gesamtvorsatz vorliegen, der von vornherein den Gesamterfolg umfaßt und der stückweise verwirklicht wird, wobei sämtliche Einzelhandlungen den Tatbestand der gleichen oder gleichartigen Straftat enthalten. E. 67 S. 392: Händler nimmt wochenlang aus seinem Lager ohne Marken und mehr, als ihm zusteht oder Entbindungsanstalt erhält monatelang auf Grund der gleichen Anforderung, die eine überhöhte Zahl der Entbundenen enthält, die Feinseifenkarten. Kein Fortsetzungszusammenhang: Gesuchte Hochstaplerin, die polizeilich nicht gemeldet ist, kauft grundsätzlich ohne Marken oder mit gefälschten Marken ein. Vgl. Anm. 7 zu § 2.

Eine fahrlässige fortgesetzte Zuwiderhandlung ist nicht möglich.

**2.** Kein öffentliches Interesse an der Strafverfolgung besteht bei den mehr formellen Verstößen, bei Ordnungswidrigkeiten (im Gegensatz zum kriminellen Unrecht), und geringfügigen Fällen der Gewerbetreibenden, Herstellern und Berufsausübenden und bei allen Verbraucherstraftaten.

Dagegen liegt das öffentliche Interesse vor, wo die Zuwiderhandlungen aus §§ 1—3 mit Verbrechen und Vergehen aus anderen Strafvorschriften insbesondere dem Strafgesetzbuch zusammentreffen, mit Urkundenfälschung, Betrug, Bestechung § 12 UWG. Steuerhinterziehung, ferner in Fällen, wo die Sach- und Rechtslage zweifelhaft ist (entsprechende Anwendung nach § 2 StGB.), und wo der Strafzweck (Sühne und Abschreckung) durch Geldstrafe nicht erreicht wird. Maßgebend ist auch Täterpersönlichkeit, Rückfall, hoher Schaden: Täter kauft zu dem überreichen Schuhvorrat unter Erschleichung eines Bezugsscheines Stiefel hinzu, ohne Einsicht an den Tag zu legen, so daß Wiederholung zu befürchten ist.

Auf Anzeigen, die den Ämtern, gegebenenfalls abschriftlich, nach Ziff. 4 AV. v. 15. 4. 1940, DJust. S. 455 zugehen sollen, entscheidet die Staatsanwaltschaft im Zweifel über das Vorliegen des öffentlichen Interesses. Siehe Richtlinien darüber in AV. v. 1. 4. 1942 zu V, die Seite 166 abgedruckt sind. Stellt sich heraus, daß öffentliches Interesse zu Unrecht angenommen ist, so kann das Strafverfahren wegen Geringfügigkeit nach § 153 StPO. zweckmäßig unter Zustimmung des Amts eingestellt oder dem Amt zum Ordnungsstrafverfahren überlassen werden. Vgl. ferner Anm. 31.

**3.** Das ist Strafverfolgung durch die Justizbehörden.

**4.** Ein Zwang zum Einschreiten besteht nicht. Von kleinlicher und pedantischer Handhabung des Verbrauchsregelungsstrafrechts ist abzusehen. RdErl. des RWM. v. 28. 5. 1940 (RWMBl. S. 362).

**5.** Das Landeswirtschaftsamt hat Bewirtschaftungsaufgaben und damit Strafbefugnis auf dem Gebiete der Kohle, der Schreibmaschine und der Reifen.

**6.** Besonderheiten in §§ 5 und 6.

**7.** Nicht dem Amt, das die Zusammenfassung der einschlägigen Arbeitsgebiete bezeichnet, sondern dem Leiter der Behörde, dem das Amt angeschlossen ist (vgl. §§ 1, 3, 5, 9 der VO. v. 27. 8. 1939, RGBl. I S. 1495 in Verbindung mit RdErl. des RMfEuL. v. 21. 1. 1942 LwRMBl. S. 87), also dem Oberpräsidenten, dem Landrat, dem Oberbürgermeister steht die Strafbefugnis zu.

**8.** Anstifter, Gehilfe — auch wenn die Beihilfe zur Übertretung kriminell straflos — Begünstiger E. 75 S. 234. Der Teilnehmer, der in Ausübung des Gewerbes oder Berufs handelt, ist stets nach § 1 zu bestrafen.

**9.** Die Ordnungsstrafe ist wie die kriminelle Strafe, d. h. die von Gerichten erkannte Strafe, echte, wahre Strafe. Sie ist jedoch in das Strafregister, in die polizeilichen Listen und in das polizeiliche Führungszeugnis nicht aufzunehmen. Nur mit Ordnungsstrafe bedroht ist der Fall aus § 4 Abs. 2, die Beihilfe zu Übertretungen und die Begünstigung einer Ordnungsstraftat E. 75 S. 234.

**10.** Dieser Höchstbetrag darf in dem Ordnungsstrafbescheid nicht überschritten werden, gleichgültig, ob eine oder mehrere Taten zu bestrafen sind. Für jede Handlung ist eine besondere Ordnungsstrafe festzusetzen. Gesamtstrafe ist nicht zulässig. Reicht das gesetzliche Höchstmaß nicht aus (anders §§ 27a u. c StGB.), so ist das Verfahren an StA. abzugeben.

**11.** Anm. 3 zu § 1.

**12.** Über den Inhalt des Ordungsstrafbescheides siehe Anm. 1 zu § 15.

**13.** a) Trifft Ordnungsstraftat mit Straftat des allgemeinen Strafrechts zusammen (Anm. 2), so ist die Sache grundsätzlich an die Strafbehörde abzugeben. Zuständig bleibt das Amt in folgenden Fällen:

α) Die allgemeine Strafrechtsvorschrift gegenüber der Ordnungsstrafbestimmung fällt nicht ins Gewicht und die Staatsanwaltschaft nimmt von der Bestrafung in ihrer Zuständigkeit Abstand.

β) Die Preisüberwachungsstelle sieht von der Festsetzung einer Strafe ab, weil der Verstoß gegen die Verbrauchsregelung überwiegt.

Verstößt die Tat zugleich gegen Anordnungen, die der RWM. oder eine Reichsstelle auf Grund der Verordnung über den Warenverkehr erlassen haben, Seite 66, so kommt die Zuständigkeit der Reichsstellen für die Verhängung einer Ordnungsstrafe in Betracht. Verstößt die Tat zugleich gegen die Vorschrift eines Zusammenschlusses, so kann der Zusammenschluß zur Verhängung einer Ordnungsstrafe zuständig sein. Zur Vermeidung einer Doppelbestrafung durch mehrere Ordnungsstrafbehörden ist die Vorschrift in § 5 gegeben. Wird die doppelte Zuständigkeit von Ordnungsstrafbehörden übersehen, so wird es bei der Vollstreckung durch Anrechnung zu berücksichtigen sein, vgl. RG. DJust. 1942 S. 427.

b) Das Verbot der Doppelbestrafung gilt auch hier: Es darf wegen derselben Tat eine kriminelle und zugleich eine Ordnungsstrafe nicht verhängt werden. Die Rechtskraft der gerichtlichen Entscheidung ist endgültiger Abschluß des Verfahrens. Dagegen gibt es nur die Wiederaufnahme des Verfahrens (§ 359 StPO.) und die Nichtigkeitsbeschwerde nach § 34 der ZuständigkeitsVO. Die Strafklage wegen der kriminellen Straftat ist jedoch nicht verbraucht, wenn die Ordnungsstrafbehörde seine Zuständigkeit überschritten z. B. wenn sie wegen einer kriminellen Straftat, die in Tateinheit mit der Ordnungsstraftat steht, bestraft oder diese übersehen hat. Der Bescheid ist unwirksam, er schließt die gerichtliche Aburteilung nicht aus. RG. DJust. 1942 S. 825 = E. 76 S. 268. Die etwa bezahlte Ordnungsstrafe ist demnächst auf die zu erkennende gerichtliche Strafe anzurechnen RG. HRR. 1940 Nr. 1337; 1942 Nr. 445, im übrigen, entweder an den Bestraften zurückzuerstatten oder niederzuschlagen. E. 76 S. 268 (271). Der erneuten nunmehr gerichtlichen Bestrafung steht auch nicht entgegen, daß die Ordnungsstrafe vom AG. auf Antrag endgültig verhängt wird. § 8.

Die Wiederaufnahme des Verfahrens und die Nichtigkeitsbeschwerde ist gegen den rechtskräftigen Ordnungsstrafbescheid nicht zulässig.

c) Das Recht zur Verhängung einer Ordnungsstrafe gegen Wehrmachtsangehörige steht dem Amt nur dann zu, wenn der Gerichtsherr gemäß § 18 Kriegsstrafverfahrensordnung v. 17. 8. 1938, RGBl. 1939 I S. 1457 ihm das Verfahren überwiesen hat. Anregungen auf Überweisung sind an den Gerichtsherrn mit dem Hinweis darauf zu richten, daß kein öffentliches Interesse an der Strafverfolgung bestehe und daß beabsichtigt sei, eine Ordnungsstrafe festzusetzen.

d) Die Ordnungsstrafe verjährt gemäß § 21, wird bekannt gemacht nach § 7 und nach § 17 vollstreckt, sobald der Bescheid nach § 13 zugestellt ist.

e) Das Gnadenrecht steht bei Ordnungsstrafen der Wirtschaftsämter und der Landeswirtschaftsämter dem Reichswirtschaftsminister, bei Ordnungsstrafen der Ernährungsämter und der Landesernährungsämter dem RMfEuL. zu § 1 Abs. 3 Nr. 5 der Gnadensordnung v. 6. 2. 1935, DJust. S. 203, ohne Unterschied, ob das Amtsgericht gemäß § 8 endgültig entschieden hat oder nicht. Nur wenn es die Ordnungsstrafe selbst verfügt, steht das Gnadenrecht dem RJM. zu.

**14.** d. h. Erlaß eines Ordnungsstrafbescheids beim Fehlen des öffentlichen Interesses an der Strafverfolgung.

**15.** Auskunftsberechtigt ist das Wirtschaftsamt nach § 11 der VO. v. 14. 11. 1939 (RGBl. I S. 2221) und das Landeswirtschaftsamt nach Art. II der VO. v. 25. 11. 1941 (RGBl. I S. 731).

Das Auskunftsrecht beschränkt sich nicht auf Einholung von Auskünften über die der Verbrauchsregelung unterworfenen Güter, sondern greift ein in die Überprüfung auf allen Gebieten des Handels, die den Ämtern zugewiesen ist. Gegenüber Verbrauchern besteht kein Auskunftsrecht. Jedoch können die Wirtschaftsämter von antragstellenden Verbrauchern die unwiderrufliche Einverständniserklärung verlangen, an Ort und Stelle eine Nachschau vorzunehmen. RdErl. des RWM. v. 19. 11. 1941 — S 2/254 22/41. Wird die Erklärung verweigert, muß der Antragsteller mit der Ablehnung seines Antrags rechnen. Daneben besteht gegenüber den Verbrauchern (Nichtgewerbetreibenden) das Recht der Durchsuchung wegen Verdachts einer strafbaren Handlung nach § 102 StPO.

Auskunftsberechtigt sind ferner das Landes-(Provinzial-) Ernährungsamt und das Ernährungsamt und zwar gegenüber den Betrieben der Ernährungswirtschaft § 32 der VO. v. 27. 8. 1939 (RGBl. I S. 1521) und gegenüber den Versorgungsberechtigten § 14 aaO., abgedruckt S. 132.

**16.** Die Auskunftpflicht ist geregelt in der Verordnung über Auskunftpflicht v. 13. 7. 1923 (RGBl. I S. 723), die S. 85 abgedruckt ist. Diese besteht darüber hinaus für a) die Landeswirtschaftsämter und Wirtschaftsämter nach § 11 der VO. v. 14. 11. 1939 (RGBl. I S. 2221). Strafschutz § 6 der Ausk.VO. b) die Landesernährungsämter und Ernährungsämter nach §§ 14, 32 der VO. v. 27. 8. 1939 (RGBl. 1521), Strafschutz § 1 Abs. 1 Nr. 6 VRStVO.

Für alle Ämter ist die Ordnungsstrafbefugnis, die für die Ernährungsämter bereits durch § 1 Abs. 1 Nr. 6 in Verbindung mit § 4 Abs. 1 Satz 1 festgelegt ist, hiermit gegeben.

**17.** Verstöße gegen §§ 1, 2 Abs. 2 (Teilnahme) Abs. 2, auch in Tateinheit mit anderen Strafbestimmungen.

**18.** Hierunter fallen Betriebe der Landwirtschaft und der gewerblichen Wirtschaft wie der Ernährungswirtschaft.

**19.** Der Täter braucht nicht ermittelt zu sein. Das Verfahren kann auch mangels Verschuldens und persönlichen Schuldausschließungsgrundes eingestellt sein. Ist der Inhaber oder Leiter selbst einer Zuwiderhandlung (Anm. 17) schuldig, so kann diese Ordnungsstrafbestimmung nicht in Betracht kommen.

**20.** Es steht im Ermessen des bestrafenden Amtes.

**21.** Voraussetzung ist nicht, daß ein Gerichts- oder Ordnungsstrafverfahren gegen den Täter oder Teilnehmer vorausgegangen ist oder gleichzeitig läuft, das zur Bestrafung des Täters oder Teilnehmers auch mittels polizeilicher Strafverfolgung geführt hat oder das wegen Unzurechnungsfähigkeit oder Nichtermittelung des Täters und Teilnehmers eingestellt ist. Die Handlung, die bestraft werden soll, ist das eigene Verhalten des Inhabers oder Leiters. Vgl. Anm. 18.

**22.** Inhaber des Geschäftsbetriebes ist die natürliche Person, in deren Namen und für deren Rechnung der Betrieb geführt wird, Einzelkaufmann, Landwirt, Handwerker, Gesellschafter der offenen Handelsgesellschaft, persönlich haftende Gesellschafter der Kommanditgesellschaft, soweit sie nicht von der Geschäftsführung ausgeschlossen sind.

**23.** Tatsächliche Leiter z. B. Betriebsführer i. S. von § 3 Abs. 2 AOG.; Prokuristen, rechtliche Leiter z. B. gesetzliche Vertreter juristischer Personen, darunter Vorstand der Aktiengesellschaft, Geschäftsführer der GmbH., selbständige Leiter von Betriebsabteilungen, Massenverwalter z. B. Testamentsvollstrecker, Konkursverwalter.

**24.** Die Strafsumme wird höher ausfallen gegen Betriebsführer und Leiter als gegen die schädigende Person.

**25.** Die Ordnungsstrafe kann als Strafe nur eine natürliche Person treffen. Läßt sich der schuldige gesetzliche Vertreter einer Handelsgesellschaft einer juristischen Person oder sonstigen Personenvereinigung (Anm. 29) nicht ermitteln, so wird in dem Ordnungsstrafbescheid in Höhe des ausgeworfenen Strafbetrages die Haftung der juristischen Person ausgesprochen.

Ist der Inhaber strafunmündig, so wird der Betriebsleiter herangezogen

**26.** Die Schuldvermutung, die dahin geht, daß Inhaber oder Leiter ihre Aufsichtspflicht verletzt haben, muß durch den Entlastungsbeweis beseitigt werden. Ist die Beweisführung lückenhaft, so bleibt es bei der Schuldvermutung. Z. B. der Nachweis ist nicht erbracht, wenn es zweifelhaft ist, daß der Leiter die üblichen Kontrollen ausgeführt hat.

**27.** Die Verhütungsmaßnahmen erschöpfen sich nicht in dem Auswählen und Anstellen geeigneter Personen, sondern erstrecken sich auf die Anleitung, Unterweisung, Überwachung und Beaufsichtigung des Gefolgschaftmitgliedes in seiner Tätigkeit. Dabei kommt es auf die Größe des Betriebes und die Wichtigkeit und Bedeutung des Arbeitsgebietes an.

Bei mehreren verantwortlichen Inhabern und Leitern z. B. von der kaufmännischen und technischen Abteilung hat zunächst jeder für sein Arbeitsgebiet zu sorgen, jedoch auch auf das des andern soweit möglich durch Kontrollen Bedacht zu nehmen. Insbesondere müssen sich alle. Mitinhaber darum bemühen, daß zuverlässige Kräfte vorhanden sind und daß die erforderlichen Überwachungen durchgeführt werden das bloße Vertrauen auf den ordnungsmäßigen Geschäftsbetrieb reicht nicht aus. Mit der Übertragung und Überlassung solcher Verhütungsmaßnahmen ist nichts getan.

**28.** Anm. 23.

**29.** Gesellschaft des bürgerlichen Rechts, Erbgemeinschaft und Gesamthandgemeinschaften.

**30.** Vorstandsmitglieder der AG., Geschäftsführer der GmbH., auch deren Bevollmächtigte.

**31.** Es sind von den Zuwiderhandlungen aus §§ 1—3 die Übertretungen (§ 21 Abs. 1), ferner Vergehen, die nach § 153 StPO. einzustellen sind, Verstöße gegen die Auskunftpflicht (Abs. 1) und Verletzung der Aufsichtspflicht (Abs. 1).

**32.** Es ist also keine Ordnungsstrafe, überhaupt keine Strafe, sondern eine im Verwaltungsverfahren getroffene Erziehungsmaßregel.

**33.** Die Verwarnung enthält die verwarnende Behörde (Amt), Ort und Tag der Erteilung, Angabe der Zuwiderhandlung oder des Verstoßes und der verletzten Vorschriften, den Namen und die Anschrift des Verwarnten, die gebührenpflichtige Verwarnung, die Gebühr selbst sowie die Unterschrift des Beamten.

**34.** Daneben gibt es die formlose, nicht gebührenpflichtige Verwarnung. Sie dient dazu, Täter, die in einem unverschuldeten Rechtsirrtum gehandelt haben, über die Rechtslage aufzuklären.

**35.** Die Gebühr ergibt sich aus § 19 Abs. 4, die Zustellung der gebührenpflichtigen Verwarnung aus § 13 Abs. 3.

**36.** Für den Betroffenen gibt es kein Rechtsmittel. Doch ist die Dienstaufsichtsbeschwerde an das Landeswirtschaftsamt oder an das Landes-(Provinzial-)Ernährungsamt, bei Verwarnungen durch diese an den RWM. oder RMfEuL. zulässig. Andererseits besteht, etwa durch Rechtskraft, eine Bindung für das Amt nicht. Es ist als Verwaltungsstelle befugt, Bestrafungen im Wege der Ordnungsstrafe oder durch gerichtliche Entscheidung herbeizuführen.

**37.** Die Entscheidung darüber, ob und wie eingeschritten wird, mit Abgabe an die StA., mit Verwarnung oder mit Ordnungsstrafe.

**38.** Das ist Hauptniederlassung nach HGB.

**39.** Zuständig ist das Amt des Tatorts, das stets das Heimatwirtschaftsamt von der Bestrafung zu unterrichten hat. RdErl. des RWM. v. 4. 12. 1941 (RWMBl. S. 434).

**40.** Ein Zusammenhang ist vorhanden, wenn eine Person mehrerer strafbarer Handlungen beschuldigt wird, oder wenn bei einer strafbaren Handlung mehrere Personen als Täter, Teilnehmer, Begünstiger oder Hehler beschuldigt werden. § 3 StPO.

**41.** Das sind die Behörden, denen die Ämter angeschlossen sind Anm. 7.

**42.** Das wird in erster Linie das Amt des Tatorts sein.

**43.** Jedesmal wird vorher eine Anfrage notwendig sein.

**44.** Gemeinsame höhere Behörde ist das Landeswirtschatfsamt oder das Landes- (Provinzial-) Ernährungsamt und wenn diese sich untereinander streiten, der RWM. oder RMfEuL.

## § 5

**Ist durch eine Handlung, auf die die Voraussetzungen des § 4 Abs. 1 zutreffen, ausschließlich[1] gegen eine Anordnung einer bewirtschaftenden Stelle auf dem Gebiet der Ernährungswirtschaft[2] verstoßen worden (§§ 6 und 7 der Verordnung über die öffentliche Bewirtschaftung von landwirtschaftlichen Erzeugnissen vom 27. August 1939 Reichsgesetzbl. I S. 1521)[3], so kann[4] das Amt[5] nur dann[6] eine Ordnungsstrafe festsetzen, wenn feststeht, daß von der bewirtschaftenden Stelle weder ein Verlangen nach Strafverfolgung gemäß § 1 Abs. 3 gestellt noch eine Ordnungsstrafe festgesetzt wird.**

**1.** Die Anordnung einer anderen Stelle z. B. des RMfEuL. oder Landesernährungsamts darf nicht oder nicht gleichzeitig verletzt sein. Bei Zweifeln, ob ausschließlich gegen eine Anordnung der bewirtschaftenden Stellen verstoßen ist, entscheidet das Landesernährungsamt, gegebenenfalls nach Anhören der Hauptvereinigung und Saatgutstelle. RdErl. des RMfEuL. v. 10. 7. 1940 — II D 4 — 842 Rietzsch Komm. S. 190.

2. Anm. 39 zu § 1.
3. Abgedruckt S. 132.
4. Ist eine Vorschrift sowohl vom RMfEuL. oder von einem Landesernährungsamt als auch von einer bewirtschaftenden Stelle getroffen (Anm. 39 zu § 1) so hat das Ernährungsamt den Vorrang in der Verfolgung aller der Verstöße, die sich in der Ebene zwischen Letztverteiler und Verbraucher oder beim Verbraucher (auch beim Selbstversorger bezüglich der Entnahme zum eigenen Gebrauch) abspielen, sowie bei allen Verstoßen gegen Vorschriften über Bezugscheine, Bestellscheine usw. (hier auch in den Vorstufen vor dem Letztverteiler) Erlaß des RMfEuL. v. 10. 7. 1940, Rietzsch Komm. S. 194.
5. Das ist das Ernährungsamt.
6. Zur Vermeidung der Doppelbestrafung vgl. Anm. 13 zu § 4 Abs 1.

## § 6

**Das Landeswirtschaftsamt oder das Wirtschaftsamt kann im Rahmen der ihm übertragenen Bewirtschaftungsaufgaben[1] Ordnungsstrafen gemäß § 4 Abs. 1 und 2 auch bei Verstößen gegen Anordnungen des Reichswirtschaftsministers, der Reichsstellen oder anderer Stellen, denen die Befugnisse nach §§ 1 und 2 der Verordnung über den Warenverkehr übertragen sind[2], verhängen[3], soweit die Verstöße nach der Verordnung über den Warenverkehr strafbar sind[4] und diese Stellen die Durchführung des Ordnungsstrafverfahrens nicht an sich ziehen.**

1. Siehe Art. III und VI der VO. v. 27 8. 39 (RGBl. I S. 1519), die Seite 129 abgedruckt ist.
2. Abdruck S. 66.
3. Die Reichsstellen übernehmen die Handhabung des Ordnungsstrafrechts gegenüber Großhandel und Industrie. Bei Großhändlern, die zugleich Einzelhändler sind, ist für die Zuständigkeit entscheidend, in welcher Eigenschaft der Verstoß begangen ist. RdErl. des RWM. v. 28. 5. 1940 (RWMBl. S. 362), Im übr. siehe Anm. 4.
4. § 15 der WarenverkVO. Hierunter fallen mangelhafte Führung statistischer Verzeichnisse, verzögerte oder ungeordnete Einreichung der Bezugscheine durch den Händler, mangelhafte Entwertung RdErl. d. RWM. v. 28. 5. 1940 (RWMBl. S. 362).
Stellt die Verfehlung gleichzeitig einen Verstoß gegen die VRStVO. dar, so haben sich die Ämter auf die Bestrafung der Verbraucher, Handwerker und Letztverteiler zu beschränken. RdErl. des RWM. v 28. 5. 1940 (Anm. 3).
5. Eine ausdrückliche Verzichtserklärung der Reichsstelle braucht nicht vorzuliegen. Bevor das Amt von sich aus das Ordnungsstrafverfahren einleitet, wird es beispielsweise mit der Reichsstelle Fühlung nehmen.

## § 7

**(1) Gegen die Ordnungsstrafe kann binnen einer Woche nach Bekanntgabe[1] bei dem Amt, das den Strafbescheid erlassen hat[2], schriftlich oder mündlich zur Niederschrift Antrag[3] auf gerichtliche Entscheidung gestellt werden[4]. Die Frist[5] wird auch durch den Eingang des Antrages beim Amtsgericht[6] gewahrt.**

**(2) Der Antrag ist binnen einer Woche dem Amtsgericht[7] zur Entscheidung zuzuleiten[8]. Bis dahin[9] kann das Amt den gegen den Antragsteller ergangenen Strafbescheid zurücknehmen und das Verfahren einstellen oder einen neuen Bescheid erlassen[10] oder die Sache an die Staatsanwaltschaft zur Strafverfolgung abgeben[11]. Der Antragsteller ist zu benachrichtigen.**

**1.** Durch Zustellung des Bescheides § 13.

**2.** Vom Wirtschafts- oder Ernährungsamt, vom Landeswirtschaftsamt oder Landes-(Provinzial-)Ernährungsamt.

**3.** Der Antrag braucht nicht als solcher bezeichnet zu werden. § 300 StPO. Berechtigt zur Antragstellung ist der Betroffene (Beschuldigte), sein Verteidiger § 297 StPO., auch sein gesetzlicher Vertreter § 298 StPO. Der Bevollmächtigte des Betroffenen hat schriftliche Vollmacht mit einzureichen oder auch nach Ablauf der Frist nachzubringen.

Durch den Antrag ist die Vollstreckung des Bescheides ausgeschlossen.

**4.** Neben dem Antrag noch die Aufsichtsbeschwerde zuzulassen, wie Brombach DJust. 1940 S. 790 will, besteht kein Bedürfnis; sie ist zur Sicherstellung des Rechtsfriedens nicht erwünscht. Ebensowenig kann der Aufsichtsbehörde die Befugnis zugesprochen werden, um Unbilligkeiten aus der Welt zu schaffen, rechtskräftige Bescheide aufzuheben, a. M. Rietzsch Komm. S. 111. In solchen Fällen muß von dem Gnadenrecht Gebrauch gemacht werden, Anm. 13e zu § 4. Über Unzulässigkeit des Wiederaufnahmeverfahrens und der Nichtigkeitsbeschwerde Anm. 13b zu § 4.

**5.** Innerhalb der Frist ist die Niederschrift entgegenzunehmen § 299 Abs. 2 StPO. Gegen Versäumung der Frist kann Wiedereinsetzung in den vorigen Stand nach § 44 StPO. gewährt werden § 14.

**6.** Bei einem Amtsgericht, das nicht zuständig zu sein braucht; darüber Anm. 7. Die Geschäftsstelle des Amtsgerichts vermerkt die Zeit des Eingangs des Antrags auf demselben oder auf der Niederschrift.

**7.** Zuständig ist das Amtsgericht des Tatortes oder des Wohnsitzes, §§ 7, 8 StPO.

**8.** Auch der beim Amt verspätet eingegangene Antrag ist dem Amtsgericht zur Prüfung und Entscheidung zuzuleiten.

**9.** Danach ist das Amt an seinen Bescheid gebunden.

**10.** Auch gegen den neuen Bescheid ist der Antrag auf gerichtliche Entscheidung gegeben.

**11.** Die Staatsanwaltschaft kann in der Zeit bis zur Zuleitung des Antrags an das Gericht, ja bis zur gerichtl. Entscheidung die Verfolgung übernehmen. § 8 Abs. 3.

## § 8

**(1) Für das Verfahren vor dem Amtsgericht gelten die Vorschriften der Strafprozeßordnung über das Verfahren vor dem Beschwerdegericht sinngemäß[1]. Das Amtsgericht entscheidet[2] endgültig[3]. Es ist an die im Strafbescheid festgesetzte Ordnungsstrafe nicht gebunden[4]; der Strafbescheid kann auch zum Nachteil des Antragstellers geändert werden[5].**

**(2) Hält das Gericht ein öffentliches Interesse[6] an der Strafverfolgung für begründet, so legt es die Sache der Staatsanwaltschaft vor[7].**

**(3) Bis zur Entscheidung über den Antrag kann die Staatsanwaltschaft die Verfolgung im Strafverfahren übernehmen[8, 9].**

**1.** a) Der Antrag kann jederzeit zurückgenommen werden.

b) Für das Verfahren gelten §§ 297—300, 302, 308 bis 310 StPO. Im Laufe der Ermittelungen Zeugen zu beeidigen, ist nicht angängig. Eine Einstellung des Verfahrens nach §§ 153, 154 StPO. ist mit Rücksicht auf § 4 Abs. 3 ausgeschlossen. Beschränkung des Antrags auf einzelne Teile der Beschuldigung oder auf das Strafmaß ist zulässig.

**2.** Nach Anhörung der Staatsanwaltschaft entscheidet das Amtsgericht durch Beschluß

a) Ist der Antrag verspätet gestellt, so verwirft ihn das Amtsgericht als unzulässig unter Belastung mit den Kosten § 18.

b) War nach Prüfung, gegebenenfalls nach Anstellung von Ermittelungen der Bescheid in tatsächlicher und rechtlicher Hinsicht sachgemäß und die Ordnungsstrafe angemessen — wobei ein strenger Maßstab anzulegen ist, III 2 AV. v. 12. 1. 1942, abgedruckt Seite 158 —, so verwirft das Amtsgericht ihn als unbegründet unter Auferlegung der Kosten §§ 18, 19 Abs. 1 S. 2.

c) Hält das Amtsgericht das Amt zur Verhängung der Ordnungsstrafe für unzuständig Anm. 13b zu § 4 Abs. 1, so hebt es den Bescheid auf.

d) Sieht das Amtsgericht den Antrag in sachlicher oder rechtlicher Hinsicht oder im Strafmaß als begründet an, so erläßt es nach Anhörung des Amtes zugleich die in der Sache erforderliche Entscheidung. Unter Aufhebung des Bescheides beschließt es:

α) die Freisprechung — z. B. wegen Unzurechnungsfähigkeit § 51 Abs. 1 StGB., wegen mangelnder Reife § 3 JGG;

β) die Einstellung des Verfahrens wegen Verjährung der Verfolgung § 21;

γ) die Verhängung einer Ordnungsstrafe.

Eine Verwarnung kann das Gericht nicht aussprechen. Über Zusammenarbeit mit dem die Ordnungsstrafe festsetzenden Amt AV. v. 12. 1. 1942 zu III 2 S. 158 abgedruckt.

**3.** Eine Anfechtung des Beschlusses durch ein Rechtsmittel (Beschwerde oder Berufung) ist damit ausgeschlossen. Auch die Wiederaufnahme des Verfahrens oder Nichtigkeitsbeschwerde sind nicht zulässig, da die Voraussetzungen nicht vorliegen, vgl. auch Anm. 13b zu § 4.

**4.** Anm. 2. Die Ordnungsstrafe kann härter und milder bemessen werden.

**5.** Reformatio in peius. Die Schlechterstellung kann sich auf die sachliche Entscheidung wie auf das Strafmaß beziehen Anm. 4.

**6.** Anm. 2 zu § 4.

**7.** Die Vorlegung erfolgt ohne Aufhebung des Bescheides. Übernimmt die Staatsanwaltschaft die Verfolgung, so führt sie die strafgerichtliche Bestrafung herbei. Hält sie diese für nicht erforderlich, so gibt sie die Sache dem Amtsgericht zur Entscheidung zurück.

**8.** Mit der Übernahme, die erfolgt, wenn ein öffentliches Interesse an der Strafverfolgung besteht, tritt der Ordnungsstrafbescheid außer Kraft. Hiervon gibt das Amtsgericht dem Antragsteller Kenntnis.

**9.** Geschäftliche Behandlung der Verbrauchsregelungs-Strafsachen AV. des RJM. v. 18. 4. 1940 (DJust. S. 482).

## § 9

**(1) Neben der Strafe[1] können[2] ohne Rücksicht auf Eigentumsverhältnisse[3] und sonstige Rechte[4] Dritter in den Fällen der §§ 1, 2 und 3 die Erzeugnisse[5], auf die sich die strafbare Handlung bezieht, zugunsten des Reichs[6] eingezogen werden[7].**

**(2) Kann keine bestimmte Person verfolgt[8] oder verurteilt[9] werden, so kann[10] auf Verlangen der Staatsanwaltschaft[11] die Einziehung selbständig[12] durch Beschluß[13] angeordnet werden. Gegen den Beschluß [14] findet die sofortige Beschwerde nach Maßgabe der Strafprozeßordnung statt[15].**

**(3) Mit der Rechtskraft der Entscheidung gehen das Eigentum und sonstige Rechte auf das Reich über[16].**

**(4) Für einen Rechtserwerb, der nach der Rechtskraft der Entscheidung eintritt, gelten die Vorschriften des bürgerlichen Rechts zugunsten derer, die Rechte von einem Nichtberechtigten herleiten[17].**

**(5) Für das Recht eines Dritten ist bis zur Höhe des Wertes oder des Erlöses der eingezogenen Erzeugnisse Entschädigung zu gewähren[18], es sei denn[19], daß der Dritte von der Straftat Kenntnis hatte oder haben mußte oder von ihr einen Vorteil gehabt hat[20]. Bei der Feststellung, inwieweit ein Recht durch den Wert oder Erlös der eingezogenen Sache gedeckt war, sind vorgehende Rechte auch dann zu berücksichtigen, wenn bei ihnen die Voraussetzungen des Satzes 1 nicht gegeben sind[21]. Der Anspruch verjährt in einem Jahr nach Eintritt der Rechtskraft der Entscheidung[22]. Der Rechtsweg ist zulässig.**

**(6) § 11 der Verordnung über die öffentliche Bewirtschaftung von Eiern und Eierzeugnissen vom 7. September 1939 (Reichsgesetzbl. I S. 1732)[23] und § 7 der Verordnung über die öffentliche Bewirtschaftung von Tieren und tierischen Erzeugnissen vom 7. September 1939 (Reichsgesetzbl. I S. 1714)[2] bleiben unberührt[25].**

**1.** Voraussetzung ist eine Bestrafung aus §§ 1 bis 3 VRStVO., auch wegen versuchter Tat.

**2.** Die Entscheidung liegt im Ermessen des Gerichts. Maßgebend ist, ob die Sicherung der Verbrauchsregelung es erfordert. Ist der wirtschaftlich Betroffene ein Dritter, so wird die Entscheidung davon abhängen, ob er Kenntnis von der Straftat hatte oder haben konnte oder davon Vorteil gehabt hat (vgl. Abs. 5). Beim Vorenthalten von Waren (§ 1 Abs. 1 Nr. 3) wird von der Einziehung abzusehen sein, wenn der Verbraucher benachteiligt würde. Vgl. auch Anm. 25 zu Abs. 6.

**3.** Diese Rechte stehen der Einziehung nicht entgegen und werden durch sie zum Erlöschen gebracht, Abs. 3.

**4.** Dazu gehören alle obligatorischen Ansprüche auf Lieferung der Waren, ferner das Sicherungseigentum.

**5.** a) Die aus §§ 1 bis 3 strafbare Handlung muß sich auf bestimmte Waren beziehen; das sind auch durch die Straftat gewonnenen Erzeugnisse: z. B. die aus einer Schwarzschlachtung. Soweit sie nicht vorhanden sind, ist von dem Ausspruch abzusehen z. B. beim Erschleichen von Bezugsberechtigungen (§ 1 Abs. 1 Nr. 2). Daher ist eine Einziehung des Wertes der vernichteten Erzeugnisse unzulässig. Siehe jedoch § 10 Abs. 3.

b) Die Einziehung von Bescheinigungen von Bezugsberechtigungen hat als Sicherungsmaßregel in entsprechender Anwendung der §§ 152, 2-,5a StGB. zu erfolgen.

**6.** Die Wirkung der Entscheidung ergibt sich aus Abs. 3.

**7.** a) Die Einziehung bezweckt die Sicherung einer Verwendung bezugsbeschränkter Erzeugnisse für die Verbrauchsregelung. Sie ist keine Nebenstrafe.

b) Die Einziehung ist im Urteil oder im Strafbefehl (§ 407 Abs. 2 StPO.) auszusprechen. Eine nachträgliche Einziehung, wie sie im Ordnungsstrafverfahren nach § 10 Abs. 2 möglich ist, kommt bei der vom Gericht zu treffenden Entscheidung nicht mehr in Betracht, a. M. Rietzsch Komm. S. 116.

c) Die einzuziehenden Erzeugnisse und Bezugsberechtigungen müssen im Hinblick auf die Vollstreckung genau bezeichnet werden, RG. JurW. 1935 S. 949.

**8.** Das liegt vor, wenn eine Person nicht bestraft werden kann:

a) Täter ist unbekannt oder bekannt, doch nicht verfolgbar (nicht ermittelt, unbekannten Aufenthalts oder im Ausland, verstorben, unzurechnungsfähig oder nach der Tat in Geisteskrankheit verfallen);

b) Tat ist der Verfolgung entzogen durch Verjährung, Niederschlagung, Amnestierung und durch Abstandnahme vom Strafverlangen (§ 1 Abs. 1 Nr. 3);

c) Verfolgung ist aussichtslos wegen unverschuldeten Irrtums, dem der Fall gleich zu setzen ist, daß der Täter nur aus subjektiven Gründen freigesprochen ist (vgl. Anm. 11).

**9.** Eine Verurteilung ist ausgeschlossen, wenn das Verfahren wegen Geringfügigkeit nach § 153 Abs. 3 StPO. eingestellt ist.

**10.** Das Gericht prüft nur, ob der äußere Tatbestand der §§ 1 bis 3 gegeben und erwiesen ist.

**11.** Der Staatsanwalt prüft die Zweckmäßigkeit der Einziehung. Von seinem Ermessen, von seinem Verlangen hängt die Entscheidung des Gerichts ab.

Das Verlangen kann im subjektiven Verfahren erst nach seinem rechtskräftigen Abschluß gestellt werden, ein Übergang zum objektiven Verfahren ist nicht zulässig, a. M. Rietzsch Komm. S. 118.

**12.** Im objektiven Verfahren §§ 430 ff. StPO., abgedruckt S. 63.

**13.** Wird die Einziehung aus Versehen durch Urteil ausgesprochen, so ist das Rechtsmittel der Berufung oder Revision gegeben (vgl. E. 71 S. 269).

Die Kosten des Verfahrens erster Instanz sind der Reichskasse aufzuerlegen E. 74 S. 326.

**14.** Der Beschuldigte hat kein Rechtsmittel.

**15.** D. i. die sofortige Beschwerde nach § 311 StPO., die der Staatsanwalt und dem Einziehungsinteressenten (§ 431 StPO.) ohne besondere Zulassung (Art. 7 § 1 der VO. v. 13. 8. 1942, RGBl. I S. 508) zusteht und binnen 1 Woche einzulegen ist.

**16.** Mit dem Übergang des Eigentums und sonstiger Rechte gehen die Dritten zustehenden unter. Vorherige Beschlagnahme der Erzeugnisse (§ 94 StPO.) ist angebracht. Die Wegnahme, Behandlung und Verwertung der eingezogenen Erzeugnisse erfolgt nach §§ 45, 47, 48, 53 und 57 der Strafvollstreckungsordnung v. 7. 12. 1935 (DJust. S. 1800). Zur Verhütung des Verderbs der Waren setzt sich die Strafbehörde vor Rechtskraft der Einziehungsentscheidung mit dem Amt in Verbindung, das gemäß § 10 Abs. 3 verfährt.

**17.** Wer nach dem Eigentumsübergang auf das Reich dingliche Rechte an den eingezogenen Waren von einem Nichtberechtigten erwirbt, wird nach den §§ 892, 893, 932—936, 1207 BGB., § 366 HGB. geschützt, wenn er den Übergang des Eigentums auf das Reich nicht kannte und diese Unkenntnis nicht auf grober Fahrlässigkeit beruhte.

**18.** Der Entschädigungsanspruch steht z. B. dem Kreditinstitut zu, das infolge Einziehung beliehener Erzeugnisse Verluste erlitten hat. Verpflichtet ist das Reich. Es wird, falls die Einziehung durch ein Gericht erfolgt ist, vertreten durch den Oberstaatsanwalt des übergeordneten Landgerichts (AV. d. RJM. v. 9. 3. 1937, DJust. S. 431, für die Reichsgaue der Ostmark AV. d. RJM. v. 4. 3. 1939, DJust. S. 657), falls die Einziehung durch ein Ernährungsamt ausgesprochen wird, durch den Leiter des Landes-(Provinzial-)Ernährungsamts (RdErl. des RMfEuL. v. 21. 1. 1942, LwRMBl. S. 87), falls durch ein Wirtschaftsamt, durch den Leiter der Behörde, dem das Wirtschaftsamt angegliedert ist (RdErl. des RWM. v. 4. 12. 1941, RWM.Bl. S. 434, auch AV. v. 12. 1. 1942 zu V, die S. 158. abgedruckt ist).

**19.** Diese Einwendung hat das Reich zu beweisen.

**20.** Diese zweite Einwendung liegt auch vor, wenn der Dritte von der Tat ohne grobe Fahrlässigkeit keine Kenntnis gehabt hat.

**21.** Der Erlös tritt an die Stelle des Wertes. Ist er durch Wertminderung herabgesetzt, so hat sich der Dritte damit abzufinden. Andrerseits soll er sich auch nicht bereichern. Um den Wert der vorgehenden Rechte ermäßigt sich sein Anspruch. Dies tritt auch ein, wenn der Gläubiger des vorgehenden Rechts keine Entschädigung erhält, weil er bösgläubig war oder einen Vorteil gehabt hat.

**22.** Die Entscheidung über die Einziehung. Gleichgültig ist, wann der Dritte von der Einziehungsentscheidung und damit von dem Verlust seines Rechts Kenntnis erhält.

**23.** Über die Vertretung des Reichs in dem Rechtsstreit Anm. 18.

**23.** § 11 lautet:

Werden nicht gekennzeichnete Eier in den Verkehr gebracht, so gelten sie als für die Hauptvereinigung, Geschäftsabteilung (§ 2 Abs. 2), verfallen, sofern nicht die Hauptvereinigung Ausnahmen von der Kennzeichnungspflicht zugelassen hat.

**24.** § 7 der VO. v. 7. 9. 1939 ist S. 148 abgedruckt.

**25.** Eine gerichtliche Einziehung ist, da überflüssig, nicht zulässig. Hat das Ernährungsamt wegen der ungenehmigten Hausschlachtung die Verfallerklärung nicht ausgesprochen, so wird auch das Gericht von der Einziehung absehen.

## § 10

**(1) Die Einziehung kann in den Fällen der §§ 4 und 6 vom Amt[1] neben der Ordnungsstrafe[2] ausgesprochen werden[3].**

**(2) Ist eine Ordnungsstrafe[4] rechtskräftig verhängt worden, so kann das Amt[5] die Einziehung selbständig aussprechen[6]. Die Vorschriften über den Antrag auf gerichtliche Entscheidung (§§ 7 und 8) gelten sinngemäß[7]; eine Überleitung in das Strafverfahren findet nicht statt[8].**

**(3)[9] Das Amt kann[10] die Verwertung von Erzeugnissen, die der Einziehung unterliegen, zugunsten bezugsberechtigter Verbraucher anordnen, wenn die Entscheidung über die Einziehung wegen Gefahr des Verderbs[11] nicht abgewartet werden kann. Der Erlös tritt an die Stelle der Erzeugnisse.**

**1.** Hiermit erhalten die Ämter (§ 4 Abs. 1) die Einziehungsbefugnis.

**2.** Jedoch nicht neben der im Unterwerfungsverfahren nach § 16. Vgl. Anm. 3.

**3.** Die Voraussetzungen des § 9 Abs. 1 müssen vorliegen, Anm. 1—5 zu § 9.

Die Einziehung der Erzeugnisse kann auch ausgesprochen werden, wenn ihre Verwertung nach Abs. 3 erfolgt ist.

Die Entscheidung über die Einziehung ist zu begründen, § 15.

Für Wegnahme und Behandlung der eingezogenen Erzeugnisse gelten §§ 45, 47, 48, 53, 57 der StrafvollstrO. v. 7. 12. 1935 (DJust. S. 1800) entsprechend. RdErl. des RWM. v. 28. 5. 1940, RWMBl. S. 362, RdErl. des RMfEuL. v. 10. 7. 1940, Rietzsch Komm. S. 190 u. v. 26. 5. 1941, LwRM Bl. S. 418.

**4.** Es sind die Ordnungsstrafen nach §§ 4, 6. 8, 16.

**5.** Nur dem Amt, nicht dem Gericht ist diese nachträgliche Entscheidung eingeräumt, a. M. Rietzsch Komm. S. 116.

**6.** Diese selbständige Einziehungsentscheidung ergänzt Ordnungsstrafbescheide der Ämter, die Entscheidung des Amtsgerichts nach § 8 und die Unterwerfung. Die Kosten fallen dem Reich zur Last, Anm. 13 Abs. 2 zu § 9.

**7.** Der nachträgliche Einziehungsbescheid, der wie ein Ordnungsstrafbescheid zu behandeln ist, kann mit dem Antrag auf gerichtliche Entscheidung (§ 7) angefochten werden.

**8.** Wie § 8 Abs. 3 vorsieht.

**9.** Abs. 3 gilt auch für die Fälle der gerichtlichen Einziehung nach § 9.

**10.** Das Verfahren muß zum mindesten eingeleitet sein, um beurteilen zu können, ob die Erzeugnisse überhaupt der Einziehung unterliegen.

**11.** Daher kommt in erster Linie die Verwertung der Erzeugnisse der Ernährungswirtschaft in Betracht: Fleisch aus ungenehmigter Hausschlachtung. Bei gewerblichen Waren, mit deren Verwertung bis zur Rechtskraft des Bescheides zu warten ist, tritt die vorzeitige Verwertung ein, wenn die Vernichtung der Sache zu befürchten ist: Zerschneiden der Schuhe. Dem Verderb steht die unbefugte Aufzehrung (Mehl) oder sonstige Zerstörung gleich.

## § 11

**Das Gericht oder das Amt kann[1] anordnen, daß die Bestrafung[2] auf Kosten des Verurteilten öffentlich bekanntgemacht wird[3]. Die Art[4] der Bekanntmachung sowie die Frist[5], innerhalb deren sie zu erfolgen hat, sind im Urteil oder im Ordnungsstrafbescheid zu bestimmen[6, 7].**

**1.** Nur in schwerwiegenden Fällen wird von der öffentlichen Bekanntmachung Gebrauch gemacht werden.

**2.** Bei Gesamtstrafen sind diejenigen Straftaten und Einsatzstrafen wegzulassen, derentwegen die Bekanntmachung nicht erfolgen darf.

**3.** Die öffentliche Bekanntmachung, eine Nebenstrafe, kann auch dann angeordnet werden, wenn die Bestrafung zugleich aus einem anderen Gesetz als aus §§ 1 bis 3 erfolgt, dessen Strafe schwerer ist, und bei dem Publikationsbefugnis nicht vorgesehen ist E. 73 S. 148.

**4.** Der Wortlaut der Bekanntmachung braucht in dem Urteils-(Strafbefehls-, Bescheids-)satz nicht festgelegt zu sein. Das kann in volkstümlicher und leichtverständlicher Fassung später geschehen.

Die Entscheidung muß nur die Art der Bekanntmachung enthalten, d. h. angeben, ob und durch welches Preßorgan, durch welchen Rundfunk, durch welchen Anschlag die Veröffentlichung zu erfolgen hat.

**5.** Die Frist ist möglichst kurz nach Rechtskraft des Urteils, Strafbefehls und Ordnungsstrafbescheids zu wählen.

**6.** Die Veröffentlichung und die Einziehung der Kosten erfolgt von Amts wegen.

**7.** Anhang: Andere Nebenstrafen sind nicht vorgesehen. Die Schließung von Geschäften kann für Zuwiderhandlungen der VRStVO. nach anderen Vorschriften angeordnet werden: §§ 20ff. der VO. über Handelsbeschränkungen v. 13. 7. 1923 (RGBl. I S. 706) in Fassung der VO. v. 26. 6. 1924 (RGBl. I S. 661) u. v. 19. 7. 1916 (RGBl. I S. 413), v. 3. 7. 1927 (RGBl. I S. 134), v. 23. 3. 1934 (RGBl. I S. 213) u. v. 19. 12. 1935 (RGBl. I S. 1516); § 10 der Verordnung über den Zusammenschluß der Deutschen Gartenbauwirtschaft v. 21. 10. 1936 (RGBl. I S. 911) in Fassung der Verordnungen v. $\frac{9.\,4.}{22.\,7.}$ 1937 (RGBl. I S. 446, 869), Anordnung des RMfEuL. v. 13. 1. 1942, DRAnz. Nr. 14 für die HV. der deutschen Getreide- und Futtermittelwirtschaft gegenüber Mühlen; § 10 PreisstrafrechtsVO. beim Zusammentreffen von Verstößen gegen diese Verordnung mit Zuwiderhandlungen der VRStVO., schließlich § 421 StGB. über Berufsverbot.

## § 12

**Kann eine Ordnungsstrafe[1] nicht beigetrieben werden, so hat[2] das Amtsgericht, das zur Durchführung des Strafverfahrens im ersten Rechtszuge zuständig wäre[3], auf Verlangen[4] des Amtes[5] als Ersatzfreiheitsstrafe[6] eine dem Verschulden entsprechende Haftstrafe[7] (in den Reichsgauen der Ostmark Arreststrafe) bis zu sechs Wochen[8] festzusetzen[9]. Vor der Entscheidung ist der Betroffene zu hören[10]. Gegen den Beschluß ist die sofortige Beschwerde[11] (in den Reichsgauen der Ostmark die Beschwerde binnen einer Woche) zulässig[12].**

**1.** Ordnungsstrafen aus §§ 4—8 (Anm. 2γ zu § 8). Auch Teile (Reste) der Ordnungsstrafe sind umwandelbar.

**2.** Das Amtsgericht hat dem Verlangen des Amtes statt zu geben, wenn es nach Anhören des Bestraften den Antrag (Verlangen) aufrecht erhält, AV. v. 12. 1. 1942 zu III 3, S. 158 abgedruckt. Eine Nachprüfung des Sachverhalts und des Bescheids findet nicht statt. Ausschlaggebend ist die Rechtskraft des Bescheides und die Erfolglosigkeit der Beitreibung der Ordnungsstrafe.

**3.** Hier kommt es auf die örtliche Zuständigkeit an §§ 7, 8 StPO.

**4.** Das Verlangen ist zur Vermeidung sozialer Ungerechtigkeiten nur in solchen Fällen zu stellen, in denen der Eindruck besteht, daß der Bestrafte sich seiner Zahlungspflicht böswillig entzieht, und in denen eine alsbaldige nachdrückliche Strafvollstreckung aus besonderen Gründen angebracht ist, RdErl. des RMfEuL. v. 21. 1. 1942, LwRMBl. S. 87. Vgl. § 36 Abs. 2 StrafvollstrO. v. 7. 12. 1935 (DJust. S. 1800).

**5.** Zuständig ist das Amt, das die Ordnungsstrafe verhängt hat.

**6.** Auch diese Ersatzfreiheitsstrafe ist nicht registerpflichtig. Besteht die Ordnungsstrafe aus mehreren Geldstrafen, so ist die an ihre Stelle tretende Ersatzfreiheitsstrafe für jede Geldstrafe gesondert auszusprechen.

**7.** Das Maß der Haft-(Arrest-)strafe richtet sich nach dem Verschulden, das der Bestrafte bei Ausführung der Tat an den Tag gelegt hat. Zu berücksichtigen ist: Gelegenheitstat, Gewerbsmäßigkeit, Geschäftsumfang, Rückfälligkeit, auch hartnäckiges Leugnen, reumütiges Geständnis.

**8.** Die Haft ist nach vollen Tagen zu bemessen § 29 Abs. 2 StGB. Das trifft auch zu, wenn nur noch Reste der Ordnungsstrafe umzuwandeln sind.

**9.** Durch Beschluß, der gebührenfrei ergeht.

**10.** Der Betroffene hat damit Gelegenheit, Umstände vorzubringen, die für die Frage entscheidend sein können, ob und in welchem Maßstab die Umwandlung der Ordnungsstrafe in eine Freiheitsstrafe vorgenommen wird. Zur Stellungnahme aufgefordert, wird das Amt entweder bei seinem Verlangen bleiben oder es ermäßigen oder auch es einstweilen oder endgültig zurücknehmen.

**11.** Entsprechend § 462 Abs. 4 StPO.

**12.** Vollstreckungsbehörde für die Ersatzfreiheitsstrafe ist das Amtsgericht, das den Umwandlungsbeschluß gefaßt hat § 2 Abs. 1 Nr. 2b der StrafvollstreckO.

Die Vollstreckung der Freiheitsstrafe kann durch Bezahlung der Ordnungsstrafe abgewandt werden, vgl. § 38 StrafvollstrO. Über Aufschub der Vollstreckung oder Verzicht auf Vollstreckung ebenso wie über Bewilligung von Teilzahlungen (§ 17 Abs. 2) entscheidet das Amt. So kann das Amtsgericht auch nicht das Unterbleiben der Haftvollstreckung nach § 29 Abs. 6 StGB. anordnen. Das Gnadenrecht hinsichtlich der Ersatzfreiheitsstrafe übt der RWM. oder der RMfEuL. aus.

Über Kosten für Vollstreckung der Ersatzfreiheitsstrafe § 19 Abs. 3.

## § 13

**(1) Die Ordnungsstrafbescheide[1] sind den Betroffenen zuzustellen[2].**

**(2) Auf das Verfahren bei der Zustellung finden die Vorschriften der Zivilprozeßordnung über die Zustellungen von Amts wegen[3] mit Ausnahme der §§ 189, 203 bis 207, 210 a und 212 a[4] entsprechende Anwendung. Ist die Zustellung in der vorgeschriebenen Weise nicht ausführbar, so gilt sie als erfolgt, wenn der entscheidende Teil des Strafbescheides im Deutschen Reichsanzeiger und Preußischen Staatsanzeiger bekannt gemacht worden ist und seit dem Erscheinen des Blattes zwei Wochen verflossen sind.**

**(3) Die gebührenpflichtige Verwarnung kann durch eingeschriebenen Brief oder Übergabe an den Beschuldigten gegen Empfangsbekenntnis zugestellt werden.**

**1.** Die nach §§ 4—6, 8, 10 ergangenen Ordnungsstrafbescheide.

**2.** Eine mündliche Bekanntgabe ist nicht wirksam.

**3.** Aus der Zivilprozeßordnung sind entsprechend anzuwenden: §§ 208 bis 213, 173, 181 bis 187 (Ersatzzustellung) und §§ 190 bis 196 (Postzustellung), die S. 182 abgedruckt sind.

**4.** Diese Bestimmungen, die keine Anwendung finden, betreffen die öffentliche Zustellung, die durch die Vorschrift in Abs. 2 Satz 2 geregelt ist. Auch die §§ 171, 174 bis 178, 189, 210 und 212a ZPO. lassen sich nicht anwenden.

## § 14

**(1) Für die Berechnung der Fristen[1] finden die §§ 42 und 43 der Strafprozeßordnung und bei Versäumung einer Frist[2] die §§ 44 bis 47 der Strafprozeßordnung entsprechende Anwendung.**

**(2)[3] Über das Gesuch um Wiedereinsetzung in den vorigen Stand entscheidet das Amtsgericht[4].**

**1.** Fälle in §§ 4, 7, 9, 11, 13.

**2.** Fälle in §§ 7, 9, 10, 12.

**3.** Fassung auf Grund der Berichtigung v. 18. 3. 1942 (RGBl. I S. 138).

**4.** Das Wiedereinsetzungsgesuch im Falle des Antrages auf gerichtliche Entscheidung nach § 7 Abs. 1 kann auch bei dem Amt, das den Strafbescheid erlassen hat, angebracht werden, § 45 StPO. Beim Amtsgericht, das nach Abs. 2 über das Gesuch zu entscheiden hat, braucht es nicht binnen einer Woche einzugehen.

## § 15

**Der Strafbescheid über die Ordnungsstrafe[1] und die Entscheidung über die Einziehung[2] sind zu begründen. In der Begründung sind die strafbare Handlung, die verletzten Vorschriften, die Beweismittel und die Rechtsmittel[3] anzugeben.**

**1.** Der Ordnungsstrafbescheid enthält das ihn erlassende Amt, den Ort und Tag der Ausstellung, die Person des Betroffenen und die Begründung, wie in Satz 2 angeführt, sowie den Hinweis auf den Rechtsbehelf des Antrags auf gerichtliche Entscheidung (§ 7) und die Kostenentscheidung (§§ 18, 19). Wichtig ist zur Wirksamkeit die Unterschrift des zur Zeichnung berechtigten Beamten. Ordnungsstrafen sind nur von der Abteilung B des Ernährungsamts festzusetzen. Die Unterzeichnung erfolgt vom Behördenleiter, vom Leiter des Ernährungsamts oder von einem hierzu ausdrücklichen Beauftragten, RdErl. des RMfEuL. v. 10. 7. 1940, Rietzsch Komm. S. 190 (194). Die Verhängung von Ordnungsstrafen größeren Umfangs sind dem Behördenleiter selbst vorzubehalten, RdErl. des RWM. v. 8. 5. 1940 (RWMBl. S. 362).

**2.** §§ 9, 10 Abs. 2

**3.** §§ 7, 10. Auch der Zusatz: Eine Anfechtung ist nicht zulässig, wie bei der gebührenpflichtigen Verwarnung (§ 4 Abs. 3) vorgesehen, ist angebracht z. B. bei der Verhängung der Ordnungsstrafe durch das Amtsgericht § 8 Abs. 1.

## § 16

**Räumt der Beschuldigte[1] die Zuwiderhandlung[2] ein[3], so kann[4] er sich in einer die wesentlichen Tatumstände und verletzten Vorschriften enthaltenden Niederschrift[5] einer zugleich festzusetzenden Ordnungsstrafe[6] unterwerfen[7]. Die Unterwerfung[8] steht der rechskräftigen Festsetzung[9] einer Ordnungsstrafe gleich[10].**

Schrifttum: Brombach, das Unterwerfungsverfahren DJust. 1942 S. 789.

**1.** Täter, Teilnehmer § 4 Abs. 1.

**2.** Zuwiderhandlung nach §§ 1 bis 3 und § 4 Abs. 2.

**3.** Der Beschuldigte muß die Tat eingestehen, er muß sich schuldig bekennen. Dieses Geständnis, das der Beschuldigte abzugeben hat, wird durch die Schuldvermutung in § 4 Abs. 2 nicht ersetzt, a. M. Brombach aaO. S. 790.

**4.** Es steht im Belieben des Beschuldigten, der dazu vom Amt angeregt sein kann. Andrerseits ist es dem Ermessen des Amtes überlassen, ob es sich auf das Verfahren einlassen will.

**5.** Die Niederschrift hat den Ort und Tag der Verhandlung, die mitwirkenden Personen, den festgestellten Tatbestand mit den verletzten Vorschriften (§§ 1—4) die vorbehaltlose Unterwerfung unter die Strafe zu enthalten. Der Betroffene kann sich vertreten lassen. Schriftliche Vollmacht ist erforderlich (vgl. VO. v. 1. 11. 1921, RGBl. S. 1328). Wesentliche Mängel der Verhandlung oder die Erpressung der Unterwerfung bewirken ihre Unwirksamkeit, die im Vollstreckungsverfahren geltend gemacht werden kann.

**6.** Nur eine Ordnungsstrafe ist auszusprechen. Während die Unterwerfung nach § 89 Dev.Ges. die Einziehung umfassen kann, ist es hier nicht vorgesehen; sie kann aber gemäß § 10 Abs. 2 nachgeholt werden. Hierauf ist der Beschuldigte bei der Unterwerfungsverhandlung niederschriftlich hinzuweisen, RdErl. des RMfEuL. v. 10. 7. 1940, Rietzsch Komm. S. 190. Auch andere Maßnahmen, wie öffentliche Bekanntmachung oder Geschäftsschließung können nicht Gegenstand des Unterwerfungserklärung sein.

**7.** Das Unterwerfungsverfahren entspricht der gleichen in § 445 Reichsabgabenordnung, § 89 Devisengesetz und in § 33 PreisstrafrechtsVO. enthaltenen Rechtseinrichtung.

Das Verfahren ist zulässig, so lange kein rechtskräftiger Ordnungsstrafbescheid vorliegt. Ist der Antrag auf gerichtliche Entscheidung gestellt § 7, so liegt in der Unterwerfungsverhandlung die Zurücknahme des Antrags, die gegebenenfalls dem Amtsgericht gegenüber mitgeteilt werden muß. Unzulässig ist das Unterwerfungsverfahren, wenn die Staatsanwaltschaft eingeschritten ist.

**8.** Die Unterwerfung erfolgt gebührenfrei. Entstandene Auslagen werden erhoben, § 7 der VO. v. 1. 11. 1921 (RGBl. I S. 1328). Ebenso Brombach aaO. S. 791.

**9.** Eine Anfechtung der Unterwerfung ist nicht zulässig. Für Dienstaufsichtsbeschwerde ist hier wie Anm. 4 zu § 7 kein Platz. Die Wiederaufnahme des Verfahrens oder die Nichtigkeitsbeschwerde ist nicht möglich, weil die Voraussetzungen fehlen.

**10.** Wegen der gleichen Zuwiderhandlung darf nicht nochmals bestraft werden weder von der Ordnungsstrafbehörde noch durch das Gericht. Diesem gegenüber ist jedoch diese Strafklage nur so weit verbraucht, als die Strafbefugnis der Ordnungsstrafbehörde reicht. Ist zur Strafverfolgung der Staatsanwalt allein zuständig gewesen, weil eine Strafbestimmung außerhalb der VRStVO. verletzt ist, so begründet die Unterwerfung den Einwand der rechtskräftig entschiedenen Sache nicht E. 69 S. 93. Bei gerichtlicher Bestrafung ist in solchem Fall die Ordnungsstrafe anzurechnen, E. 69 S. 96. RG. Jur.W. 1937 S. 1829.

## § 17

**(1) Die Vollstreckung des Ordnungsstrafbescheides[1] erfolgt nach den landesrechtlichen Vorschriften im Verwaltungszwangsverfahren[2].**

**(2) Das Amt, das den Ordnungsstrafbescheid erlassen hat, ist für die Bewilligung von Teilzahlungen und Zahlungsfristen zuständig. Teilzahlungen werden zunächst[3] auf die Strafe angerechnet.**

**(3) In den Nachlaß kann nur vollstreckt werden, wenn der Strafbescheid bei Lebzeiten des Bestraften rechtskräftig geworden ist[4].**

**1.** Voraussetzung ist die Rechtskraft des Bescheides, die eine Woche nach Zustellung eintritt §§ 7, 13. Der Ordnungsstrafbeschluß des Amtsgerichts (§ 8) ist mit Zustellung rechtskräftig.

Zur Vollstreckung ist eine Vollstreckbarkeitserklärung erforderlich.

**2.** Landesrechtliche Vorschriften sind in Preußen die VO. v. 15. 11. 1899 (GS. S. 545) in Fassung des Gesetzes v. 12. 7. 1933 (GS. S. 252) und der VO. v. 11. 12. 1934 (GS. S. 459).

Die Stellen, denen die Einnahmen aus den Ordnungsstrafen und der Verwertung der eingezogenen Erzeugnisse zufließen, sind in dem RdErl. des RMdI. v. 30. 4. 1941 DJust. S. 600 aufgeführt, der auf S. 164 abgedruckt ist.

**3.** Alsdann auf Kosten des Ordnungsstrafverfahrens.

Über Kosten der Vollstreckung siehe § 19 Abs. 3.

**4.** Wie § 30 StGB.

## § 18

**Die Kosten des Ordnungsstrafverfahrens[1] sind dem Bestraften aufzuerlegen. Mehrere wegen derselben Zuwiderhandlung Bestrafte[2] haften für die Auslagen[3] als Gesamtschuldner; dies gilt nicht für die durch die Vollstreckung entstandenen Auslagen.**

**1.** In den Fällen der §§ 4 bis 6 und 8. Im selbständigen Einziehungsverfahren §§ 9 Abs. 2, 10 Abs. 2 fallen die Kosten erster Instanz der Reichskasse zur Last. Im Unterwerfungsverfahren entstehen keine Kosten § 16 Anm. 8.

**2.** Anm. 40 zu § 4 Abs. 5. Die Bestrafung muß im gleichen Verfahren erfolgt sein.

**3.** § 19 Abs. 2.

## § 19

**(1) Die Gebühr für den Erlaß jedes Ordnungsstrafbescheides beträgt 5 vom Hundert des Betrages der auferlegten Geldstrafe und des Wertes der eingezogenen Erzeugnisse[1], mindestens aber eine Reichsmark. Für einen erfolglosen Antrag auf gerichtliche Entscheidung[2] wird die Hälfte der vorstehenden Gebühr erhoben; sie kann ermäßigt werden, wenn der Antrag teilweise Erfolg hatte[3].**

**(2) An Auslagen werden erhoben:**

**1. telegraphische Gebühren und im Fernverkehr zu entrichtende Fernsprechgebühren,**
**2. Kosten von Zustellungen und öffentliche Bekanntmachungen,**
**3. Entschädigungen, die an Zeugen und Sachverständige gezahlt sind,**
**4. Reisekosten der Beamten bei Geschäften außerhalb des Dienstsitzes,**
**5. Auslagen anderer Behörden,**
**6. Kosten der Erhaltung beschlagnahmter Sachen und der Beförderung von Personen oder Sachen.**

**(3) Die Kosten der Vollstreckung der Ordnungsstrafe werden nach den landesgesetzlichen Bestimmungen[4], die Kosten für die Vollstreckung einer Ersatzfreiheitsstrafe[5] nach den für die Vollstreckung von Freiheitsstrafen geltenden Bestimmungen erhoben[6].**

**(4) Für gebührenpflichtige Verwarnungen[7] beträgt die Gebühr eine Reichsmark. Die Festsetzung erfolgt zugleich mit der Erteilung der Verwarnung und ist nicht anfechtbar. Auslagen werden nicht erhoben.**

1. §§ 9, 10.
2. § 7.
3. Wie § 473 StPO.
4. AV. über Einforderung und Beitreibung von Vermögensstrafen und Verfahrenskosten v. 28. 5. 1937 (DJust. S. 840). Siehe § 37 StrafvollstreckungsO. v. 7. 12. 1935 (DJust. S. 1800).
5. Der Beschluß auf Umwandlung der Ordnungsstrafe in Ersatzfreiheitsstrafe ergeht gebührenfrei.
6. § 465 StPO. § 74 der Justizkassenordnung.
7. § 4 Abs. 3, § 20 Abs. 2. Die Einnahmen aus gebührenpflichtigen Verwarnungen fließen dem Träger des Amtes zu, das die Verwarnung ausgesprochen hat. RdErl. des RMdJ. v. 30. 4. 1941, der S. 164 abgedruckt ist.

## § 20

**(1) Soweit die bewirtschaftenden Stellen[1] auf Grund ihrer Befugnisse im Rahmen der öffentlichen Bewirtschaftung von landwirtschaftlichen Erzeugnissen Vorschriften mit Wirkung gegen Nichtmitglieder erlassen[2], können sie Zuwiderhandlungen gegen diese Anordnungen auch gegenüber Nichtmitgliedern durch Festsetzung von Ordnungsstrafen verfolgen[3]. Auf diese Ordnungsstrafen finden im übrigen die Vorschriften Anwendung, die für die Ordnungsstrafen der bewirtschaftenden Stellen gegen Mitglieder gelten[4].**

**(2) Die bewirtschaftenden Stellen können bei Verstößen gegen Anordnungen, die sie im Rahmen der öffentlichen Bewirtschaftung von landwirtschaftlichen Erzeugnissen erlassen haben, in Fällen von geringerer Bedeutung[5] schriftliche Verwarnungen aussprechen[6]. § 4 Abs. 3 Sätze 2 und 3 gelten entsprechend. Die Höhe der Gebühr beträgt eine Reichsmark. Auslagen werden nicht erhoben.**

1. Anm. 39 zu § 1.
2. Da die bewirtschaftenden Stellen, die Zusammenschlüsse, die Verwendung und Verteilung allgemein regeln (§ 6 der VO. v. 27. 8. 39, RGBl. I S. 1521), so sind auch die Nichtmitglieder betroffen.
3. Damit ist gleichzeitig der Strafschutz aus § 1 Abs. 1 Nr. 6 ausgedehnt.
4. Die bestraften Nichtmitglieder können bei Festsetzung von Ordnungsstrafen das Schiedsgericht, gegen dessen Entscheidung, soweit die Ordnungsstrafe 1000 RM. überschreitet, auf Berufung das Oberschiedsgerichts anrufen. §§ 2, 3 Abs. 3 Nr. 1 und § 5 Abs. 1 Nr. 4 der VO. über die Bildung von Schiedsgerichten fur die landwirtschaftliche Marktregelung v. 26. 2. 1935 (RGBl. I S. 293) in Fassung der VO. v. 8. 7. 1939 (RGBl. I S. 1201).
Die Ordnungsstrafen der Zusammenschlusse werden auf deren Antrag durch die Finanzämter nach den Vorschriften der Reichsabgabenordnung beigetrieben. § 9 der VO. uber den Zusammenschluß der deutschen Milch- und Fettwirtschaft v. 29. 7. 1938 (RGBl. I S. 957).
5. Anm. 31 zu § 4.
6. Daneben die formlose Verwarnung Anm 34 zu § 4.

## § 21

**(1)[1] Die Verfolgung von Übertretungen dieser Verordnung (§ 1 Abs. 2, § 2 Abs. 1 und 2 und § 3 Abs. 2) verjährt in einem Jahr. Im übrigen verjährt die Verfolgung von Zuwiderhandlungen gegen diese Verordnung[2] in fünf Jahren.**

**(2) Die Vorschriften des Reichsstrafgesetzbuchs über die Verjährung der Strafverfolgung[3] (in den Reichsgauen der Ostmark § 531 Abs. 1 des österreichischen Strafgesetzes) gelten entsprechend.**

**(3) Einer richterlichen Handlung, die die Verjährung unterbricht[4], stehen entsprechende Handlungen der Ämter gleich[5].**

**1.** Diese Regelung der Verjährungsfristen, die aus dem Rahmen des Allg. Teils des StGB. fällt, gilt für kriminelle Straftaten wie für Ordnungsstraftaten und hat rückwirkende Kraft für ältere Fälle E. 76 S. 64.

**2.** § 1 Abs. 1, § 2 Abs. 4, § 3 Abs 1, § 4 Abs. 2.

**3.** § 67 Abs. 4, 5, §§ 68, 69 StGB Die Strafvollstreckung ist hier nicht geregelt. Es gilt §§ 70ff. StGB.

**4.** § 68 StGB. Jede Handlung des Richters, welche wegen der begangenen Tat gegen den Täter gerichtet ist, unterbricht die Verjährung. Die Unterbrechung findet nur rücksichtlich desjenigen statt, auf welchen die Handlung sich bezieht.

**5.** Danach sind alle Ersuchen und Verfügungen, die die Ämter zur Ermittelung und Aufklärung des Sachverhalts treffen, geeignet, die Verjährung der Strafverfolgung zu unterbrechen. Es genügt u. a. Schreiben an Staatsanwalt oder Preisbehörde, ob Übernahme erfolgt, an Polizeibehörde oder an ein anderes Amt um Auskunft.

## § 22

**In Gemeinden, in denen ein Hauptwirtschafts-(Haupternährungs-)amt besteht[1], stehen diesen die Rechte zu, die in dieser Verordnung dem Wirschafts-(Ernährungs-)amt übertragen sind. Das Hauptwirtschafts-(Haupternährungs-)amt kann seine Befugnisse auf die Wirtschafts-(Ernährungs-) ämter seines Bezirks übertragen[2].**

**1.** Hauptwirtschafts-(Haupternährungs-)Ämter, die den Landeswirtschafts- und Landes-(Provinzial-)Ernährungsämtern unterstellt sind, sind für die Reichshauptstadt Berlin, die Hansestadt Hamburg und die Stadt Wien gebildet, § 10 der VO. v. 27. 8. 1939, RGBl. I S. 1495. Gemeinsamer Erlaß des RWM. und des RMfEuL. v. 30. 8. 1939.

**2.** Davon hat Berlin Gebrauch gemacht, indem in den 20 Stadtbezirken solche Ämter errichtet sind, denen Kartenstellen unterstellt sind. Hamburg und Wien haben an Stelle der Wirtschafts- und Ernährungsämter Kartenstellen eingerichtet.

## § 23

**(1) Soweit Vorschriften dieser Verordnung in den Reichsgauen der Ostmark oder im Reichsgau Sudetenland[1] nicht unmittelbar angewendet werden können, sind sie sinngemäß anzuwenden.**

**(2) Für die Reichsgaue der Ostmark gilt außerdem folgendes:**

**a) Zuwiderhandlungen nach § 1 Abs. 2, § 2 Abs. 1 und 2 und § 3 Abs. 2 gehören zur gerichtlichen Zuständigkeit[2].**

**b)[3] Über die Einziehung im selbständigen Verfahren (§ 9 Abs. 2) entscheidet auf Verlangen des Anklägers das Gericht, das zur Durchführung des Strafverfahrens zuständig wäre, durch Beschluß. Beim Landgericht steht die Entscheidung der Ratskammer zu. Wird auf Einziehung erkannt, so ist der Beschluß dem Betroffenen bekanntzumachen; kann er ihm nicht zugestellt werden, so gelten die §§ 116**

**bis 118 der österreichischen Zivilprozeßordnung vom 1. August 1895 (RGBl. Nr. 113) entsprechend. Gegen die Entscheidung ist die Beschwerde zulässig (§§ 114 und 481 der österreichischen Strafprozeßordnung).**

**1.** Über die Verbrauchsregelung im Protektorat Böhmen und Mähren siehe bei Rietzsch Komm. S. 133.

**2.** Diese Rechtseinführungsvorschrift entspricht dem § 5 Abs. 2 der StrafanpassungsVO. v. 8. 7. 1938 (RGBl. I S. 844). Damit ist die an sich bestehende Zuständigkeit der Verwaltungsbehörden ausgeschaltet, andrerseits die Ordnungsstrafgewalt der Ämter keineswegs eingeschränkt.

**3.** Diese Sonderregelung war erforderlich, weil das österreichische Recht keine allgemeinen Einziehungsbestimmungen und keine dahingehende Verfahrungsvorschrift hat.

**§ 24**

**(1) Die Verordnung tritt eine Woche nach der Verkündung in Kraft[1].**

**(2) Gleichzeitig treten die §§ 12 bis 14 der Verordnung über die Verbrauchsregelung für lebenswichtige gewerbliche Erzeugnisse vom 14. November 1939 (Reichsgesetzbl. I S. 2221)[2] sowie § 34 der Verordnung über die öffentliche Bewirtschaftung von landwirtschaftlichen Erzeugnissen vom 27. August 1939 (Reichsgesetzbl. I S. 1521)[3] und § 12 der Verordnung über die Gewährung von Sonderzulagen an Schwer- und Schwerstarbeiter, werdende und stillende Mütter, Kranke und gebrechliche Personen vom 16. September 1939 (Reichsgesetzbl. I S. 1825) außer Kraft.**

**1.** Die VO. ist am 29. 11. 1941 verkündet und am 30. 11. 1941 in Kraft getreten. Auf ältere Straftaten ist die VRStVO. in der Hauptsache anwendbar, da ihre Strafbestimmungen die gleichen geblieben oder sogar milder geworden sind. Näheres bei Rietzsch, Komm. S. 136.

**2.** Beim Abdruck der VO. auf S. 148 berücksichtigt.

**3.** Beim Abdruck der VO. auf S. 144 gekennzeichnet.

**4.** Erwähnt in Anm. 13 zu § 2.

---

# Verordnung zur Ergänzung und Änderung von Vorschriften auf dem Gebiet der Verbrauchsregelung

Vom 25. November **1941** (RGBl. I S. 731).

**Auf Grund der Verordnung über den Warenverkehr in der Fassung vom 18. August 1939 (Reichsgesetzbl. I S. 1431) und des Gesetzes über den vorläufigen Aufbau des Reichsnährstandes und Maßnahmen zur Markt- und Preisregelung für landwirtschaftliche Erzeugnisse vom 13. September 1933 (Reichgesetzbl. I S. 626) wird verordnet:**

**Artikel I**

**Die Verbrauchsregelungs-Strafverordnung vom 6. April 1940 (Reichsgesetzbl. S. 610) wird wie folgt geändert:**

Die Änderungen sind bereits im Text der VRStVO. berücksichtigt.

### Artikel II

**Die Verordnung über die Verbrauchsregelung für lebenswichtige gewerbliche Erzeugnisse vom 14. November 1939 (Reichsgesetzbl. I S. 2221) wird wie folgt geändert:**

Die §§ 11 und 12 sind in der Neufassung in die Verordnung aufgenommen; sie sind S. 147 und 148 abgedruckt.

### Artikel III*

**(1) Beamte[1], Angestellte[1] oder Helfer[2] auf dem Gebiete der Verbrauchsregelung, die vorsätzlich[3] entgegen den bestehenden Bestimmungen[4] oder den Anordnungen der zentralen bewirtschaftenden Stellen[5] Bescheinigungen über Bezugsberechtigungen[6] an Gewerbetreibende oder Verbraucher abgeben[7] oder dabei mitwirken[8], oder Sachverständige[9], die gegen besseres Wissen[3] auf dem Gebiete der Verbrauchsregelung ein Gutachten[10] abgeben, werden mit Gefängnis und Geldstrafe oder mit einer dieser Strafen bestraft[11], soweit nicht die Tat nach anderen Vorschriften mit einer schwereren Strafe bedroht ist[12]. Die Strafverfolgung tritt auf Verlangen[13] des Oberbürgermeisters oder Landrats ein, in dessen Geschäftsbereich der Beamte, Angestellte oder Helfer beschäftigt ist oder das Gutachten beigezogen wurde. Das Verlangen kann auch von dem Landeswirtschaftsamt oder Landes- (Provinzial-) ernährungsamt gestellt werden. Das Verlangen kann zurückgenommen werden.**

**(2) Für die Reichsgaue der Ostmark gilt außerdem folgendes:**

**Artikel IX des Einführungsgesetzes zu den Verwaltungsverfahrensgesetzen vom 21. Juli 1925 (BGBl. Nr. 273)[14] findet nur[15] Anwendung, wenn von der zuständigen Behörde nicht Strafverfolgung auf Grund des Abs. 1 verlangt wird.**

* Diese Strafbestimmung gehört nicht zur VRStVO. Daher gilt für sie — auch nicht entsprechend — die Sonderregelung der Verjährung (§ 21), auch nicht die Bestimmungen über das Ordnungsstrafverfahren (§ 4 ff).

**1.** Nicht bloß der Beamte nach dem deutschen Beamtengesetz v. 26. 1. 1937 (RGBl. I S. 39), sondern auch alle Angestellten, die ohne Begründung eines öffentlichrechtlichen Dienstverhältnisses zu Dienstverrichtungen öffentlichrechtlicher Natur berufen sind, die aus der Staatsgewalt abzuleiten sind und staatlichen Zwecken dienen. E. 74 S. 106. Das liegt regelmäßig bei denen vor, die auf dem Gebiete der Verbrauchsregelung mit der öffentlichen Bewirtschaftung von Waren tätig sind. E. 75 S. 193. Kreisbauernführer und dessen Angestellte. Auch das Befassen mit Arbeiten einfacherer Art: Nachzählen von Kartenabschnitten und Vorbereitung von Neuausgaben macht den Angestellten zum Beamten im Sinne des § 359 StGB.

**2.** Helfer sind die in der NSV. ehrenamtl. oder vertraglich tätigen, besonders mit der Ausgabe und Verteilung der Karten befaßten Personen.

**3.** Eine fahrlässige Verfehlung ist hiernach nicht strafbar.

**4.** Das sind die Verordnungen und Erlasse des Beauftragten für den Vierjahresplan, der RMW. u. RMfEuL.: Warverk.VO. (S. 66) VO. v. 27. 8. 1939 (S. 132) v. 14. 11. 1939 (S. 145) u. VRStVO.

**5.** Anm. 39 zu § 1 Abs. 3 VRStVO. Hierher gehören auch interne Dienstanweisungen.

**6.** Anm. 5 zu § 1 VRStVO. Dazu gehören auch Vordrucke.

**7.** Das Abgeben besteht nicht nur im tatsächlichen Aushändigen, — auch beim Eintauschen — von Karten, sondern auch in der Anweisung dazu an einen Gutgläubigen.

**8.** Mitwirken bedeutet jede Beteiligung an der Abgabe. Danach sind Kontingentsüberschreitungen strafbar. RdErl. des RWM. v. 4. 12. 1941 (RWMBl. S. 434) zu III.

**9.** Z. B. bei Begutachtung von Kohlenvorräten: AO. 2 der Reichsstelle für Kohle über Meldepflicht gewerblicher Verbraucher von Brennstoffen v. 21. 9. 1939 (DRAnz. Nr. 221) § 17 Abs. 1b u. von Reifen: AO. I 43 über Bewirtschaftung von Kautschuk v. 22. 12. 1942 (DRAnz. 1943 Nr. 2) u. AO. 1 zur Durchführung der AO. I 43 v. 22. 12. 1942 (ebenda).

**10.** Schriftlich oder mündlich, auf Ersuchen der Ämter und Behörden oder auf Betreiben der Betroffenen.

**11.** Hiernach braucht der Täter irgendwelche Vorteile nicht erlangt zu haben. Er hat aus Dummheit, Gefälligkeit, Mitgefühl oder anderen menschlichen Schwächen gehandelt. Disziplinäre Maßnahmen bleiben unberührt. RdErl. in Anm. 8. der Versuch ist straflos.

**12.** Bestechlichkeit (§ 332 StGB.), Betrug (§ 263 StGB.), Untreue (§ 266 StGB.), Urkundenbeseitigung (§ 348 Abs. 2), Eidesverletzung (§ 154 StGB.) § 1 Abs. 1 u. 2 KWVO. Mißbrauch der Amtsgewalt nach § 101 öStGB.

**13.** Anm. 41 zu § 1 VRStVO.

**14.** Abgabe eines falschen Gutachtens.

**15.** Weil diese Bestimmung milder ist als Abs. 1.

## Artikel IV

**Der Reichswirtschaftsminister ist ermächtigt, die Verbrauchsregelungs-Strafverordnung in der nunmehr geltenden Fassung bekanntzugeben und dabei die Paragraphenfolge zu ändern und Berichtigungen vorzunehmen. Er kann auch die im § 11 genannten Vorschriften des Preisstrafrechts in die Verbrauchsregelungs-Strafverordnung einfügen und erforderlichenfalls anpassen sowie die zur Anpassung an das in den Reichsgauen der Ostmark geltende Recht erforderlichen Vorschriften erlassen.**

# Teil II

---

## Kriegswirtschaftsverordnung

### Abschnitt 1 vom 4. September 1939 (RGBl. I S. 1609) in der Fassung der Verordnung zur Ergänzung der Kriegswirtschaftsverordnung vom 25. März 1942 (RGBl. I S. 147).

#### Einleitung

Die Kriegswirtschaftsverordnung ist in der ursprünglichen Fassung v. 4. 9. 1939 (RGBl. I S. 1609) am gleichen Tage in Kraft getreten; sie umfaßte im Abschnitt I nur den jetzt geltenden § 1 Abs. 1, dem als Abs. 2 der heutige § 1 d Abs. 1 angeschlossen war. Durch die Verordnung zur Ergänzung der Kriegswirtschaftsverordnung v. 25. 3. 1942 (RGBl. I S. 147) hat der Abschnitt I erheblich an Umfang zugenommen. Die neuen Bestimmungen haben Lücken geschlossen, die sich in der Rechtsprechung ergeben haben, und wollen Mißstände in Tauschhandel bekämpfen, die sich im Laufe des Krieges eingeschlichen haben.

In der vorliegenden Fassung gilt Abschnitt I im Großdeutschen Reich, im Elsaß gemäß § 2 der Strafrechtsverordnung v. 30. 1. 1942, VOBl. S. 64, in Lothringen gemäß der Verordnung v. 28. 5. 1942, VOBl. S. 267, in Luxemburg auf Grund der 7. VO. betr. Maßnahmen der Strafrechtspflege v. 9. 4. 1942, VOBl. S. 137.

Schrifttum: Pfundtner-Neubert, Das neue Reichsrecht II c 10 S. 1; Nüse, Das Kriegsstrafrecht S. 1; Schuhmacher, DR. 1940 S. 1886; Freisler, DJust. 1940 S. 1229; Graf Gleispach, Das Kriegsstrafrecht I S. 52, Jessen, Komm. zur KWVO.; Kohlrausch, StGB. 37. Aufl. S. 767; Nagler, GS. 114 S. 133 u. 172; Mittelbach, DR. 1940 S. 1497, 1941 S. 1238; Rietzsch, Deutsches Strafrecht I S. 192;

Schrifttum zur Neufassung: Rietzsch, DJust. 1942 S. 222; Schwarz, Strafgesetzbuch 11. Aufl. S. 1028; Peren-Schneider-Rietzsch, Das Strafrecht, die Verbrauchsregelung und des Tausch- und Schleichhandels, 2. Bearbeitung S. 206.

Der Ministerrat für die Reichsverteidigung verordnet mit Gesetzeskraft:

Die Sicherung der Grenzen unseres Vaterlandes erfordert höchste Opfer von jedem deutschen Volksgenossen. Der Soldat schützt mit der Waffe unter Einsatz seines Lebens die Heimat. Angesichts der Größe dieses Einsatzes ist es selbstverständliche Pflicht jedes Volksgenossen in der Heimat, alle seine Kräfte und Mittel Volk und Reich zur Verfügung zu stellen und dadurch die Fortführung eines geregelten Wirtschaftslebens zu gewährleisten. Dazu gehört vor allem auch, daß jeder Volksgenosse sich die notwendigen Einschränkungen in der Lebensführung und Lebenshaltung auferlegt.

## Kriegsschädliches Verhalten

§ 1. (1) Wer[1] Rohstoffe[2] oder Erzeugnisse[2], die zum lebenswichtigen[3] Bedarf[4] der Bevölkerung[5] gehören, vernichtet[6], beiseiteschafft[7] oder zurückhält[8] und dadurch böswillig[9] die Deckung dieses Bedarfs gefährdet[10], wird mit Zuchthaus oder Gefängnis[11] bestraft[12]. In besonders schweren Fällen[13] kann auf Todesstrafe erkannt werden[14].

(2) Dieselbe Strafe trifft denjenigen, der [15] Bescheinigungen[16] über eine Bezugsberechtigung[17] oder Vordrucke[16] hierfür[18] beiseiteschafft[19], nachmacht[20] oder nachgemachte Bescheinigungen oder Vordrucke in den Verkehr bringt[21] oder sich verschafft[22], [23].

(3) Hat der Täter in der Absicht gehandelt, sich zu bereichern[24], so ist neben der Strafe aus Abs. 1 oder Abs. 2 auf Geldstrafe zu erkennen[25]. Die Höhe der Geldstrafe ist unbeschränkt, sie muß[26] das Entgelt, das der Täter für die Tat empfangen und den Gewinn den er aus der Tat gezogen hat, übersteigen. An Stelle der Geldstrafe kann auf Vermögenseinziehung[27] erkannt werden.

**1.** Täter, Kriegswirtschaftssaboteur, kann jeder sein, der mit der Kriegswirtschaft zu tun hat: der Betriebsführer oder der Angestellte im Betrieb, Leiter einer Werkküche (RG. DR. 1943 S. 402), Lager oder Laden, der Beamte und Angestellte im Reich oder Gemeinde, der Beauftragte und Angestellte in einer Hauptvereinigung oder deren Untergliederung (§ 7 der Verordnung v. 17. 8. 1939 RGB. I S. 1521), der Gewerbetreibende usw., ja der Verbraucher. Auch der Ausländer, der zum Arbeitseinsatz in der Kriegswirtschaft gelangt, ist trotz des Vorspruchs von der Täterschaft nicht ausgeschlossen RG. DR. 1941 S. 1284.

Der Feststellung eines Tätertyps bedarf es nicht, wenn auch der Typ des Kriegsschiebers, des gewissenlosen Geschäftemachers ins Auge gefaßt ist, der meist aus Profitgier selbst im Kriege die Belange der Allgemeinheit rücksichtslos seinem Gewinnstreben opfert und aus dieser Gesinnung heraus eine besondere Gefahr bildet, RG. DJust. 1939 S. 939 und 1170.

**2.** Rohstoffe sind Naturstoffe pflanzlicher, tierischer und mineralogischer Art, die verarbeitet werden. Erzeugnisse sind die Ergebnisse der Verarbeitung der Rohstoffe, also alle Produkte der Landwirtschaft und der gewerblichen Wirtschaft. Das sind die Waren der Warenverkehrsverordnung v. 11. 12. 1942 (RGBl. I S. 686), die S. 66 abgedruckt ist. Gleichgültig ist ob, sie sich im fertigen oder nur halbfertigen Zustande befinden, ob sie dem Verbraucher zugeführt werden oder ob sie der Weiterverarbeitung dienen oder ob sie zum Gebrauch bestimmt sein sollen. Kein Unterschied ist zu machen, ob die Waren im Bezuge beschränkt oder von der öffentlichen Bewirtschaftung frei sind, ob es sich um kontingentierte oder um Mangelware oder um reichlich vorhandene Ware handelt. Schließlich ist es ohne Bedeutung, ob die Rohstoffe und Erze dem Täter gehören oder fremde sind oder ob sie vor dem Kriege (in Friedensqualität) gewonnen (gehamstert) sind oder ob es Kriegsware ist.

Diesen Gütern sind Honig, Fische, Wild (RG. HRR. 1942 Nr. 816), Schlacht- und Nutztiere gleichzustellen, die landwirtschaftliche Erzeugnisse liefern, endlich auch Arbeitskräfte, ebenso Rietzsch, Komm. S. 235.

**3.** Lebenswichtig ist der Bedarf an Rohstoffen und Waren, in erster Linie soweit sie öffentlich bewirtschaftet sind, mag es sich um Lebensmittel wie in den 9 VO. v. 7. 9. 1939 (RGBl. I S. 1705) handeln oder um Genußmittel wie Getränke, Pralinen, Bonbons und Tabakwaren oder um Gebrauchsgegenstände wie Bekleidungsstücke. Ferner sind auch lebenswichtig nicht bewirtschaftete Güter, wie Geflügel RG. HRR. 1942 Nr. 121, Wecker E. 75 S. 89, Eßbestecke f. Bombengeschädigte Sdg. Koblenz DR. 1943 S. 35, Küchenherde. Sdg. Leipzig HRR. 1942 Nr. 819 oder solche Güter, wenn sie der Stärkung der geistigen Haltung der Bevölkerung dienen, wie Bücher. Zeitungen, Zeitschriften, Radioapparate, oder Güter des Filmwesens, zur Erhaltung und Pflege des Theaters und Kunstlebens. Rietzsch, Komm. S.215, Luxusgegenstände wie Schmucksachen, Edelsteine, Perlen, Möbel, Bilder, kosmetische Waren kommen als zum lebenswichtigen Bedarf — wenn auch nur mittelbar — nur in Frage, wenn sie für den Export hergestellt werden, damit für sie z. B. im Tauschwege andere lebenswichtige Güter beschafft werden können.

**4.** Bedarf besteht für die Wehrmacht, für die Rüstungswirtschaft und für die zivile Bevölkerung.

**5.** Hierunter ist nicht die gesamte Bevölkerung des Reichs zu verstehen; es genügt vielmehr, daß Teile der Bevölkerung (Berufe E. 75 S. 89), auch örtliche Bezirke, Versorgungsbezirke betroffen sind RG. DJust. 1940 S. 939, E. 75 S. 129 (143). Vgl. Anm. 10.

**6.** Vernichten ist nicht nur das Zerstören z. B. das Inbrandsetzen landwirtschaftlicher Vorräte (E. 75 S. 60), sondern auch das Unbrauchbarmachen zur bestimmungsgemäßen Verwendung E. 75 S. 129 (134) z. B. Ausgießen von Benzin RG. DJust. 1940 S. 939; Verludernlassen eines Hirsches RG. DR. 1943 S. 401; falsche Einlagerung von Lebensmitteln, so daß sie verderben, ordnungswidriges Verladen von Schlachtvieh, das dessen Tod verursacht, RG. DR. 1942 S. 1760. Dem Vernichten steht gleich die Herabminderung des Gebrauchswertes und die mißbräuchliche Verwendung z. B. Verbrauch von Treibstoffen unter Überschreitung der zugelassenen Menge oder zu anderen Zwecken RG. HRR. 1942 Nr. 736 und von Bereifungen gurch unzulässige Benutzung bewinkelter Kraftfahrzeuge. RdErl. des RVM. v. 31. 12. 1939 (DJ. S. 152).

**7.** Beiseiteschaffen liegt einmal in der dauernden Entziehung der Güter aus dem Wirtschaftsleben wie durch Diebstähle (E. 75 S. 184, RG. HRR. 1942 Nr. 121), durch Betrug, Urkundenfälschung (RG. HRR. 1941 Nr. 784), durch Irreführung der zuteilenden Stelle: doppelte Einreichung eines Markenbogens beim Ernährungsamt, Kontingentsverschiebung RG. HRR. 1942 Nr. 615; durch bezugsausweislose Abgabe der Überschußmenge, die ein Fleischer durch geschicktes Ausschlachten erzielt RG. DJust. 1942 S. 427; durch Kettenhandel (§ 3 der VO. v. 29. 10. 1937, RGBl. I S. 1142) durch

Vergehen gegen WarverkVO. u. VRStVO. E. 74 S. 287, 336; E. 75 S. 26, 30, 336; durch Schwarzschlachten E. 74 S. 359, E. 76 S. 46; DJust. 1940 RG. 1940 S. 1170 (Weitergabe ohne Marken), RG. HRR. 1941 Nr. 694 u. DR. 1943 S. 78 (Weitergabe gegen Marken); IV der AV. des RJM. v. 12. 1. 1942, DJust. S. 49, abgedruckt S. 158; durch Verludernlassen eines vom Jäger geschossenen Stück Wilds RG. DR. 1943 S. 401; durch Verfüttern von unreifem Getreide und Ölfrüchten § 14 der VO. v. 7. 9. 1939, RGBl. I S. 1705 in Verbindung mit Anordnung der HV. der deutschen Getreidewirtschaft v. 14. 5. 1942, RNVBl. 167; durch Verfüttern von Brotgetreide RG. HRR. 1941 Nr. 698; durch Verbrauch von Kraftstoffen zu anderen Zwecken als zu denen sie zugeteilt sind RG. HRR. 1942 Nr. 736; durch dem Vorspruch widersprechendes, daher rechtswidriges Hamstern von Mangelware z. B. 1000 Bogen Schreibpapier, 10 Paar Schnürsenkel. Dagegen ist es unbedenklich dem Verbraucher (Selbstversorger) gestattet, die fur den Haushalt erforderlichen Vorräte an Gemüse, Obst, Wurst u. a. Lebensmittel zum alsbaldigen Verbrauch aufzusparen oder über den augenblicklichen Bedarf hinaus Lebensmittel aus den ersparten Monaten des Selbstversorgers geschenkweise entgegenzunehmen — zu hamstern. Anm. 4 D zu § 1 VRStVO. und Peren DR. 1943 S. 442.

Zum Beiseiteschaffen genügt ferner das Herausnehmen aus dem fur die Deckung des Bedarfs der Bevölkerung vorgesehenen Verteilungsgange E. 74 S. 287, E. 75 S. 25. Der Eisenwarenhändler bringt Butter, Eier u. a. durch Tauschhandel an sich, um damit Tauschgeschäfte mit seinen Lieferanten zu machen, SdG. Königsberg, HRR. 1942 Nr. 817; die Schuhe werden dem ordnungsmäßigen Verkehr und dem bestimmungsgemäßen Verbrauch entzogen RG. HRR. 1942 Nr. 735. Hier kommt es besonders auf den Willen des Täters an: das Gut wird an einen anderen Lagerort gebracht (verschoben), abgesondert, verheimlicht, versteckt, sein Standort abgeleugnet, vgl. dazu auch Anm. 8. Beiseitegeschafft bleibt die einmal der Kontrolle der staatlichen Wirtschaftslenkung entzogene Ware: Abgabe eingeschmuggelter Waren, schwarzgeschlachteten Fleisches an Verbraucher gegen Marken RG. HRR. 1941 Nr. 694 und 740. So können Rohstoffe und Erzeugnisse auch mehrmals beiseite geschafft werden E. 75 S. 25.

Auch durch Unterlassen kann beiseite geschafft werden z. B. durch Nichtmeldung ablieferungspflichtiger oder Nichtanmeldung meldepflichtiger Güter wie Kaffee, Tee, Gewürze.

**8.** Zurückhalten bedeutet die vorübergehende Entziehung, das Fernhalten des Gutes aus dem Wirtschaftsverkehr mit dem Vorbehalt, es zu einem vom Täter zu bestimmenden Zeitpunkt dem Wirtschaftsverkehr wieder zuzuführen E. 75 S. 129 (134). Hierbei sind die Waren auszuschalten, die zur Weitergabe im Umlauf nicht bestimmt sind. Z. B. die Lebensmittel oder gewerbliche Artikel (Seife und Drogen), die vor dem Kriege zum eigenen Verbrauch gehamstert oder eingelagert sind E. 75 S. 336 (339) und RG. HRR. 1942 Nr. 286 und 733; aM.Sdg. Graudenz HRR. 1942 Nr. 818. Dagegen darf der Kaufmann eingelagerte Vorkriegsware der Wirtschaft nicht vorenthalten, zumal wenn er für Anmeldung und Ablieferung verpflichtet ist RG. HRR. 1942 Nr. 733. Restloser Ausverkauf ist allerdings erst auf ausdrückliche Anordnung geboten. Hierbei sind Waren unterschiedlich zu behandeln: vgl. Schneider, DR. 1943 S. 444. Sind es solche, die zur Erhaltung der Volksgesundheit erforderlich sind: Lebensmittelkonserven, so ist Zurückhaltung verboten. Andererseits werden Waren, die zur Erhaltung des Volksguts unersetzlich sind z. B. Bücher, dem Verleger und Kaufmann (Buchhandlung) belassen werden müssen, zumal ihn ein wirtschaftsfeindlicher, ein kriegsschädlicher Wille nicht beherrschen wird.

Das kriegsschädliche, damit rechtswidrige Handeln ist beim Zurückhalten entscheidend: So hält zurück, wer eingelagerte Vorräte zeitweise absondert, versteckt, in den Büchern verschweigt, die Abgabe verweigert E. 75 S. 129 (134), wer die bestehenden Auskunftpflicht (vgl. Anm. 16 zu § 4 Abs. 1 VRStVO.) z. B. bei Bestandsaufnahmen bewußt nicht oder nicht voll nachkommt, wer seine Ablieferungspflicht vorsätzlich nicht erfüllt, wer den Verkaufsabschluß von Tauschgeschäften und Schmiergeldern abhängig macht (dazu § 1a KWVO.), wer seiner Lieferungs- und Verkaufspflicht nicht genügt. Als Treuhänder der Volksgemeinschaft darf der Händler bezugsbeschränkte Waren dem Verbraucher nicht vorenthalten § 1 Abs. 1 Nr. 3 VRStVO. und hat bei nicht öffentlich bewirtschafteten Erzeugnissen auf offenbar gerechtfertigtes Kaufverlangen den echten Bedarf zu befriedigen E. 75 S. 89 (90). Für Stammkunden und die Kunden, die auf den Einkauf in den Abendstunden angewiesen sind, ist der Kaufmann berechtigt, Mangelware, an der ein wiederkehrender Bedarf besteht, zurückzubehalten. Ein unbeschränktes Vorrecht dieserKunden vor den Laufkunden kann freilich nicht anerkannt werden. Schaufensterware darf bis zur Neudekorierung in der Auslage verbleiben, doch soll ein Vermerkbuch für die Interessenten der Waren geführt werden, Anordnung des Leiters der Wirtschaftsgruppe Einzelhandel v. 5. 6. 1942, RWMBl. S. 182. Schließlich ist es zulässig, für einzelne verknappte Waren: Bücher, Leder- und Haushaltsgegenstände Tages- und Wochenkontingente festzulegen. Ein Zurücklegen der Waren ist kein Zurückhalten, Anm. 9, 21 zu § 1 VRStVO.

**9.** Zur Böswilligkeit gehört Vorsatz. Fahrlässiges Handeln genügt nicht. Darüber hinaus muß der Täter mit bösem Willen zur Tat, zur Gefährdung der Bedarfsdeckung geschritten sein. Dieser böse Wille tritt in dem Beweggrund des Täters und aus einer vom Standpunkt der Volksgemeinschaft (kriegsverpflichteten Volkswirtschaft) zu mißbilligenden und deshalb verwerflichen Gesinnung und Willensrichtung heraus zutage E. 74 S. 359 (366), E. 75 S. 25 (28) und 30, RG. HRR. 1942 Nr. 734. Diese Gesinnung beruht in der Hauptsache auf eigener Gewinnsucht (Habgier) oder auf Förderung der Gewinnsucht Dritter. Doch braucht gemeinschaftswidriger Eigennutz nicht mit Gewinnsucht verbunden zu sein E. 74 S. 359 (367). So handelt auch der böswillig, der einen bösen Streich ausführt, um sein Rachegefühl zu befriedigen RG. DJust. 1940 S. 939 und 1219; der aus einer Trotzeinstellung oder aus Eigensinn die Wirtschaftsmaßnahmen durchkreuzt RG. HRR. 1942 Nr. 445, DJust. 1942 S. 427; der seinen Kunden gefällig sein, jedoch sich dadurch im Wettbewerb Vorteile vor dem redlichen Geschäftsmann verschaffen will RG. HRR. 1942 Nr. 415 und 735. Böswillig handelt auch ein Betriebsinhaber, der den Anforderungen des Betriebes geistig und wirtschaftlich nicht gewachsen ist und deshalb duldet, daß ein in dem Betrieb tätiger Angestellter fortgesetzt in großem Umfang bezugsbeschränkte Erzeugnisse ohne Bezugsberechtigung an Verbraucher abgibt. Verantwortungslosigkeit und Gleichgültigkeit gegenüber gesetzlichen Bestimmungen können als Anzeichen böswilligen Handelns gewertet werden RG. DR. 1943 S. 78. Zur Böswilligkeit genügt die einmalige Tat, selbst wenn die Gelegenheit zur Ausführung im raschen Entschluß ausgenutzt wird E. 74 S. 359 (366).

Dagegen ist Böswilligkeit nicht anzunehmen, wenn Verärgerung über vermeintlich erlittene Unbill zugrunde liegt RG. HRR. 1941 Nr. 666; wenn der Täter glaubt, Weisungen seines Berufsstandes zu befolgen RG. DR. 1941 S. 703, wenn er sein Verhalten auf Grund von Aufklärungen seines Fachverbandes und in Fachzeitschriften für richtig angesehen hat RG. DJust. 1941 S. 290.

**10.** Bei der Gefährdung der Bedarfsdeckung muß es sich um einen fühlbaren Eingriff in die geregelte Versorgung der Bevölkerung handeln. Die geringfügigen Zuwiderhandlungen werden nach der WarverkVO. und VRStVO. geahndet E. 74 S. 354 (363). In erster Linie kommt es auf die Menge der vernichteten, beiseitegeschafften und zurückgehaltenen Waren an. Die Entziehung unbedeutender Mengen genügt bei besonders schwer ersetzbaren oder im Zeitpunkt der Entziehung besonders benötigten Waren E. 74 S. 207, z. B. auch Fette RG. v. 10. 12. 1942. Die Gesamtbevölkerung braucht nicht berücksichtigt zu werden. Es genügt, daß die Befriedigung des lebenswichtigen Bedarfs (Anm. 3) einer örtlich abgegrenzten Verbraucherschaft an einem Orte oder in einem Ortsteil (Anm. 5) oder sogar eines für die Verpflegung abgeschlossenen Teilnehmerkreises (RG. DR. 1943 S. 402) für eine gewisse Zeit verzögert und dadurch die Fortführung des geregelten Wirtschaftslebens gefährdet wird RG. DJust. 1940 S. 939 und 1210, E. 75 S. 129. Dabei reicht das Gefährden weiter als Schädigen und Beeinträchtigen E. 75 S. 129 (140).

Das äußere Maß der entzogenen Gegenstände, das sich übrigens bei der sich verschärfenden Versorgungslage verringern muß: 2 Rehe RG. HRR. 1942 Nr. 816, ist aber nicht allein entscheidend. Wesentlich ist vielmehr die Gesamtwürdigung der unmittelbaren und mittelbaren (seelischen) Wirkungen RG. HRR. 1942 Nr. 868: das kriegsschädliche Verhalten reizt zur Nachahmung an oder nötigt sogar dazu unter dem Druck des Wettbewerbs oder ruft Trotz- und Angsteindeckungen hervor E. 74 S. 359 (364). Ebenso wird das schlechte Beispiel E. 75 S. 89 (72), RG. HRR. 1942 Nr. 736, das die Entziehung von Gütern abgibt und sofort Schule macht, das Vertrauen der Bevölkerung in das glatte Funktionieren der Bewirtschaftung, in die gerechte Verteilung und in die Macht des Reichs, diese Verteilung zu gewährleisten, untergraben und erschüttert E. 74 S. 359, E. 75 S. 30. Auf die Gesamtwürdigung der unmittelbaren und mittelbaren Wirkungen kommt es an E. 75 S. 129 (142). Die Bedarfsdeckung wird auch durch unberechtigten Aufkauf von Waren im besetzten Gebiet oder im befreundeten Ausland gefährdet, wenn sie außerhalb der Verbrauchsregelung verwertet werden sollen, Rietzsch Komm. S. 225.

**11.** Die Wahl zwischen Zuchthaus und Gefängnis hängt ab von der Besonderheit des Falles: Umfang der Gefährdung und des Schadens und von der sich daraus ergebenden Strafwürdigkeit des Täters: Grad des verbrecherischen Willens RG. DJust. 1940 S. 939 und 1170. Für Kriegsschieber ist Zuchthaus die angemessene Strafe E. 75 S. 25 (30).

**12.** Es ist die Strafe des Verbrechens. Deswegen ist an Stelle einer Gefängnisstrafe bis zu 3 Monaten nicht auf Geldstrafe zu erkennen § 27b StGB. Neben dieser Strafe und der zusätzlichen Geldstrafe nach Abs. 3 ist nach § 1c die Einziehung der Rohstoffe und Erzeugnisse möglich, kommt auch die Anordnung des Berufsverbots nach § 421 StGB. in Frage, ist die öffentliche Bekanntmachung wie in § 11 VRStVO. zulässig und ist die Schließung der Betriebe und Geschäfte wie in Anm. 7 zu § 11 VRStVO. in Betracht zu ziehen. Vgl. auch Anm. 27.

Da es sich um Verbrechen handelt, steht der Anklage nicht entgegen, daß der Angeklagte wegen derselben Tat schon durch Strafbefehl oder durch Ordnungsstrafbescheid des Wirtschaftsamts wegen Verstoßes gegen die Bestimmungen der VRStVO. oder durch die Preisüberwachungsstelle zu einer Ordnungsstrafe wegen Preisvergehens verurteilt worden ist. Die Ordnungsstrafe ist aber auf eine etwa zu verhängende Geldstrafe anzurechnen RG. DJust. 1942 S. 427.

**13.** Die Tat muß sich in einer den Täter belastenden Weise einigermaßen deutlich von dem Bilde der Gesetzesverletzung gleicher Art abheben. Die besondere Belastung kann sich aus den nachteiligen Folgen der Tat oder aus dem Grade der Gefährdung des geschützten Rechtsguts ergeben; sie kann auch in der Art der Ausführung der Tat und in der Persönlichkeit des Täters und seiner besonders verwerflichen Gesinnung begründet sein, RG. DJust. 1941 S. 289, E. 73 S. 172 (176), RG. DR. 1943 S. 139.

**14.** Anhang: Zusammentreffen mit anderen Strafvorschriften. Mit Kriegswirtschaftssabotage stehen beim Zusammentreffen

in Tateinheit

Feindbegünstigung § 91 b, Kriegslieferungsverbot § 92a, Kriegsungehorsam § 92b, Diebstahl § 242 E. 75 S. 184; Unterschlagung § 246, Hehlerei § 259, Betrug § 263 (RG. DJust. 1941 S. 995), Untreue § 266 (RG. DR. 1943 Nr. 402), Bestechung § 332 StGB., Tauschhandel § 1a, KWVO. Zuwiderhandlungen gegen §§ 1 und 2 VRStVO., E. 75 S. 336, — bei Schwarzschlachtungen außer § 1 Abs. 1 Nr. 6 und § 2 Abs. 1 Nr. 3 Abs. 2 und 4 §§ 26, 27, Fleischbeschaugeс. § 1 Abs. 2 PreisstrafrechtsVO. und bei Taten vor 1. 5. 1942 (Aufhebung des Schlachtsteuerges.) § 396 RAbgO. RG. HRR. 1942 Nr. 808 —; Vergehen gegen § 12 WarverkVO.; Verbrechen nach § 3 VolksschädlVO.,

in Gesetzeseinheit

Sachbeschädigung (Sondervorschriften), § 4 VolksschVO. (in Verbindung mit. E. 74 S. 98 und 295) RG. DR. 1943 S. 402,

in Tatmehrheit

Art. I der Verordnung zum Schutze der Rüstungswirtschaft v. 21. 3. 1942, RGBl. I S. 165.

Für Hehlerei an Gütern, die unter Verstoß gegen § 1 Abs. 1 erworben sind, ist kein Raum E. 75 S. 25 (29).

**15.** Der Täter muß vorsätzlich handeln. Böswilligkeit und Gefährdung der Bedarfsdeckung wird wie in Abs. 1 zur Strafbarkeit nicht gefordert. RG. DR. 1943 S. 402. Beim Fehlen dieser Merkmale ist von der Regelstrafe Zuchthaus in den meisten Fällen nicht Gebrauch zu machen. Im Ergebnis ebenso Heinke, DR. 1943 S. 399.

**16.** Eine einzige Bescheinigung oder ein Vordruck genügt.

**17.** Anm. 7 zu § 1 Abs. 1 Nr. 1 VRStVO.

**18.** Über Papier, Druck und Kontrolle der Vordrucke sind eingehende Vorschriften ergangen, z. B. für Kleiderkarten, für Lebensmittelkarten RdErl. des RMfE.uL. v. 5. 3. 1942, LwRMBl. S. 266.

**19.** Anm. 7. Der ordnungsmäßige Umlauf der echten Vordrucke oder der Bescheinigungen muß unterbrochen sein, mag es in der Druckerei, im Amt, in der Kartenstelle, bei der Abrechnung, beim Händler geschehen sein. Doch fällt die Aneignung (Diebstahl, Unterschlagung) einzelner Bezugsberechtigungen aus dem Gewahrsam des Verbrauchers schon im Hinblick auf die angedrohte Strafe nicht hierunter, vgl. Anm. 15; dementsprechend kann solchenfalls von § 27b StGB. und § 153 StPO. Gebrauch gemacht werden. Zu den echten Vordrucken gehören auch Fehldrucke.

**20.** Nachmachen bedeutet Nachbilden: einen falschen Vordruck herstellen, dem der Anschein der Echtheit beiwohnt, vgl. E. 58 S. 252. Ist die Fälschung völlig mißlungen, liegt nur Versuch vor.

**21.** Darunter ist jedes Überlassen des Fälschscheins zu verstehen. Es bedeutet einen Wechsel in der Verfügungsgewalt über das nachgemachte Papier; das geschieht durch Verkaufen, Vertauschen und Verschenken. Dazu genügt das Vorlegen der nachgemachten Bescheinigung beim Kaufmann, um Waren darauf zu beziehen.

**22.** Hierunter fällt jedes Ansichbringen, mag es auf redliche Weise (Kauf, Tausch, Schenkung) oder unrechtmäßig (Diebstahl, Unterschlagung, Hehlerei) erfolgt sein. Vgl. Anm. 15 zu § 1 Abs. 1 Nr. 1 VRStVO.

**23.** Anhang: Zusammentreffen mit anderen Strafvorschriften:

Mit dem Beiseiteschaffen treffen in Tateinheit zusammen: §§ 133 (Verwahrungsbruch), 242 (Diebstahl), 246 (Unterschlagung), 348 Abs. 2, 349 (Urkundenvern.), 350 StGB. (Amtsunterschlagung);

mit dem Inverkehrbringen: § 259 (Hehlerei) und §§ 1 Abs. 1 Nr. 1, 2 Abs. 1 Nr. 1 VRStVO (Überlassen der Verfügung über eine Bezugsberechtigung);

mit dem Sichverschaffen: §§ 133, 242, 246, 259, 350 StGB. und §§ 1 Abs. 1 Nr. 1, 2 Abs. 1 Nr. 1 (sich verschaffen der Verfügung über eine Bezugsberechtigung.)

Die Verwertung der verbotswidrig erlangten Bezugsberechtigung und Vordrucke: Urkundenfälschung (Zusammenlegen falscher, von feindlichen Fliegern abgeworfener Vordrucke mit echten Kleiderkarten E. 76 S. 79), Blankettfälschung § 269 StGB, Verfügung über nicht zustehende Bezugsbescheinigung (§§ 1 und 2 Abs. 1 Nr. 1 VRStVO.), Ausnutzen einer nicht zustehenden Bezugsberechtigung (§ 1 Abs. 1 Nr. 1 VRStVO., § 1 Abs. 1 KWVO.) stehen untereinander in Tatmehrheit.

**24.** Bereicherungsabsicht ist das Bestreben, das eigene Vermögen unmittelbar oder mittelbar zu vermehren, ohne Gewinnsucht § 27a StGB. vorauszusetzen.

**25.** Auf die zusätzliche Geldstrafe ist zu erkennen. Die Höhe bemißt sich abgesehen von Satz 2 nach den wirtschaftlichen Verhältnissen des Täters § 27c StGB. Ersatzfreiheitsstrafrecht festzusetzen § 29 StGB.

**26.** Zwingende Vorschrift, anders als in § 27c StGB.

**27.** Vermögenseinziehung tritt als Hauptstrafe an die Stelle der Geldstrafe, wenn diese als Sühne nicht ausreicht oder wenn der Täter zur Bezahlung der Geldstrafe sein Vermögen nicht flüssig machen konnte (Bauernhof) oder es verschleudern mußte. Andererseits wird von Vermögenseinziehung abzusehen sein, wenn damit an der Straftat Unbeteiligte, z. B. Familienangehörige, zu schwer betroffen würden.

Die Vermögenseinziehung umfaßt auch die Schließung des Betriebes und Geschäftes, so daß hierauf nicht besonders erkannt zu werden braucht.

§ 1a. (1) Mit Gefängnis und Geldstrafe oder einer dieser Strafen[1] wird bestraft[2], wer in Ausübung eines Gewerbes oder Berufs[3]

1. für[4] die Bevorzugung[5] eines anderen[6] bei[2] der Lieferung von Waren[8] oder bei[5] Leistungen[9] eine Tauschware[10] oder einen sonstigen Vorteil[11] fordert[12] oder sich oder einem anderen versprechen[13] oder gewähren läßt[14],
2. die Lieferung einer Tauschware[10] oder einen sonstigen Vorteil[11] anbietet[15], verspricht[16] oder gewährt[17], um[18] sich oder einem anderen[19] Waren[8] oder Leistungen[9] bevorzugt[5] zu verschaffen[20].

(2) Wer nicht[21] in Ausübung eines Gewerbes oder Berufs[22] handelt, bleibt als Teilnehmer[23] an einer nach Abs. 1 strafbaren Handlung straffrei[24 25].

**1.** Höhe der Geldstrafe ergibt sich aus §§ 27, 27a, 27c StGB. Keine Verfallerklärung, wie nach § 335 StGB. Vgl. Anm. 2 zu § 1c.

**2.** Daneben Einziehung nach § 1c. Öffentliche Bekanntmachung und Geschäftsschließung Anm. 2 zu 1b. Versuch ist straflos.

**3.** Nicht nur die in Anm. 3 zu § 1 VRStVO. genannten Erzeuger, Händler und Verarbeiter sind hiermit als Täter gemeint, sondern alle Gewerbetreibende und Berufsausübende sind einbegriffen wie Arzt, Anwalt, Bauer, Handwerker (u. a. Schneiderin), Hebamme, Künstler, Säuglingspflegerin, Spediteur, Steuerberater, Wirtschaftsprüfer, Wohnungsvermittler. Dazu die mittätigen Familienangehörigen, Angestellten, z. B. Geschäftsführer, und Arbeiter. Der illegale Händler ist dem legalen gleichzusetzen E. 75 S. 187. Sobald diese Gewerbetreibenden usw. mit ihren Geschäften rein private Zwecke verfolgen, so scheiden sie als Täter aus. Beispiele in Anm. 21.

**4.** Der beabsichtigte Erfolg, die erwartete Gegenleistung, das Anliegen, die „Bevorzugung" kann bereits eingetreten sein, gleichzeitig eintreten oder später verwirklicht werden. Sie braucht nicht in einer bestimmten Richtung zu liegen RG. DR. 1943 S. 77. Die Bevorzugung und Vorteil stehen miteinander in Verbindung, sind aufeinander abgestellt, wenn sie auch nicht gleichartig sein müssen. Beides steht wirtschaftlich im Zusammenhang: Eine Hand wäscht die andere, z. B. reicht das Fordern aus Anlaß und bei (gelegentlich) einer Bevorzugung nicht aus. Vgl. E. 58 S. 202. Hat der Täter sich vorgenommen, seine kundgetane Absicht nicht durchzuführen — meist betrügerische Absicht —, so ist es für § 1a bedeutungslos.

**5.** Bevorzugung ist eine Besserstellung, wodurch andere hintenangesetzt werden, ohne notwendigerweise geschädigt zu werden. Sie liegt nicht vor, wenn die vereinbarte Gegenleistung gleichwertig ist, z. B. Bauern helfen sich aus.

Die Bevorzugung enthält in erster Linie den Mißbrauch der Treuhänderstellung, die den Gewerbetreibenden usw. durch die Kriegswirtschaft eingeräumt ist. So liegt darin eine Pflichtwidrigkeit, die in Verstößen gegen Wirtschaftsregelungen, in unlauterer Gesinnung, insbesondere in Käuflichkeit besteht. Bei Entscheidungen, die nach pflichtmäßigem Ermessen zu treffen sind, ist die Treuhänderstellung mißbraucht, wenn die — auch sachlich gerechtfertigte Entscheidung z. B. durch einen Vorteil mitbestimmt ist, vgl. E. 74 S. 251 (255). Vorverlegung des Leistungstermins: der Zeichner eines Bauunternehmers verlangt für die schnelle Anfertigung des Bauplanes vom Bauherrn eine kleine Unterstützung. In solchen Fällen kann die Bevorzugung auch in Unterlassungen bestehen: Absehen von Kündigung, von Anzeigeerstattung, von Beanstandung fehlerhafter Ware.

Andrerseits gehören auch Bevorzugungen hierher, deren Gewährung an sich nicht pflichtwidrig ist: Abgabe von Theaterkarten, die sonst schwer erhältlich sind; Mitteilung, daß Ware eingetroffen ist, Verpflegung der Hausschneiderin, der Waschfrau ohne Abgabe von Marken.

Keine Bevorzugung liegt in der freiwilligen Leistung einer Sondervergütung und in der freiwilligen Erhöhung des Honorars an Anwalt, in der Lohnzulage in Gestalt einiger Zigaretten, in dem üblichen Frühstück an Aufwartefrau ohne Marken, wobei es aber nicht in Erwartung einer künftigen Bevorzugung geschehen darf.

**6.** Der andere, der Begünstigte, kann den Vorteilsgeber selbst und zwar persönlich wie für den Betrieb (Beruf) oder ein ihm persönlich oder geschäftlich nahestehender Dritter sein.

**7.** Der Täter soll liefern und leisten. Der Belieferte braucht mit dem Begünstigten nicht personengleich zu sein.

**8.** Waren sind Rohstoffe und Erzeugnisse, mit denen gehandelt wird, Anm. 2 zu § 1 Abs. 1.

**9.** Darunter fallen Leistungen derjenigen, die nach Anm. 3 Täter sein können: Dienste höherer Art, kaufmännische, gewerbliche, handwerkliche, berufliche. Auch nebenberufliche Leistungen dürfen nicht von Vorteilen abhängig gemacht werden; der Schlosser arbeitet nebenbei in den Abendstunden für einen Bauern; der Bürobote tritt als Schauspieler auf.

**10.** Tauschware ist jede Ware, die bezugsbeschränkte, die auf Karten ordnungsmäßig bezogene, die verknappte, die reichlich vorhandene, frei verfügbare Ware, mit der gegen Ware oder gegen Leistungen getauscht werden kann. Sie kann neu, alt, auch Ersatzware, d. h. mit Geschäftswaren erst beschafft sein.

**11.** Vorteil ist jede ungerechtfertigte Mehrleistung zugunsten des Täters, dem sie der Anlaß und zugleich der Ausgleich für die Bevorzugung des andern ist. Z. B. Überpreis, Draufgabe, Schmiergeld, Zuwendung einer lediglich angemessen bezahlten Nebenbeschäftigung RG. DR. 1943 S. 77, Wein, Zigarren. Er braucht keinen Vermögenswert zu haben: Erlangung von Erleichterungen bei der Arbeit E. 15 S. 359, Befriedigung des Ehrgeizes RG. DRZ. 1924 S. 326, Verbreitung des Rufs der Zuverlässigkeit, Erlangung der Freundschaft und der Gunst RG. DR. 1943 S. 76, ein Kuß, Geschlechtsverkehr E. 71 S. 390 (396). Verkauf bezugsbeschränkter Ware, Lieferung bezahlter Hühner, die im Handel nur schwer zu erlangen sind E. 76 S. 230. Er kann unbestimmt gehalten sein E. 23 S. 141. Ob der Vorteil dem Geschäft oder dem Gewerbetreibenden privat oder mit Wissen des Täters einem Dritten zukommen soll, ist gleich. Ebenso ist es ohne Bedeutung, aus wessen Vermögen der Vorteil stammt. Kommt er von dritter Seite, so muß der zu Bevorzugende auf die Gewährung des Vorteils durch den Dritten hinwirken.

Soweit der Vorteil nach behördlichen Vorschriften: (Pflichtlohn), Handelsgebrauchs (Rabatt) und Verkehrsübung: Trinkgeld an Kellner und Haarschneider, Zigarre an Schlosser zugelassen ist, erscheint die Gewährung oder Zusage einwandfrei, zumal wenn er nach der Dienstleistung ohne vorherige Zusage erfolgt.

Der Vorteil kann auch in der ausdrücklichen oder stillschweigenden Zusage eines späteren Geschäftsabschlusses liegen. Das Verbot der Lieferung einer Tauschware darf auch dadurch nicht umgangen werden, daß die Ware regelrecht voll bezahlt wird E. 76 S. 230.

**12.** a) Fordern ist das einseitige Verlangen einer Leistung der, Gewährung oder Zusage des Vorteils. Es kann ausdrücklich oder verschleiert durch Andeutungen, Anspielungen, auch durch ablehnendes Verhalten geschehen. Dabei muß der Zusammenhang mit der Bevorzugung deutlich erkennbar sein E. 70 S. 166 (172). Schon mit der Absendung des Forderungsschreibens, auch an einen Dritten oder durch Veröffentlichung einer Anzeige in der Zeitung, ohne daß der andere davon Kenntnis erlangt, ist die Tat vollendet.

b) Das Fordern muß unbefugt sein. Der Täter darf keinen Rechtsanspruch auf den Vorteil haben.

**13.** Sichversprechenlassen liegt vor, wenn dem Fordern stattgegeben wird. Es bedeutet die Annahme des Angebots des in Aussicht gestellten Vorteils. Es ist Willensübereinstimmung beider Teile erforderlich. Im übrigen siehe Anm. 12b.

**14.** Sichgewährenlassen ist die Entgegennahme des Vorteils. Siehe Anm. 12b.

**15.** Anbieten ist die einseitige, die ausdrücklich oder verschleiert abgegebene Erklärung, eine gegenwärtige Leistung zu vollbringen, einen bereitstehenden Vorteil sofort zu gewähren. Dabei ist es unerheblich, ob der Adressat des Angebots davon Kenntnis erhält, ob der Empfänger des Angebots die Absicht des Anbietenden erkennt, sich eine Bevorzugung zu verschaffen E. 26 S. 424 (426), ob er sich auf die Bevorzugung des Anbietenden einläßt E. 74 S. 251 (256), ob er nicht auch ohne Angebot den Anbietenden bevorzugt hätte RG. v. 22. 3. 1921, 1188, 20.

Der angebotene Vorteil (versprochene, gewährte) braucht nicht aus dem Vermögen des Anbietenden zu stammen RG. HRR. 1942 Nr. 251.

**16.** Versprechen ist die einseitige ausdrücklich oder verschleiert abgegebene Erklärung, später neuen Vorteil zu gewähren. Siehe im übr. Anm. 12b.

**17.** Gewähren ist die auf Abrede beruhende Hingabe des Vorteils, die mit Annahme vollendet ist. Die Gewährung und die Bevorzugung braucht nicht gleichzeitig zu erfolgen RG. HRR. 1942 Nr. 251.

**18.** Hier genügt nicht wie bei sonstigen Tätigkeitsakten bedingter Vorsatz.

**19.** Jedem Dritten.

**20.** Anm. 15 zu § 1 Abs. 1.

**21.** D. i. der Verbraucher. Andrerseits bleibt der Bauer selbst mit seinen Selbstversorgerrationen Erzeuger. Beispiel: Verbraucher ist Reisender, der besonderes Trinkgeld für bevorzugte Beförderung seines persönlichen Gepäcks in Aussicht stellt.

**22.** Anm. 3.

**23.** Anstifter und Helfer.

**24.** Jedoch bleibt Bestrafung aus § 2 Abs. 1 VRStVO. § 1 Abs. 2 PreisstrafrechtsVO., § 12 UnlWG., auch aus § 1 Abs. 1 KWVO. (rechtswidriges Hamstern Anm. 7, 8 zu § 1).

**25.** Anhang: Mit dem verbotenen Tauschhandel können zusammentreffen: die beiden Fälle aus Abs. 1 E. 76 S. 230; Betrug § 263 StGB. (Anm. 4), Erpressung § 253 StGB., § 1 KWVO., § 4 Volkssch.VO., dazu AV. v. 1. 4. 1942 zu I (S. 166), § 1 VRStVO.; § 1 Abs. 2 PreisstrafrVO. Regelmäßig besteht Tateinheit. Gesetzeskonk. bei § 4 VolksschVO. und § 12 UnlWG.

§ 1b. Für die Strafverfolgung gelten in den Fällen des § 1a die §§ 4[1], 7 bis[2] 19, 22, 23 der Verbrauchsregelungs-Strafverordnung vom 26. November 1941 (RGBl. I S. 734)[3] entsprechend.

**1.** Das Ordnungsstrafverfahren ist für § 1a nur zugelassen, wenn öffentliches Interesse an der Strafverfolgung nicht besteht. Hierüber entscheidet der Staatsanwalt, auch wenn zugleich ein Vergehen gegen die Preisstrafrechtsverordnung v. 3. 6. 1939 (RGBl. I S. 999) vorliegt. In welchen Fällen öffentliches Interesse anzunehmen ist, gibt die S. 166 abgedruckte AV. des RJM. v. 1. 4. 1942, DJust. S. 298) zu V Auskunft, die durch den S. 188 auszugsweise abgedruckten RdErl. des Reichskommissars f. d. Preisbildung v. 15. 4 1942 (MittBl. I S. 246) ergänzt wird. Dieser läßt sich auch für die seltenen Fälle des Verneinens des öffentlichen Interesses über die Zuständigkeit der Ämter und der Preisbehörde aus.

Zulässig ist nach § 4 Abs. 2 VRStVO. die Festsetzung einer Ordnungsstrafe gegen den Inhaber oder Leiter des Betriebes wegen Verletzung der Aufsichtspflicht.

**2.** Nach § 11 VRStVO. ist öffentliche Bekanntmachung und nach Anm. 7 dazu ist auch Geschäftsschließung zulässig. Aus der Reihe der genannten Paragraphen sind § 9 Abs. 1 und 2 VRStVO. anzunehmen, die durch § 1c Abs. 1 und 2 ersetzt, während § 9 Abs. 3 bis 6 VRStVO. durch § 1c Abs. 3 für anwendbar erklärt sind.

**3.** S. 1 abgedruckt.

§ 1c. (1) Rohstoffe und Erzeugnisse[1], auf die sich die nach den §§ 1, 1a strafbare Handlung bezieht[2], können neben der Strafe ohne Rücksicht auf Eigentumsverhältnisse und sonstige Rechte Dritter zugunsten des Reichs eingezogen[3] werden[4].

(2) Auf die Einziehung kann auch selbständig erkannt werden[5]. Auf das Verfahren finden die §§ 430 bis 432 der Reichsstrafprozeßordnung[6] Anwendung[7]. Zuständig ist auch das Gericht, in dessen Bezirk sich der einzuziehende Gegenstand zur Zeit der Stellung des Antrags befindet[8].

(3) § 9 Abs. 3 bis 6 der Verbrauchsregelungs-Strafverordnung vom 26. November 1941 (RGBl. I S. 734) gilt entsprechend[9].

**1.** Anm. 2 zu § 1 Abs. 1. Soweit es sich um Bezugsberechtigungen und Vordrucke handelt, siehe Anm. 4.

**2.** Anm. 5 zu § 9 VRStVO. In den Fällen des § 1a ist Gegenstand der Einziehung auch die Tauschware und der sonstige Vorteil, falls er in einem Rohstoff oder Erzeugnis, besteht. Der Vorteil, der in Geld besteht, wird nicht eingezogen, sondern bei der Bemessung der Geldstrafe ausgeglichen. Vgl. Anm. 1 zu § 1a.

**3.** Die Einziehung ist Sicherungsmaßregel Anm. 7 zu § 9 VRStVO.

**4.** Die Einziehung der Bezugsberechtigungsbescheinigung und Vordrucke (§ 1 Abs. 2) ist als Sicherungsmaßnahme in entsprechender Anwendung u. a. der §§ 93a, 152, 245a StGB., § 405 RAbgO. auszusprechen. Vgl. RG. v. 20. 4. 1942 bei Schwarz aaO. 11. Aufl. S. 1033.

**5.** Anm. 8ff. zu § 9 Abs. 2 VRStVO. Das selbständige Verfahren ist auch zulässig, wenn Böswilligkeit (Vorsatz) fehlt. Fahrlässiges Handeln reicht aus.

**6.** §§ 430 bis 432 StPO. lauten:

4. Abschnitt. Verfahren bei Einziehungen und Vermögensbeschlagnahmen.

§ 430. In den Fällen, in welchen nach § 42 des Strafgesetzbuchs oder nach anderweiten gesetzlichen Bestimmungen auf Einziehung, Vernichtung oder Unbrauchbarmachung von Gegenständen selbständig erkannt werden kann, ist der Antrag, sofern die Entscheidung nicht in Verbindung mit einem Urteil in der Hauptsache erfolgt, seitens der Staatsanwaltschaft oder des Privatklägers bei dem Gerichte zu stellen, welches für den Fall der Verfolgung einer bestimmten Person zuständig sein würde.

§ 431. Die Verhandlung und Entscheidung erfolgt in einem Termin, auf welchen die Bestimmungen über die Hauptverhandlung entsprechende Anwendung finden.

Personen, welche einen rechtlichen Anspruch auf den Gegenstand der Einziehung, Vernichtung oder Unbrauchbarmachung haben, sind, soweit dies ausführbar erscheint, zu dem Termine zu laden.

Sie können alle Befugnisse ausüben, welche einem Angeklagten zustehen, sich auch durch einen mit schriftlicher Vollmacht versehenen Verteidiger vertreten lassen. Durch ihr Nichterscheinen wird das Verfahren und die Urteilsfällung nicht aufgehalten.

§ 432. Die Rechtsmittel gegen das Urteil stehen der Staatsanwaltschaft, dem Privatkläger und den im § 431 bezeichneten Personen zu.

Der Staatsanwalt entscheidet, ob die Voraussetzungen vorliegen, Anm. 11 zu § 9 Abs. 2 VRStVO.

**7.** Entscheidung ergeht durch Urteil (§ 432 StGB.). Die Einziehungsbeteiligten tragen nur ihre Auslagen. Sämtliche Kosten erster Instanz trägt die Reichskasse E. 74 S. 326 (334).

**8.** Neben den Gerichtsständen in § 7 StPO.

**9.** Anm. 16ff. zu § 9 VRStVO.

§ 1d. (1) Wer[1] Geldzeichen[2] ohne gerechtfertigten Grund[3] zurückhält[4], wird mit Gefängnis[5], in besonders schweren Fällen[6] mit Zuchthaus[7] bestraft[8].

(2) Zurückgehaltene Geldzeichen können neben der Strafe ohne Rücksicht auf Eigentumsverhältnisse und sonstige Rechte Dritter zugunsten des Reichs eingezogen werden[9]. § 1c Abs. 2 dieser Verordnung und § 9 Abs. 3 bis 5 der Verbrauchsregelungs-Strafverordnung finden entsprechende Anwendung[10].

(3) Wer zurückgehaltene Geldzeichen bei einem Kreditinstitut[11] einzahlt, bevor eine Anzeige[12] erstattet[13] oder eine Untersuchung[14] eingeleitet[15] war, wird nicht wegen Zurückhaltung von Geldzeichen bestraft[16]. Der Einzahlung bei einem Kreditinstitut steht für die Erlangung der Straffreiheit die Selbstanzeige[17] gemäß § 410 der Reichsabgabenordnung gleich[18].

(4) Die Strafverfolgung tritt nur auf Anordnung[19] des Reichsministers der Justiz[20] ein[21].

**1.** Täter ist jeder, der die Verfügungsgewalt über die Geldzeichen hat, mag es sich um eigene oder fremde Gelder handeln, RG. DJust. 1941 S. 165.

**2.** Geldzeichen sind Zahlungsmittel jeder Art, Münzen und Papiergeld, jedoch keine Wertpapiere.

**3.** Gerechtfertigt ist die Aufbewahrung von größeren Geldbeträgen, die hier nur in Betracht kommen, zu laufenden Zahlungen, z. B. im Büro zur Lohnauszahlung, bei der Bank zur Begleichung der Abhebungen zum Wechseln, dagegen nicht, wenn es den Grundsätzen ordnungsmäßiger Wirtschaftsführung zuwiderläuft, z. B. um die Aufdeckung einer bereits begangenen Steuerhinterziehung zu verhüten, RG. DJust. 1941 S. 289.

**4.** Zurückhalten, das Horten, ist die vorübergehende Entziehung, das Fernhalten des Geldes aus dem Wirtschaftsprozeß, Anm. 8 zu § 1 Abs. 1, ohne daß es verheimlicht werden muß. Wenn auch das Böswillige des § 1 Abs. 1 fehlt, so muß der Täter mit dem Vorsatz handeln, er wisse um das nicht gerechtfertigte Zurückhalten und wolle es, E. 74 S. 114, RG. DJust. 1941 S. 289.

**5.** Die Geldhortung ist Vergehen. Geldstrafe ist bei Gefängnisstrafe bis zu 3 Monaten zulässig § 27b StGB. Neben der Freiheitsstrafe ist bei Gewinnsucht Geldstrafe möglich § 27a StGB., E. 75 S. 334, RG. HRR. 1942 Nr. 870.

**6.** Anm. 13 zu § 1 Abs. 1. Eine besonders schwerer Fall wird zu verneinen sein, wenn der Täter weder im bewußten Zuwiderhandeln gegen das Gesetz noch in der Absicht, die deutsche Volkswirtschaft zu schädigen, gehandelt hat, E. 74 S. 114 (120).

**7.** Verbrechen. Versuch ist strafbar.

**8.** Mit Steuer hinterziehung besteht Tatmehrheit E. 75 S. 387. Hierdurch wird die Anwendung des § 4 VolksschVO. nicht ausgeschlossen RG. DJust. 1941 S. 289.

Durch die Wegnahme des § 1 d von § 1 ist auch die ausschließliche Zuständigkeit des Sondergerichts, § 13 Nr. 4 ZuständigkeitsVO. v. 21. 2. 1940 (RGBl. I S. 405) weggefallen.

**9.** Anm. 3 zu § 1c.

**10.** Selbständiges Verfahren.

**11.** Bank, Sparkasse, auch Postscheckkonto.

**12.** Anzeige ist die schriftliche oder mündliche Mitteilung eines anderen, mit der die Bestrafung erstrebt wird.

**13.** Die Anzeige muß an Justiz-, Polizei- oder Steuerbehörden gerichtet sein.

**14.** Untersuchung ist eine Maßnahme zur Aufklärung des Sachverhalts durch eine der in Anm. 13 genannten Behörden.

**15.** Eingeleitet ist die Untersuchung, wenn eine der in Anm. 13 genannten Behörden sie angeordnet oder vorgenommen hat, sei es von Amts wegen oder auf Anregung von andrer Seite §§ 158, 163 StPO., § 421 RAbgO.

**16.** Es tritt Straffreiheit ein. Die Vergünstigung der Straffreiheit wird — über § 410 RAbgO. hinausgehend — gewährt, wenn der Geldhamsterer durch eine unmittelbare Gefahr der Entdeckung zu der Einzahlung veranlaßt ist.

**17.** Die Selbstanzeige berichtigt, ergänzt oder holt unterlassene Angaben nach. Sie darf aber nicht durch eine unmittelbare Gefahr der Entdeckung veranlaßt sein.

**18.** In der Wirkung ist die Einzahlung und die Selbstanzeige gleichbedeutend.

**19.** Die Anordnung ist teilbar und einschränkbar, an keine Frist gebunden und jeder Zeit zurücknehmbar.

**20.** Im Einvernehmen mit dem Reichswirtschaftsminister.

**21.** Die Anordnung ist Prozeß- und Urteilsvoraussetzung RG. v. 25. 6. 1942, 5 D 196, 42. Vgl. RV. des RJM. v. 9. 4. 1942—9134/1 — IIIa[4] 491. 42 (nicht veröffentlicht).

## Artikel III

(1) Diese Verordnung[1] gilt auch im Protektorat Böhmen und Mähren und in den eingegliederten Ostgebieten. Über die Strafverfolgung im Protektorat ergehen besondere Bestimmungen[2].

(2) Der Reichswirtschaftsminister, der Reichsminister für Ernährung und Landwirtschaft, der Reichsminister der Justiz und der Reichsminister des Innern werden ermächtigt, je in ihrem Geschäftsbereich die zur Durchführung und Ergänzung dieser Verordnung erforderlichen Rechts- und Verwaltungsvorschriften zu treffen.

**1.** VO. v. 25. 3. 42 (RGbl. I S. 142), die die Neufassung des Abschnitts I der KWVO. gebracht hat.

**2.** Bisher nicht bekannt gegeben.

# Teil III

## Warenverkehrsverordnung

### Einleitung

Zur Verwirklichung der innerdeutschen Bewirtschaftung, die besonders den Rohstoffmarkt nach volkswirtschaftlichen Grundsätzen zu lenken und den Bedarf und Verbrauch der Waren zu steuern hat, erging zunächst das Gesetz über den Verkehr mit industriellen und Halbfabrikaten vom 22. März 1934 (RGBl. I S. 212), auf Grund dessen 11 Überwachungsstellen für den gewerblichen Sektor eingerichtet wurden, und ferner das Gesetz über wirtschaftliche Maßnahmen vom 3. Juli 1934 (RGBl. I S. 565). Hierauf beruhte die Verordnung über den Warenverkehr vom 4. September 1934 (RGBl. I S. 816). Durch Verordnung über die Errichtung von Überwachungsstellen vom gleichen Tage (DRAnz. Nr. 209) entstanden zugleich unter Einbeziehung der Reichsstellen des Bereichs der Ernährungswirtschaft 25 Überwachungsstellen, zu denen durch Verordnungen vom 12. Juli und 29. Oktober 1935 (DRAnz. Nr. 164 und 261) und vom 22. März 1937 (DRAnz. Nr. 70) noch drei Stellen hinzu kamen*). Im Zuge des sog. „Neuen Plans", der am 24. 9. 1934 in Kraft trat, wurde den Überwachungsstellen die Steuerung der gesamten Wareneinfuhr übertragen. § 3 des Gesetzes über die Devisenbewirtschaftung v. 4. 2. 1935 (RGBl. I S. 106), jetzt §§ 1, 3 des gleichen Gesetzes v. 12. 12. 1938 (RGBl. I S. 1734) und I 10 der Richtlinien für die Devisenbewirtschaftung v. 22. 12. 1938 (RGBl. I S. 1851). Ferner wurde ihr Aufgabengebiet u. a. durch das Gesetz über Aus- und Einfuhrverbote v. 25. 3. 1939 (RGBl. I S. 578), durch die AuslandswarenpreisVO. v. 15. 7. 1937 (RGBl. I S. 881) und Art. 2 der I. AVO. v. 10. 8. 1937 (RGBl. I S. 884) erweitert. Die Warenverkehrsverordnung selbst wurde durch die Erste ÄnderungsVO. v. 28. 6. 1937 (RGBl. I S. 761) und durch die Zweite Verordnung zur Ergänzung der VO. über den Warenverkehr" v. 18. 8. 1939 (RGBl. I S. 1429) abgeändert. Gemäß Art. 6 der letzten Verordnung ist die Verordnung über den Warenverkehr in der Fassung der VO. v. 18. 8. 1939 (RGBl. I S. 1431) bekanntgegeben. Zu den 28 Überwachungsstellen, die durch Bekanntmachung v. 18. 8. 1939 (DRAnz. Nr. 192) in Reichsstellen umbenannt sind, sind die Reichsstellen für Kali und Salz sowie für Steine und Erden durch VO. v. 9. und 15. 9. 1939 (DRAnz. Nr. 211 und 216), hinzugetreten. Durch die 3. und 4. ErgänzungsVO. v. 30. 10. 1941 (RGBl. I S. 679) und v. 11. 12. 1942 (RGBl. I S. 684) hat die WarenverkehrsVO. weitere Änderungen erfahren. Auf Grund des Art. 6 der letzten Verordnung ist die Verordnung über den Warenverkehr in der nunmehr geltenden Fassung v. 11. 12. 1942 (RGBl. I S. 686) bekannt gemacht.

Die Verordnung gilt im Gebiet des Großdeutschen Reiches ausschließlich des Protektorats Böhmen und Mähren und des Generalgouvernements.

Schrifttum: Gähtgens in Pfundtner-Neubert, Das neue Reichsrecht III 3.

---

*) Erst in neuester Zeit sind wiederum Reichsstellen zusammengelegt worden. Vgl. Aufstellung in Anm. 6 zu § 3.

# Verordnung über den Warenverkehr in der Fassung vom 11. Dezember 1942 (RGBl I S. 686)

Auf Grund des Gesetzes über wirtschaftliche Maßnahmen vom 3. Juli 1934 (RGBl. I S. 565) wird im Einvernehmen mit dem Reichsminister für Ernährung und Landwirtschaft und dem Reichsforstmeister verordnet:

## Ermächtigung

§ 1. Der Reichswirtschaftsmister[1] wird ermächtigt[2], den Verkehr[3] mit Waren[4] zu überwachen[5] und zu regeln, insbesondere[7] Bestimmungen[8] über deren Beschaffung, Verteilung, Lagerung, Absatz, Verbrauch und Fertigung[9] zu treffen[10].

**1.** Dem RWM. sind der RMfEuL. und der Reichsforstminister für ihren Geschäftsbereich gleichgestellt § 20.

**2.** Durch die Ermächtigung wird als Auftrag der Staatsführung durch staatshoheitl. Akt in gesetzlich bindender Form die Befugnis eingeräumt, Vorschriften im näher bestimmten Rahmen zu erlassen.

**3.** Verkehr ist der Weg, den die Ware nimmt, und deren Einsatz.

**4.** Ware ist jede bewegliche körperliche Sache, die Gegenstand des Handelsverkehrs ist, alles was im Statistischen Warenverzeichnis aufgeführt ist. Es scheiden als Ware aus: Kohle, Erze im Gestein, landwirtschaftliche Produkte und der Baum im Erdboden, die Bodenbestandteile sind, ferner der elektrische Strom.

Soweit Preisbildung und Preisüberwachung in Frage kommt, werden die Reichsstellen in Durchführung devisenwirtschaftlicher Aufgaben oder kraft besonderer Ermächtigung durch den Reichskommissar für die Preisbildung tätig.

**5.** Die Überwachung umfaßt das Anordnungsrecht § 2, das Auskunftsrecht § 10 und das Strafrecht § 15.

**6.** Regelung ist sachliche Gestaltung aller warenwirtschaftlichen Vorgänge durch Anordnungen und Auflagen.

**7.** Hierdurch werden Beispiele dafür festgelegt, in welcher Richtung die Warenbewirtschaftung geführt wird, wann ein Verkehr mit Waren stattfindet.

**8.** Bestimmungen umfaßt Anordnungen (§§ 2 und 12 Abs. 1), Auflagen (§ 12 Abs. 2) und die Bekanntmachungen. Letztere enthalten Erläuterungen und Auslegungen von Bestimmungen sowie Zusammenfassungen zu den Bewirtschaftungsmaßnahmen. Sie erscheinen in Form von Rundschreiben und der Veröffentlichung im DRAnz. Strafschutz gewähren die Bekanntmachungen nicht.

**9.** Fertigung ist jede handwerkliche und fabrikmäßige Tätigkeit, wodurch ein Stoff durch Arbeit einer höheren Fertigkeitsstufe zugeführt wird.

**10.** Die Regelung der einzelnen Stadien des Warenumlaufs ist nur dann angebracht, wenn sich aus warenmäßigen Erwägungen ein zwingendes Bedürfnis ergibt.

Bewirtschaffungsanordnungen sind:

a) Verfügungsverbot oder Verfügungsbeschränkung, besonders die Beschlagnahme. Siehe Verordnung über die Wirkungen der Beschlagnahme zur Regelung des Warenverkehrs v. 4. 3. 1940, abgedruckt S. 152,
b) das Verwendungsverbot, das den Verbrauch bestimmter Rohstoffe oder Halbfertigwaren zur Herstellung bestimmter Erzeugnisse untersagt,
c) Herstellungsvorschriften, die die Zusammensetzung von industriellen Erzeugnissen behandeln,
d) Kontingentierung d. h. die Beschränkung im Einkauf, in der Verarbeitung und im Verbrauch, in der Lagerhaltung auf ein bestimmtes, für jeden Betrieb festgesetztes Maß: das Kontingent, das unübertragbar ist,
e) Verbrauchsregelung sind die Maßnahmen, die im Rahmen der Kriegswirtschaft zur Versorgung des letzten Verbrauchers mit lebenswichtigen Güter getroffen werden. Siehe VRStVO. abgedruckt S. 1.
f) die Stillegung des Betriebes RG. DR. 1942 S. 1648.

§ 2. Der Reichswirtschaftsminister kann, soweit er es für die Überwachung und Regelung des Warenverkehrs für notwendig hält, Anordnungen[1] über die Aufzeichnung geschäftlicher Vorgänge[2], namentlich über die Buchführung[3], treffen.

**1.** Anordnungen sind Vorschriften, durch die ein bestimmtes Verhalten verbindlich geboten oder verboten wird. Man unterscheidet:
a) allgemeine Anordnungen (mit Verordnungscharakter, Gesetzgebungsakte), die für jeden gelten, den es angeht. Sie enthalten Rechtssätze und werden im Deutschen Reichsanzeiger und Preußischen Staatsanzeiger (§ 1 der I. DVO., abgedruckt S. 154), daneben im Ministerialblatt des Reichsarbeitsministeriums veröffentlicht.
b) Einzelanordnungen (mit Verfügungscharakter, Verwaltungsakte), die für bestimmte Personen oder einen beschränkten Personenkreis und zur Regelung von Einzelfällen erlassen werden. Sie enthalten Einzelanweisungen, dienen insbesondere der Lösung von Schwierigkeiten bei der Verteilung und werden dem Empfänger zugestellt § 1 der I. DVO., die S. 154 abgedruckt ist.
c) allgemeine Zustellungsanordnungen, die gleich den allgemeinen Anordnungen einen Rechtssatz aufstellen und gleich den Einzelanweisungen durch Zustellung an die Betriebe von Herstellungs- und Berufskreisen bekanntgemacht werden.

**2.** Die Aufzeichnung geschäftlicher Vorgänge wie andere Angaben können die Buchführungspflicht ersetzen.

**3.** Buchführungsvorschriften sind erlassen, wo eine laufende Meldepflicht, Kontingentierung oder besondere Herstellungsvorschriften bestehen.

## Übertragung der Ermächtigung

§ 3. (1) Der Reichswirtschaftsminister kann[1] seine Befugnisse aus den §§ 1 und 2[2] ganz oder teilweise übertragen[3]. Er kann für die Überwachung und Regelung des Warenverkehrs[4]

Reichsbeauftragte[5] bestellen, Reichsstellen[6] errichten oder andere Stellen bestimmen, denen die Rechte einer Reichsstelle oder deren Leitern die Rechte eines Reichsbeauftragten zugewiesen werden[7].

(2) Die Reichsbeauftragten und die Reichsstellen sind befugt, mit Zustimmung des Reichswirtschaftsministers andere Stellen oder Personen unter ihrer Aufsicht[8] für die selbständige Erledigung von Aufgaben einzusetzen (Bewirtschaftungsstellen)[9]. Der Umfang der Aufgaben und der Befugnisse der Bewirtschaftungsstellen ist im Anordnungswege festzustellen[10].

**1.** Der zuständige Reichsminister hat selbst auch nach Übertragung die Möglichkeit Anordnungen zu erlassen, und zwar in Fällen, in denen die Regelung übergeordneter, auf mehrere Fachgebiete übergreifender Tatbestände notwendig ist.

**2.** D. h. die Hauptbefugnisse.

**3.** Die Übertragung der Ermächtigung berechtigt die Stellen zur Ausübung der Befugnisse ganz „oder teilweise" in dem Umfange, wie es sich aus dem Auftrage ergibt.

Als „Träger einer abgeleiteten Ermächtigung" sind zur Zeit bestimmt:

I. in der gewerblichen Wirtschaft

a) die Reichsstellen nach den Errichtungsverordnungen,
b) der Sonderbeauftragte für die Spinnstoffwirtschaft,
c) die Beauftragten für Kriegsaufgaben bei den Wirtschaftsgruppen der eisen- und metallverarbeitenden Industrie,
d) der Beauftragte für elektrotechnische Erzeugnisse bei der Wirtschaftsgruppe Elektroindustrie,
e) der Bevollmächtigte für Maschinenproduktion,
f) die Landeswirtschaftsämter auf dem Gebiet der Kohlenbewirtschaftung und der Verbrauchsregelung,
g) die Wirtschaftsämter auf dem Gebiet der Verbrauchsregelung unter besonderen Voraussetzungen.

**4.** Siehe Anm. 8 bis 10 zu § 1.

**5.** Siehe § 4.

**6.** Siehe § 8. Über Entstehung der Reichsstellen vgl. Einleitung. Die im Bereich der Ernährungswirtschaft bestehenden Reichsstellen sind in Anm. 39 zu § 1 VRStVO. aufgeführt. Im Bereich der gewerblichen Wirtschaft sind zur Zeit folgende vorhanden: für Textilwirtschaft, für Kleidung und verwandte Gebiete, Eisen und Metalle, industrielle Fette und Waschmittel, für Lederwirtschaft, Kautschuk, für Mineralöl, Chemie, Tabak und Kaffee, für Kohle, für Rauchwaren, für Papier, für technische Erzeugnisse, Glas, Keramik und Holzverarbeitung, für Edelmetalle, für Kali und Salz, für Steine und Erden, Wirtschaftsgruppe Elektroindustrie als Reichsstelle für elektrotechnische Erzeugnisse, Wirtschaftsgruppe Feinmechanik und Optik als Reichsstelle für feinmechanische und optische Erzeugnisse, Bevollmächtigter für die Maschinenproduktion als Reichsstelle Maschinenbau, Reichsbeauftragter für Verpackungsmittel.

Die sachliche Zuständigkeit der Reichsstellen, die nach fachlichen Gesichtspunkten abgegrenzt ist (Lenkungsbereich § 4), ergibt sich aus 27 Bekanntmachungen im DRAnz. u. a. 1935 Nr. 14, 65, 124, 164, 294; 1936 Nr. 149, 280; 1937 Nr. 95; 1938 Nr. 228; 1939 Nr. 210, 216, 296; 1940 Nr. 4, 40, 74, 126, 278; 1941 Nr. 29, 251; 1942 Nr. 117, 178, 183, 196, 202, 264,

271, 299. Örtlich zuständig ist die Reichsstelle, soweit die Verordnung gilt.

**7.** Z. B. ist der Sonderbeauftragte für die Spinnstoffwirtschaft eingesetzt worden VO. v. 3. 9. 1939 DRAnz. Nr. 204, die Landeswirtschaftsämter nach Art. III der 1. DVO. über Wirtschaftsverwaltung v. 27. 8. 1939 RGBl. I S. 1519 — abgedruckt S. 129.

**8.** Die Weiterübertragung ist sehr beschränkt.

**9.** Diese arbeiten selbständig, sind also nicht zur Unterstützung bei der Bewirtschaftung hinzugezogen. Nicht in das Gebiet der Bewirtschaftung fallen Arbeitsgemeinschaften, z. B. Wolle oder Reichsvereinigungen z. B. Kohle, die staatliche Maßnahmen (Bewirtschaftung) entbehrlich machen sollen.

**10.** Im Wege der Einzelanordnung.

## Reichsbeauftragte

§ 4. (1) Der Reichsbeauftragte wird vom Reichswirtschaftsminister für einen fachlich abgegrenzten Zuständigkeitsbereich (Lenkungsbereich) bestellt[1]. Der Reichswirtschaftsminister kann einen oder mehrere Stellvertreter des Reichsbeauftragten ernennen[2].

(2) Der Reichsbeauftragte ist an die Weisungen des Reichswirtschaftsministers gebunden[3].

**1.** Der Reichsbeauftragte bekleidet ein öffentliches Amt, ohne nach Staatsrecht Beamter zu sein. Er unterliegt der Schweigepflicht § 11. Seine Bestellung ist jederzeit widerruflich. Über den Vertrag mit seiner Reichsstelle siehe Anm. 3 zu § 5.

Im strafrechtlichen Sinne sind aber der Reichsbeauftragte, sein Stellvertreter und andere leitende Angestellte der Reichsstelle Beamte § 359. StGB, ebenso im Sinne der Vorschriften der Haftung Anm. 2 zu § 17.

**2.** Gleichzeitig regelt der zuständige Reichsminister den Umfang der Vertretungsbefugnis und bei Bestellung mehrerer Vertreter die Abgrenzung des Vertretungsbereichs und verpflichtet den Stellvertreter § 11. Dessen Anstellungsvertrag wird mit der Reichsstelle abgeschlossen, die durch den Reichsbeauftragten vertreten wird. Im übrigen siehe Anm. 1.

**3.** Diese Bindung bezieht sich auf die Bewirtschaftungsmaßnahmen, wie auf die Verwaltung ((Einrichtung, Finanzgebarung, Geschäftsverteilung) der Reichsstelle. Persönlich ist der Reichsbeauftragter dem Reichsminister unterstellt.

§ 5. (1) Sofern für den Lenkungsbereich eine Reichsstelle (§ 8) errichtet worden ist, leitet der Reichsbeauftragte die Reichsstelle[1] und vertritt sie gerichtlich und außergerichtlich[2]. Die Vertretung der Reichsstelle gegenüber dem Reichsbeauftragten regelt der Reichswirtschaftsminister[3].

(2) Der Reichsbeauftragte erläßt eine Geschäftsordnung[4] für die Reichsstelle. Ist ihm ein Beirat (§ 7) zur Seite gestellt, so soll er diesen vor Erlaß der Geschäftsordnung hören[5]. Die Geschäftsordnung bedarf der Zustimmung des Reichswirtschaftsministers.

**1.** Der Reichsbeauftragter ist der Dienstvorgesetzte aller Angehörigen der Reichsstelle, die in seiner Vertretung oder in seinem Auftrage tätig werden: öffentlich rechtliche Stellung.

**2.** Damit ist der Reichsbeauftragte in privatrechtlicher Hinsicht der Vertreter der Reichsstelle. Die Bindung bleibt selbst, wenn die Handlungen den innerdienstlichen Anweisungen widersprechen.

**3.** Die Regelung durch Erlaß des zuständigen Reichsministers bezieht sich auf Abschluß, Inhalt (Bezüge) und Kündigung des Dienstvertrages.

**4.** Die Geschäftsordnung stellt die Grundsätze für die inneren Dienst in der Reichsstelle fest, auch die Vertretung des Reichsbeauftragten und seine Zusammenarbeit mit dem Beirat, Ersetzung der Auslagen für Beiratsmitglieder § 7 Abs. 2.

**5.** Trotz Widerspruchs des Beirats kann die Geschäftsordnung erlassen werden.

§ 6. Sofern für den Lenkungsbereich eine Reichsstelle nicht errichtet worden ist[1], bestimmt der Reichswirtschaftsminister, welche Stelle als Geschäftsstelle des Reichsbeauftragten dient und seine Geschäftsbedürfnisse trägt[2].

**1.** Z. B. Sonderbeauftragter für Spinnstoffwaren Anm. 7 zu § 3.

**2.** Kosten § 9.

## Beirat

§ 7. (1) Dem Reichsbeauftragten kann[1] ein Beirat[2] zur Seite gestellt werden. Dieser übt zur Unterstützung des Reichsbeauftragten eine beratende Tätigkeit aus. Die Mitglieder des Beirats werden vom Reichswirtschaftsminister berufen[3]. Der Beirat kann aus seinen Mitgliedern Ausschüsse bilden und diesen widerruflich die Behandlung bestimmter Fragen übertragen[4].

(2) Die Mitglieder des Beirats führen ihr Amt unentgeltlich als Ehrenamt[5]; sie erhalten Ersatz ihrer Auslagen[6] nach den Grundsätzen, welche der Reichsbeauftragte oder die Reichsstelle mit Zustimmung des Reichswirtschaftsministers aufstellt[7].

**1.** Der Beirat ist kein notwendiges Organ der Reichsstelle. So fehlt er bei den Reichsstellen, denen devisenwirtschaftliche Aufgaben zugewiesen sind.

**2.** Der Beirat besteht aus sachkundigen Mitgliedern, deren Gutachten und Aussprache den Reichsbeauftragten bei seinen Entschließungen und Maßnahmen unterstützen sollen.

Der Beirat ist zu hören nach § 5 Abs. 2, § 9 Abs. 2, 4 und 5.

**3.** Berufen werden führende Unternehmer und die Leiter der Wirtschafts- und Fachgruppen oder anderer Zusammenschlüsse.

**4.** Z. B. Fachausschüsse und Ausschüsse für finanzielle Fragen sind gebildet.

**5.** Der Berufene erhält eine vom Reichsminister ausgefertigte Bestellungsurkunde, die nach Beendigung der Amtstätigkeit zurückzugeben ist. Die Bestellung ist jederzeit widerruflich.

**6.** Dazu gehören Reisekosten und Tagegelder.

**7.** Durch die Geschäftsordnung § 5 Abs. 2.

## Reichsstellen

§ 8. (1) Eine Reichsstelle[1] wird mit ihrer Errichtung juristische Person[2]. Die Reichsstelle ist vermögensrechtlich selbständig und nicht Teil des Reichsfiskus[3].

(2) Die Reichsstelle steht, soweit sie ihren eigenen Bedarf beschafft[4], einer Behörde gleich[5].

1. Die Reichsstelle ist eine dem Reichsminister nachgeordnete Dienststelle § 3, keine Behörde abgesehen von Abs. 2.

2. Da die Reichsstellen auch staatshoheitliche Aufgaben zu erfüllen haben, sind sie juristische Personen des öffentlichen Rechts.

3. Kosten § 9. Ansprüche gegen die Reichsstellen können nicht gegen das Reich geltend gemacht werden.

4. Eigener Bedarf der Reichsstelle sind die Beschaffungen, die zur Erfüllung der dienstlichen Bedürfnisse, insbesondere zur Aufrechterhaltung oder Erleichterung des Geschäftsbetriebs vorgenommen werden. Gähtgens Anm. 9 zu § 3.

5. Die Reichsstellen können so Ausnahmebestimmungen oder Verbrauchsberechtigungen, die den Behörden zustehen, für sich in Anspruch nehmen.

## Aufbringung der Kosten. Rechnungslegung

§ 9. (1) Die Kosten der Reichsstelle sind durch Gebühren[1] oder durch Umlagen[2] aufzubringen. Der Reichswirtschaftsminister bestimmt die Art der Kostenaufbringung und den Kreis der umlagepflichtigen Personen und Unternehmungen.

(2) Mit Zustimmung des Reichswirtschaftsministers und nach Anhörung des Beirats kann der Reichsbeauftragte eine Gebührenordnung erlassen[3] oder eine Umlage erheben[4].

(3) Verbleibt bei Auflösung der Reichsstelle nach Abdeckung aller Verbindlichkeiten ein Überschuß, so bestimmt der Reichswirtschaftsminister die Art seiner Verwendung.

(4) Die Finanzgebarung der Reichsstelle unterliegt den Bestimmungen des Gesetzes zur Erhaltung und Hebung der Kaufkraft vom 24. März 1934, Abschnitt I — Beiträge-Gesetz — (RGBl. I S. 235)[5]. Vor Feststellung des Haushaltsplans ist der Beirat oder ein Ausschuß des Beirats zu hören. Dieser bringt die Stelle in Vorschlag, von der die Haushaltsrechnung geprüft wird.

(5) Die Haushaltsrechnung ist mit dem Bericht über das Ergebnis der Prüfung dem Beirat oder einem Ausschuß des Beirats vorzulegen und mit dessen Stellungnahme dem Reichswirtschaftsminister einzureichen.

1. Vgl. Abs. 2. Die Ordnungsstrafen nach § 15 gehören nicht hierher; sie fließen in die Reichskasse.

2. Auch Beiträge genannt.

3. Gebühr für Genehmigungen und Bescheinigungen, für Bearbeitung unbegründeter Anträge und Gesuche. Vgl. Anm. 4.

4. Z. B. Umlageanordnung der Reichsstelle für Mineralöle v. 30. 12. 1939 DRAnz. Nr. 305.

Die Gebrauchs- und Umlageanordnungen bestimmen, unter welchen Umständen die Kosten der Buch- und Betriebsprüfungen den geprüften Unternehmungen auferlegt werden.

5. Danach soll ein Haushaltsplan aufgestellt werden, der nachgeprüft wird. Z. Zt. unterliegt die gesamte Finanzgebarung den Weisungen der einzelnen Reichsminister. Die Anhörung des Beirats kommt daher nicht in Frage.

## Auskunftspflicht

§ 10. (1) Der Reichsbeauftragte und die Reichsstelle sind auskunftsberechtigte Stellen im Sinne der Verordnung über Auskunftspflicht vom 13. Juli 1923 (RGBl. I S. 723)[1]. Sie können[2] das persönliche Erscheinen eines Auskunftspflichtigen anordnen und verlangen, daß ihnen oder ihren Beauftragten Waren und andere Gegenstände, insbesondere Warenmuster und Warenproben, übersandt[3] oder vorgelegt und Behältnisse[4] zur Besichtigung geöffnet werden[5]. Die Strafvorschriften (§ 6) der Verordnung über Auskunftspflicht gelten sinngemäß[6], bei Verletzung der Auskunftspflicht[7] finden auch die Vorschriften des § 12 Abs. 3[8] bis 5 und der §§ 14 und 15 entsprechende Anwendung.

(2) Der Reichsbeauftragte und die Reichsstelle können ferner[9] von jedermann[10] Auskünfte über wirtschaftliche Verhältnisse[11] und — soweit ihnen die Durchführung der Devisenbewirtschaftung obliegt[12] — von jedermann Auskünfte verlangen, die sich unmittelbar oder mittelbar auf devisenwirtschaftlich erhebliche Umstände oder auf Geschäfte und Handlungen beziehen, die nach devisenrechtlichen Vorschriften[13] verboten oder Beschränkungen unterworfen sind. Auf Verlangen des Reichsbeauftragten und der Reichsstelle sind ihnen oder ihren Beauftragten die Bücher, Belege oder sonstige Schriftstücke vorzulegen[14].

1. Die Verordnung ist S. 85 abgedruckt. Voraussetzung ist stets ein Verlangen seitens des Auskunftsberechtigten RWG. HRR. 41 Nr. 522. Eine Übertragung des Auskunftsrechts auf Fachgruppen der Organisation der gewerblichen Wirtschaft und andere Stellen (Personen) ist unzulässig, jedoch können solche mit der Wahrnehmung und Erledigung der Aufgaben aus der AuskunftsVO. und aus Satz 2 beauftragt werden (§ 5 der AuskunftspflichtVO.). RWG. Das Recht 1942 Nr. 1466. Dann wird die Auskunft im Namen der Reichsstelle eingezogen.

Zu dieser Art von Auskünften gehören auch die von Reichsstellen geforderten Betriebsmeldungen.

**2.** Durch diesen Zusatz ist das Auskunftsverlangen der Auskunftspflicht-Verordnung vermehrt. Auch solche „Auskünfte" sind kostenfrei. Vgl. § 3 Abs. 3 AuskunftspflVO.

**3.** Auf Fabrikgeheimnisse kann sich der Auskunftpflichtige nicht berufen, auch wenn er befürchtet, daß mit der erlangten Auskunft Mißbrauch getrieben wird, RWG. Das Recht 1942 Nr. 1466; doch kann er verlangen, daß die Untersuchung der Ware von Personen erfolgt, die zur Verschwiegenheit verpflichtet sind (§ 11).

**4.** Zu den Behältnissen gehören Schränke, Wagen, Räume, Kisten.

**5.** Bei der Besichtigung von Zollgut haben die Zollstellen für Abnehmen der Zollplomben zu sorgen. Beim Öffnen von Eisenbahnsendungen muß ein Reichsbahnbeamter zugegen sein. Erl. des RMdF. v. 29. 1. 1940 (RZBl. S. 40).

**6.** Die sinngemäße Anwendung des § 6 AuskunftspflVO. bezieht sich auf die Tatbestände des Satzes 2.

**7.** Auskunftspflicht nach Satz 1 und 2.

**8.** Die Einziehung der verschwiegenen Waren ist auch nach § 6 Abs. 3 AuskunftspflVO. zulässig.

**9.** Damit ist das Auskunftsrecht gegenüber Abs. 1 erweitert.

**10.** Also auch von Nichtunternehmern und völlig Unbeteiligten. Ein Zeugnisverweigerungsrecht besteht nicht, wenn der Verpflichtete sich durch Erteilung einer wahrheitsgemäßen Auskunft der Gefahr strafrechtlicher Verfolgung aussetzt. Ebensowenig ist die Berufung auf Schweigepflicht durchgreifend. Der Reichsbeauftragte entscheidet nach pflichtgemäßen Ermessen, ob und inwieweit im Falle des Pflichtenkonflikts die Befragung durchzuführen ist. Anhaltspunkte für die Entscheidung gibt der RdErl. des RfM. 1933—Dev. I 55708, abgedruckt in JurW. 1934 S. 3261.

**11.** Über wirtschaftliche Verhältnisse jeder Art unbeschränkt, also auf waren- und devisenwirtschaftlichem und preisrechtlichem Gebiet.

**12.** §§ 1, 3 Devisengesetz und I 10 der Richtlinien. Siehe Einleitung.

**13.** Nachbildung des § 8 Devisengesetzes, in denen die Reichsstellen unter den auskunftsberechtigten Stellen nicht aufgeführt sind. Die Reichsstellen sind daher trotz ihrer Eigenschaft als Devisenstellen zur Entgegennahme eidesstattlicher Versicherungen nicht zuständig.

**14.** Strafschutz in § 13.

## Schweigepflicht

§ 11. (1) Der Reichsbeauftragte, sein Stellvertreter, die Beiratsmitglieder sowie die Angestellten und Gutachter der Reichsstelle und die für den Reichsbeauftragten tätigen Personen sind auf die gewissenhafte Erfüllung ihrer Obliegenheiten durch Handschlag zu verpflichten[1]. Der Reichsbeauftragte und sein Stellvertreter werden vom Reichswirtschaftsminister, die Beiratsmitglieder, die Angestellten und die Gutachter vom Reichsbeauftragten verpflichtet.

(2) Die nach Abs. 1 verpflichteten Personen haben vorbehaltlich dienstlicher Berichterstattung[2] über solche nicht öffentlich bekannten Tatsachen[3] Verschwiegenheit zu beobachten[4], die

ihnen durch ihre Tätigkeit in der Reichsstelle zur Kenntnis kommen[3]. Die Schweigepflicht erlischt nicht mit der Beendigung der Tätigkeit bei dem Reichsbeauftragten oder in der Reichsstelle oder mit der Auflösung der Stelle.

(3) Im übrigen finden die Bestimmungen der Verordnung gegen Bestechung und Geheimnisverrat nichtbeamteter Personen vom 3. Mai 1917 in der Fassung der Verordnung vom 12. Februar 1920 (RGBl. 1917 S. 393; 1920 S. 230) entsprechende Anwendung[5].

**1.** Die Pflicht zur gewissenhaften Erfüllung der Dienstobliegenheiten und die Schweigepflicht wird durch Handschlag bestätigt; beim Gutachter hat die Handschlagverpflichtung rechtsbegründende Bedeutung.

**2.** Darunter sind Mitteilungen zu verstehen, die dienstlich weitergeleitet werden: Berichte an den RM., Strafanzeigen an StA., Strafantrag an Reichswirtschaftsgericht. Hierüber entscheidet der Reichsbeauftragte, über Mitteilungen an die Presse der RM.

**3.** Nicht öffentlich bekannte, geheime Tatsachen sind solche, die nur dem Reichsbeauftragten usw., keinem unbeschränkten Personenkreis bekannt oder ohne weiteres zugänglich sind. Es kommt nicht darauf an, ob die Tatsache in das Arbeitsgebiet des betreffenden Angestellten fällt.

**4.** Die Schweigepflicht verletzt nicht nur, wer die geheimzuhaltende Tatsache an andere weiter gibt, sondern auch, wer sie für eigene private Zwecke ausnützt.

**5.** Verordnung gegen Bestechung und Geheimnisverrat nichtbeamteter Personen v. 3. 5. 1917 (RGBl. S. 393) in Fassung des Art. III der VO. v. 12. 2. 1920 (RGBl. S. 230) ist S. 49 abgedruckt. Daneben ist zu prüfen, ob die verpflichteten Personen nicht als Beamte im strafrechtlichem Sinne anzusehen sind (Anm. 1 zu § 4), so daß sie wegen Bestechlichkeit zu bestrafen sind E. 73 S. 29.

Disziplinarisch macht sich stets strafbar, wer die Schweigepflicht verletzt.

## Zuwiderhandlungen

§ 12. (1) Mit Gefängnis und Geldstrafe in unbeschränkter Höhe oder mit einer dieser beiden Strafen wird bestraft[1], wer[2]

1. vorsätzlich oder fahrlässig[3] einer Anordnung[4] zuwiderhandelt, die der Reichswirtschaftsminister[5] auf Grund dieser Verordnung[6] oder ihrer Durchführungs- oder Ergänzungsverordnung trifft[7];
2. vorsätzlich oder fahrlässig[3] der Anordnung[8] eines Reichsbeauftragten oder einer Reichsstelle zuwiderhandelt, sofern die Anordnung selbst oder eine sie ergänzende Anordnung[9] ausdrücklich einen Hinweis auf die Strafbestimmungen dieser Verordnung enthält;

3. unrichtige[10] oder unvollständige[11] Angaben tatsächlicher Art macht oder benutzt, um für sich oder einen anderen eine Genehmigung[12], Bewilligung, verbindliche Zusage oder sonstige Bescheinigung[13] zu erschleichen[14], die von dem Reichswirtschaftsminister, einem Reichsbeauftragten oder einer Reichsstelle auf Grund dieser Verordnung, ihrer Durchführungs- oder Ergänzungsvorschriften oder auf Grund einer Anordnung erteilt werden[15].

(2) Auflagen[16], die der Reichswirtschaftsminister, ein Reichsbeauftragter oder eine Reichsstelle machen, stehen den Anordnungen im Sinne der Ziffern 1 und 2 gleich[17].

(3) Neben der Strafe können die Gegenstände[18], auf die sich die Zuwiderhandlung bezieht[19], zugunsten des Reichs eingezogen werden[20]. Ist die strafrechtliche Verfolgung einer bestimmten Person nicht möglich[21], so kann selbständig auf Einziehung erkannt werden[22].

(4) Die Einziehung unterbleibt, wenn der von der Einziehung Betroffene weder von der Zuwiderhandlung Kenntnis noch aus ihr einen Vorteil gehabt hat[23]. Rechte eines anderen an eingezogenen Gegenständen bleiben insoweit bestehen, als diese Voraussetzungen in der Person des anderen vorliegen.

(5) Für die Geldstrafe und die Einziehung gelten die §§ 416, 417 der Reichsabgabenordnung entsprechend[24 25].

**1.** Die Bestrafung erfolgt, ohne daß es eines Antrags oder Verlangens der Reichsstelle bedarf. Regelmäßig wird diese die Sache bei Bejahung des öffentlichen Interesses an der Herbeiführng einer gerichtlichen Entscheidung der Staatsanwaltschaft zuleiten. Geht die Anzeige bei der Staatsanwaltschaft ein, so hat sie sich mit der Reichsstelle zu verständigen. Über die Zusammenarbeit zwischen Reichsstelle und Strafverfolgungsbehörde sind die „Richtlinien für Strafverfahren" v. 13. 4. 1935 Nr. 424a in der Fassung der AV. des RJM. v. 25. 11. 1936 (DJust. S. 1795) und die AV. v. 24. 9. 1937 (DJust. S. 1522) ergangen, die S. 170 abgedruckt ist.

Einstellung nach § 153 StPO. ist zulässig. In diesem Falle ist es der Reichsstelle unbenommen, ihrerseits das Ordnungsstrafverfahren durchzuführen. Sonst besteht das Verbot der Doppelbestrafung: ne bis in idem. Die Bestrafung im Ordnungsstrafverfahren schließt die Bestrafung durch die Strafgerichte aus. Hinsichtlich der Ausnahmefälle, in denen die Reichsstelle ihre sachliche Zuständigkeit überschritten hat Anm. 13 zu § 4 VRStVO. Umgekehrt ist die Reichsstelle an die Einstellung des Verfahren auf Grund einer Amnestie durch Entscheidung der Justizbehörden gebunden.

Verjährung der Strafverfolgung erfolgt nach 5 Jahren § 67 Abs. 2 StGB.

Der Versuch ist nicht strafbar § 43 Abs. 2 StGB.

**2.** Täter können nur die natürliche Personen sein. Es können sich auch mehrere strafbar machen, z. B. Bauunternehmer und Bauherr, wenn dieser wußte, daß eine Kontrollnummer zur Beschaffung von Baueisen erforderlich war, trotzdem den Bauunternehmer ohne Kontrollnummer bauen ließ, RWG. Das Recht 1941 Nr. 1102.

**3.** Über die Schuldform Anm. 1 zu § 1 VRStVO. Es sind Blankettvorschriften. Vorsätzlich handelt, wer sich über Anordnungen hinwegsetzt oder sich darum nicht kümmert. Vgl. RVerwG. das Recht 1942 Nr. 4394. Wegen vorsätzlicher Zuwiderhandlung kann dagegen der Unternehmer nicht bestraft werden, der die Anordnung der Reichsstelle nicht kennt. Fahrlässigkeit liegt vor, wenn die Unkenntnis darauf beruht, daß er die ihm obliegende Pflicht nicht erfüllt, sich nach AO.en zu erkundigen und Mitteilungsblätter seiner Fachorganisation unverzüglich nach Erscheinen daraufhin durchzusehen, RWG. Das Recht 1941 Nr. 1101. Vgl. auch RVerwG. Das Recht 1942 Nr. 4392, 1943 Nr. 756. Auf fernmündlich zugesagte Ausnahmen von Anordnungen darf sich der Gewerbetreibende ohne schriftliche Bestätigung nicht verlassen, RVerwG. Das Recht 1942 Nr. 1903 und 4391.

**4.** Über Anordnungen verschiedener Art siehe Anm. 1 zu § 2 und über ergänzende Anordnungen § 3 der 1. DVO., die S. 154 abgedruckt ist. Entscheidend ist die ordnungsmäßige Zustellung oder Verkündung der Anordnung § 1 der 1. DVO. Vgl. RVerwG. Das Recht 1942 Nr. 1902.

Eine Bestrafung kann wegen Zuwiderhandlungen gegen die Anordnungen und ergänzende Anordnung nur erfolgen, die nach Erlaß der Strafandrohung begangen worden sind.

**5.** So letzthin VO. über die Verbrauchsregelung für Schuhe und Sohlenmaterial v. 16. 1. 1943 (RGBl. I S. 26).

**6.** §§ 1 und 2.

**7.** Die Anordnungen der Reichsminister genießen ohne Hinweis auf Strafbestimmungen (Ziff. 2) Strafschutz.

**8.** Siehe Anm. 4. Hieraus wird auch bestraft, wenn die verletzte Anordnung von einer Reichsstelle ausgeht, die mit devisenwirtschaftlichen Aufgaben betraut ist § 69 Abs. 1 Ziff. 6 Devisengesetz. Anders wenn eine Auflage dieser Art verletzt ist. Giese-Niemann Komm. z. DevGes. S. 485. Anordnungen preisregelnden Inhalts erhalten Strafschutz aus § 1 Preisstrafr-VO. v. 3. 6. 1939 (RGBl. I S. 999), die S. 94 abgedruckt ist.

Auch Umgehungen sind strafbar. Eine solche Umgehung des für Häute- und Fellgroßhändler bestehenden Verbots, unmittelbar beim Erzeuger einzukaufen, liegt dann vor, wenn ein Großhändler nur zum Schein eine von ihm wirtschaftlich abhängige Firma als Kleinhändler zwischenschaltet und ihr als Entgelt für ihre Gefälligkeit, die im wesentlichen in der Überlassung des Firmennamens für die Geschäfte besteht, einen gewissen Anteil am Handelsnutzen zahlt RWG. HRR. 1941 Nr. 523.

Zu solchen Anordnungen der Reichsstellen gehören nicht Verwaltungsakte wie Auskunftersuchen, Ordnungsstrafbescheide, Gebührenberechnung.

Anweisungen anderer Stellen können Anordnungen der Reichsstellen nicht einseitig außer Kraft setzen. RVerwG. das Recht 1942 Nr. 4393.

**9.** Siehe § 3 der 1. DVO. die S. 154 abgedruckt ist.

**10.** Siehe Anm. 16 zu § 1 VRStVO. z. B. unwahre Berufung auf Ausfuhrauftrag.

**11.** Siehe Anm. 17 zu § 1 VRStVO.

**12.** Einkaufs- und Verarbeitungsgenehmigungen, Bedarfsdeckungsscheine. Die erschlichene Genehmigung ist an sich gültig.

**13.** Dringlichkeitsbescheinigung RG. HRR. 1941 Nr. 836 (Tateinheit mit § 4 UWG.).

**14.** Siehe Anm. 18 zu § 1 VRStVO. Erschleichen kann nur vorsätzlich begangen werden. Anm. 1 zu § 1 VRStVO.

Das Erschleichen von Devisenbescheinigungen u. a. Genehmigungen ist nur nach § 69 Abs. 1 Ziff. 7 DevGes. strafbar.

**15.** Es sind also nur solche Genehmigungen, die nach den Verordnungen und Anordnungen der innerdeutschen Bewirtschaftung erteilt sind.

**16.** Auflagen sind Einzelbestimmungen (Gebote und Verbote). Die mit einer Genehmigung usw.. verbunden sind (Gäthgens aaO. S. 12a). An die Auflage ist der gebunden, der die Genehmigung erhalten hat und von ihr Gebrauch macht. Die Wirksamkeit der Genehmigung hängt meist davon ab, daß die Auflage beachtet wird.

**17.** Die Auflagen können daher devisenwirtschaftliche, warenwirtschaftliche und preisregelnde Zwecke verfolgen. Nicht gleich stehen die Auflagen hinsichtlich der Verkündung. Es genügt schriftliche Mitteilung. § 1 Abs. 5 der 1. DVO., die S. 154 abgedruckt ist.

**18.** Waren.

**19.** Z. B. Waren, die bei der Meldung verschwiegen sind, oder die in größerer Menge als zugelassen hergestellt sind.

**20.** Die Einziehung, eine Sicherungsmaßregel, kann auch bei fahrlässigem Vergehen ausgesprochen werden.

**21.** Siehe Anm. 8 zu § 9 Abs. 2 VRStVO.

**22.** Sog. objektives Verfahren.

**23.** Siehe Anm. 20 zu § 9 VRStVO.

**24.** § 416 RAbgO. Wenn Vertreter, Verwalter oder Bevollmächtigte im Sinne der §§ 102 bis 107 bei Ausübung ihrer Obliegenheiten Steuerzuwiderhandlungen begehen, so haften die Vertretenen für die Geldstrafen, die diese Personen verwirken, und für die Kosten des Strafverfahrens und der Strafvollstreckung, die ihnen auferlegt werden. Die Vorschrift gilt nicht für die Fälle der Vormundschaft und Pflegschaft.

Das gleiche gilt für die Haftung des Geschäftsherrn oder des Haushaltungsvorstandes, wenn Angestellte oder sonst im Dienste oder Lohne stehende Personen sowie Familien- und Haushaltungsangehörige bei Ausübung von Obliegenheiten, die sie im Interesse des Geschäftsherrn oder Haushaltungsvorstandes wahrnehmen, Steuervergehen begehen; diese Haftung tritt jedoch nicht ein, wenn festgestellt wird, daß das Steuervergehen ohne Wissen des Geschäftsherrn oder des Haushaltungsvorstandes oder einer zu seiner Vertretung nach außen befugten Person begangen worden ist und die genannten Personen bei der Auswahl oder Beaufsichtigung der Angestellten oder der Beaufsichtigung der Familien- und Haushaltungsmitglieder die erforderliche Sorgfalt aufgewandt haben.

Die im ersten und zweiten Absatz vorgesehene Haftung fällt weg, wenn der Schuldige oder Haftende stirbt, bevor das Straferkenntnis, das gegen sie ergeht, rechtskräftig geworden ist.

§ 417. RAbgO. Wer neben dem Schuldigen für Geldstrafe und Kosten haftet (§ 416), kann in Anspruch genommen werden, wenn die Geldstrafe und die Kosten aus dem beweglichen Vermögen des Schuldigen nicht beigetrieben werden können.

Die Ersatzfreiheitsstrafen können an dem Schuldigen ganz oder zum Teil vollzogen werden, ohne daß die Person, die für die Geldstrafe haftet, in Anspruch genommen wird.

**25.** Anhang: Die Vergehen können mit anderen Strafvorschriften in Tateinheit zusammentreffen:
Kriegslieferungsverbot (§ 92a StGB.) RG. DR. 1942 S. 1648.
Betrug (§ 263 StGB.) E. 74 S. 98, E. 75 S. 86;
Urkundenfälschung §§ 267, 268 StGB.;
§ 4 UnlWG. RG. HRR. 1941 Nr. 836;
§ 1 VRStVO. Anm. 46 zu § 1 VRStVO.;
§§ 1, 1a KWVO. Anm. 14 zu § 1 KWVO.

§ 13. (1) Wer vorsätzlich oder fahrlässig[1] die von dem Reichsbeauftragten oder der Reichsstelle nach § 10 Abs. 2 erforderten Auskünfte[2] nicht, nicht in der bestimmten Frist, unvollständig[3] oder unrichtig[4] erstattet oder die Bücher oder sonstigen Belege nicht, nicht in der bestimmten Frist oder unvollständig vorlegt, wird mit Geldstrafe bestraft[5].

(2) Die §§ 416, 417 der Reichsabgabenordnung gelten entsprechend[6].

**1.** Über Schuldform Anm. 3 zu 12.

**2.** Die Verletzung der Auskunftspflicht nach § 10 Abs. 1 wird nach § 6 AuskpflichtVO. bestraft.

**3.** Unvollständig ist die Auskunft, wenn sie Lücken aufweist. Zu den unvollständigen Büchern und Belegen gehören auch die falschen und zurecht gemachten. Siehe Anm. 17 zu § 1 VRStVO.

**4.** Unrichtig ist die Auskunft, die der wirklichen Sachlage nicht entspricht, also wenn sie irreführend ist.

**5.** Die Höhe der Geldstrafe, die nicht wie in § 12 unbeschränkt ist, ergibt sich aus §§ 27, 27c StGB. — 3—10000 RM., mehr bei Gewinnsucht. Einziehung ist, da §§ 12 Abs. 3 und 4, auch § 6 Abs. 3 der Auskunftspflichtverordnung keine Anwendung finden, ledglich nach §§ 40, 42 StGB. möglich: nur bei vorsätzlicher Zuwiderhandlung und von Gegenständen, die dem Täter oder Teilnehmer gehören.

**6.** Siehe Anm. 24 zu § 12.

§ 14. Wird im Betriebe eines Unternehmens[1] eine nach den §§ 10, 12 oder 13 strafbare Handlung begangen[2], so kann[3] gegen den Inhaber[4] oder Leiter[5] eine Ordnungsstrafe bis zu 300000 Reichsmark festgesetzt werden[6], sofern er nicht nachweist[7], daß er die im Verkehr erforderliche Sorgfalt zur Verhütung der strafbaren Handlung angewandt hat[8]. Dic Ordnungsstrafe[9] wird auf Antrag[10] des Reichsbeauftragten[11] vom Reichsverwaltungsgericht[12] festgesetzt[13].

**1.** Unternehmen steht dem Geschäftsbetrieb gleich. Darüber siehe Anm. 18 zu § 4 VRStVO. Auch Rüstungsbetriebe wie Nebenbetriebe haben unbedingt die Verpflichtung, die Anordnungen der Reichsstellen auf das genaueste inne zu halten. RWG. Das Recht 1942 Nr. 729 und 4005.

**2.** Einer der Tatbestände der genannten Strafbestimmungen muß verwirklicht sein. Nicht erforderlich ist die Bestrafung, es genügt die Straf barkeit: z. B. Täter ist nicht zu ermitteln, unzurechnungsfähig, Verfahren ist wegen Geringfügigkeit eingestellt.

**3.** Gegebenenfalls neben der Bestrafung des schuldigen Betriebsangehörigen. Die Straftat des Inhabers und Leiters ist die Verletzung der Aufsichtspflicht. Ist der Inhaber oder Leiter selbst Schuldiger, so ist die Ordnungsstrafe ausgeschlossen. Vgl. Anm. 6 zu § 15.

**4.** Siehe Anm. 22 zu § 4 VRStVO.

**5.** Siehe Anm. 23 zu § 4 VRStVO. Tritt im Gesellschafterbestand einer OHG. in Wechsel ein, so kommt für die Verantwortlichkeit der Zeitpunkt entscheidend in Frage, in der die Leitung der Gesellschaft tatsächlich übergeben worden ist, RWG. Das Recht 1942 Nr. 1467. Hinsichtlich der Kommanditgesellsch. RVerwG. Das Recht 1943 Nr. 1200.

**6.** Da die Ordnungsstrafe eine echte Strafe ist, kann eine nochmalige Bestrafung nicht eintreten, wenn sich herausstellt, daß Inhaber oder Leiter selbst Täter oder Teilnehmer an den Vergehen nach §§ 10, 12, 13 ist.

**7.** Anm. 26 zu § 4 Abs. 2 VRStVO. Mißlingt der Entlastungsbeweis, so bleibt es bei der Schuldvermutung.

**8.** Anm. 27 zu § 4 VRStVO. Die Pflicht, alle erforderliche Sorgfalt aufzuwenden, trifft wie den Einzelinhaber auch jeden von mehreren Mitinhabern für jeden Zweig des Betriebs. RWG. HRR. 1940 Nr. 976. RVerwG. Das Recht 1943 Nr. 754.

**9.** Nur Geldstrafe. Die Verhängung einer Ordnungsstrafe gegen mehrere Personen ist unzulässig. RVerwG. Das Recht 1943 Nr. 755.

**10.** Der Antrag, der dem Strafverlangen nach § 1 Abs. 3 VRStVO. § 5 PreisstrafrechtsVO. gleich steht, ist nicht befristet, teilbar und bis zur Rechtskraft des Bescheides zurücknehmbar.

Der Antrag ist Verfahrensvoraussetzung.

**11.** Hat sich der Reichsbeauftragte für das Verfahren vor dem RVerwG. entschieden, so ist dieses an den Antrag gebunden und nur zur Entscheidung der Rechtsfragen berufen.

**12.** Über das Verfahren vor dem RVerwG. siehe §§ 15ff. des Reichsgesetzes über das Reichswirtschaftsgericht v. 25. 2. 1938 (RGBl. I S. 216). Der Reichsbeauftragte ist Antragsteller, der Inhaber oder Leiter Antragsgegner § 16 aaO.

**13.** Das RVerwG. entscheidet durch Urteil §§ 37, 43 RWG.Ges. Kostenentscheidung § 50 aaO.

Über Einziehungs- und Vollstreckungsverfahren sagt § 58 aaO.:

(1) Gebühren und Ordnungsstrafen werden im Wege des Verwaltungszwangs eingezogen. Die Einziehung erfolgt auf Ersuchen des Reichswirtschaftsgerichts bis zu einer reichsrechtlichen Regelung des Verwaltungszwangs nach den landesrechtlichen Vorschriften.

Die Ordnungsstrafen fließen der Reichskasse zu. Anm. 1 zu § 9.

§ 15. (1) Besteht wegen eines Vergehens gegen die §§ 10, 12 oder 13[1] kein öffentliches Interesse[2] an der Herbeiführung einer gerichtlichen Entscheidung[3], so kann[4] der Reichsbeauftragte gegen den Schuldigen[5] und[6] den Inhaber[7] oder[8] Leiter[9] des Betriebs, in dem die strafbare Handlung begangen worden ist[10], eine Ordnungsstrafe[11] bis zu 10000 Reichsmark im Einzelfalle[12] festsetzen[13]. Der Inhaber oder Leiter des Betriebs bleibt straffrei, wenn er nachweist[14], daß er die im Verkehr erforderliche Sorgfalt zur Verhütung der strafbaren Handlung angewandt hat[15].

(2) Die Festsetzung[16] der Ordnungsstrafe[17] ist dem Betroffenen durch Zustellung oder durch eingeschriebenen Brief mitzuteilen. § 1 Abs. 2 und 3 der Ersten Durchführungsverordnung vom 20. Oktober 1937 (RGBl. I S. 1133) ist sinngemäß anzuwenden[18].

(3) Der Ordnungsstrafbescheid wird rechtskräftig[19], wenn der Betroffene nicht binnen einer Woche[20] nach Zugehen der Mitteilung schriftlich[21] bei dem Reichsbeauftragten Beschwerde[22] einlegt[23]. Der Reichsbeauftragte, dessen Entscheidung angefochten wird, kann der Beschwerde abhelfen[24], soweit er sie für begründet erachtet; andernfalls ist die Beschwerde dem Reichsverwaltungsgericht zur Entscheidung zuzuleiten[25]. In dem Verfahren vor dem Reichsverwaltungsgericht[26] gelten § 50 Abs. 5 und § 55 Abs. 3 Satz 2 des Gesetzes über das Reichswirtschaftsgericht vom 25. Februar 1938 (RGBl. I S. 216)[27] für die Reichsbeauftragten und die Reichsstellen sinngemäß[28].

**1.** Die Tatbestände müssen nach der äußeren und inneren Seite verwirklicht sein RVerwG. Das Recht 1943 Nr. 758. Vgl. Anm. 3 zu § 12.

**2.** Anm. 2 zu § 4 VRStVO. Leichtere Verfehlungen, einfache klare Tatbestände.

**3.** Entscheidung der ordentliche Strafgerichte wie des RWG. § 14.

**4.** Die Verfolgung im Ordnungsstrafverfahren steht im pflichtgemäßen Ermessen des Reichsbeauftragten. Bei Kriegswirtschaftsverbrechen darf eine Ordnungsstrafe nach § 15 nicht ohne weiteres verhängt werden. RVerwG. Das Recht 1943 Nr. 1204. Trifft das Bewirtschaftungsvergehen mit einem Preisvergehen nach der PreisstrafrechtsVO. v. 3. 6. 1939 (RGBl. I S. 999) zusammen, so sind lediglich die Preisbehörden zur Festsetzung der Ordnungsstrafe zuständig § 9 aaO.

**5.** Schuldiger: Täter, Teilnehmer, mittelbarer Täter muß eine natürliche Person sein. Er braucht kein Betriebsangehöriger zu sein, kann die Tat auch außerhalb des Betriebes begangen haben §§ 10 Abs. 2, 13.

**6.** Neben dem Schuldigen kann der Inhaber oder der Leiter bestraft werden, jedoch jeder für sich, nicht etwa als Gesamtschuldner.

**7.** Anm. 4 zu § 14.

**8.** Entweder den Inhaber oder den Leiter.

**9.** Anm. 5 zu § 14.

**10.** Anm. 2 zu § 14 vgl. auch Anm. 5.

**11.** In Fällen von geringer Bedeutung: bei entschuldbarer Unkenntnis und Krankheit kann der Reichsbeauftragte es bei einer Verwarnung bewenden lassen, wobei die Kosten einer vorangegangenen Buchs- und Betriebsprüfung dem Betroffenen auferlegt werden können. Auch Kontingentsentziehung wird manchmal genügen. Von der einmal getroffenen Entscheidung kann die Reichsstelle nur dann abgehen, wenn nachträglich bekannt gewordene Tatsachen eine andere Beurteilung erfordern: Eine spätere Nachprüfung ergibt ein anderes Bild von dem Umfang der Verfehlungen.

**12.** Bei mehreren Zuwiderhandlungen sind mehrere Ordnungsstrafen festzusetzen. Die Verhängung einer einzigen oder einer Gesamtordnungsstrafe ist unzulässig, RVerwG. Das Recht 1942 Nr. 4006.

**13.** Die Strafverfolgung verjährt (§ 67 Abs. 2 StGB.) bei fahrlässigen Vergehen gegen § 10 Abs. 1 und Vergehen gegen § 13 nach 3 Jahren, bei sonstigen Vergehen, insbesondere bei Zuwiderhandlungen gegen Anordnungen der Reichsstellen in 5 Jahren RVerwG. Das Recht 1942 Nr. 4008. Die Unterbrechung der Verjährung erfolgt in entsprechender Anwendung des § 68 StGB. durch jede Handlung der Reichsstelle, die wegen der Tat gegen den Schuldigen sowie Inhaber oder Leiter des Betriebs gerichtet ist. Hierzu vgl. Anm. 4 u. 5 zu § 21 VRStVO.

Eine Umwandlung der Geldstrafe im Falle der Uneinbringlichkeit ist hier nicht vorgesehen, ebensowenig die Einziehung. Die Befugnis hierzu ist dem Reichsbeauftragten auch nicht in entsprechender Anwendung des § 12 Abs. 3 einzuräumen. Vgl. RVerwG. Das Recht 1942 Nr. 1901.

Ein Vermerk wird ins Strafregister nicht eingetragen.

**14.** Anm. 7 zu § 14. Bei Kommanditgesellschaften ist der Entlastungsbeweis von dem Komplementär zu führen. RVerw.G. Das Recht 1943 Nr. 1203.

**15.** Anm. 8 zu § 14.

**16.** Der Festsetzung geht ein Ermittelungsverfahren voraus, in dem der Betroffene zu hören ist. Die Festsetzung erfolgt schriftlich. — Der Ordnungsstrafbescheid kann nicht zugleich auf Bestimmungen der WarVerkVO. und auf die der VRStVO. gestützt werden, auch wenn die ihn erlassende Behörde zum Erlaß des Bescheides nach beiden Bestimmungen zuständig ist, RVerwG. Das Recht 1942 Nr. 4396. Über den Inhalt des Ordnungsstrafbescheides siehe Anm. 1 zu § 15 VRStVO. Das Verfahren bei der Reichsstelle ist gebührenfrei.

**17.** Die Strafe muß bestimmt sein und sich gegen einzelne natürliche Personen richten, vgl. Anm. 5 u. 6. Bei der Bemessung einer Ordnungsstrafe ist die Menge der ordnungsmäßiger Bewirtschaftung entzogenen Waren, die verantwortungslose Handlungsweise der Täter und schließlich auch die Tatsache in Betracht zu ziehen, daß es an sich schon eine große Milde bedeutet, daß nicht mit Kriminalstrafen gegen sie vorgegangen wird. RVerwG. Das Recht 1943 Nr. 1201.

**18.** Abgedruckt S. 154. Siehe auch §§ 3, 4.

**19.** Durch den rechtskräftigen Ordnungsstrafbescheid oder die Entscheidung der RWG. ist die Strafverfolgungsbehörde gebunden, vgl. Anm. 1 zu § 12.

Eine Haftung für eine rechtskräftige Ordnungsstrafe aus erbrechtlichen oder sonstigen Gesichtspunkten der Gesamtrechtsfolge ist abzulehnen, RVerwG. Das Recht 1942 Nr. 3228.

**20.** Hierauf ist in der Rechtsmittelbelehrung hinzuweisen. Für die Berechnung der Frist gelten §§ 187, 188, 193 BGB. Vgl. auch §§ 1, 4 der DVO. in Anm. 1 zu § 19.

**21.** Mittels Schreibens oder durch Niederschrift bei der Reichsstelle.

**22.** Die Beschwerde hat aufschiebende Wirkung. Über Behandlung von Gnadengesuchen siehe Anm. 13e zu § 4 VRStVO. Zuständig sind die Reichsminister, zu deren Geschäftsbereich die die Ordnungsstrafe verhängende Reichsstelle gehört.

**23.** Der Eingangsstempel der Reichsstelle ist maßgebend.

**24.** Der Reichsbeauftragte kann die Ordnungsstrafe ermäßigen und zwar in Form einer neuen Bescheides, oder den angefochtenen Ordnungsstrafbescheid aufheben, wovon der Beschwerdeführer benachrichtigt wird.

**25.** Die Zuleitung ist auch erforderlich, wenn die Beschwerde nicht form- und fristgerecht eingelegt ist. Die Vorlage soll innerhalb einer Woche erfolgen.

**26.** Der RVerwG. hat im Urteil volle Entscheidungsfreiheit: Verwerfung der Beschwerde wegen mangelnder Form, Verspätung oder Unbegründetheit; Zurückverweisung an den Reichsbeauftragten zur anderweitigen Entscheidung; Ermäßigung oder Erhöhung des Ordnungsstrafbetrages und schließlich volle Aufhebung des Ordnungsstrafbescheides. Das Reichsverwaltungsgericht kann auch ohne Anschlußbeschwerde der Reichsstellen oder Landwirtschaftsämter die Ordnungsstrafe erhöhen, RVerwG. Das Recht 1942 Nr. 4007. Die vom RVerwG. festgesetzte Strafe bleibt Ordnungsstrafe.

**27.** Gebühren werden erhoben und Kosten auferlegt, §§ 50, 55 des RWGG.

**28.** § 50 aaO. (5) Die Gebühr, die vom Reichsfiskus oder von einem Landesfiskus zu tragen ist, wird nicht erhoben.

§ 55 aaO. (3) Das Reich ist zur Erstattung von Kosten nicht verflichtet.

Sonach sind die Reichsstellen von der Gebühren- und Kostenlast befreit.

## Beitreibung

§ 16. Die Beitreibung von Gebühren und Umlagen[1] oder der nach § 15 verhängten Ordnungsstrafen[2] erfolgt auf Ersuchen des Reichsbeauftragten[3] durch die Finanzämter[4] nach den Vorschriften der Reichsabgabenordnung[5] und der zu ihrer Durchführung ergangenen oder noch ergehenden Bestimmungen[6].

**1.** Siehe Anm. 2 zu § 9.

**2.** Siehe Anm. 12 u. 13 zu § 15. Über Beitreibung der Ordnungsstrafe aus § 14 Anm. 13 zu § 14.

**3.** Das Ersuchen des Reichsbeauftragten, dem eine Ausfertigung des Ordnungsstrafbescheides beigefügt wird, ist der Vollstreckungstitel.

**4.** Den Finanzämtern steht eine Nachprüfung der Entscheidung nicht zu.

**5.** §§ 325ff. RAbgO.

**6.** Die beigetriebenen Gebühren und Umlagen sind an die Kasse der Reichsstelle, die Ordnungsstrafen an die Reichskasse abzuführen.

## Schadenshaftung

§ 17. Wegen eines Schadens, der durch Maßnahmen entsteht, die in Durchführung dieser Verordnung[1] oder ihrer Durchführungs- und Ergänzungsvorschriften getroffen werden, wird seitens des Reichs, des Reichsbeauftragten oder der Reichsstelle eine Entschädigung nicht gewährt[2].

**1.** §§ 1 bis 3, 10.

**2.** Der Ausschluß einer Entschädigungspflicht besteht, solange die zuständigen Stellen in rechtmäßiger Ausübung der ihnen durch die Verordnung gegebenen Befugnisse gehandelt haben. Das Überschreiten der Befugnisse wie auch sonstige rechtswidrige Handlungen der Reichsbeauftragten und der leitenden Angestellten begründen Schadensersatzansprüche gegen die Reichsstelle § 8 Abs. 1, nicht gegen das Reich.

## Schlußvorschriften

§ 18. Sofern die Befugnisse aus den §§ 1 und 2 einer bereits bestehenden Stelle übertragen werden, tritt in den Fällen der §§ 10, 12 bis 17 diese an die Stelle der Reichsstelle und der Vorstand (Vorsitzende) dieser Stelle an die Stelle des Reichsbeauftragten. Die Vorschriften in den §§ 9 und 11 finden in diesem Falle sinngemäß Anwendung.

§ 19. Der Reichswirtschaftsminister erläßt die zur Durchführung und Ergänzung dieser Verordnung erforderlichen Rechts- und Verwaltungsvorschriften[1].

**1.** Hierzu ist ergangen a) die Vierte Verordnung zur Ergänzung der Verordnung über den Warenverkehr v. 11. 12. 1942 (RGBl. I S. 684), die in der vorliegenden Fassung der Verordnung berücksichtigt ist. b) Die 1. DVO. v. 20. 10. 1937 (RG.Bl. I S. 1133), die S. 154 abgedruckt ist.

§ 20. Soweit in den §§ 1 bis 19 dem Reichswirtschaftsminister Aufgaben oder Befugnisse zugewiesen sind, treten der Reichsminister für Ernährung und Landwirtschaft[1] und der Reichsforstmeister[2] innerhalb ihrer Zuständigkeit an dessen Stelle.

**1.** Die öffentliche Bewirtschaftung in der Ernährungswirtschaft wird durch die Hauptvereinigungen des Reichsnährstandes geführt (vgl. Anm. 39a zu § 1 VRStVO. Träger der abgeleiteten Ermächtigung sind in der Ernährungswirtschaft

a) die Reichsstellen nach den Errichtungsverordnungen,

b) die Hauptvereinigungen des Reichsnährstandes für die Bewirtschaftung landwirtschaftlicher Erzeugnisse,

c) die Ernährungsämter auf dem Gebiet der Verbrauchsregelung.

Die Reichsstellen-Geschäftsabteilung seit 1933 besitzen in gewissem Sinne ein Handelsmonopol, Gäthgens Anm. 1 zu § 1.

**2.** In der Forst- und Holzwirtschaft ist die Reichsstelle für Forst und Holz errichtet. Als weitere Träger der abgeleiteten Ermächtigung sind die Forst- und Holzwirtschaftsämter bestimmt.

§ 21. Diese Verordnung tritt am Tage der Verkündung in Kraft[1]. Gleichzeitig treten außer Kraft:

a) das Gesetz über den Verkehr mit industriellen Rohstoffen und Halbfabrikaten vom 22. März 1934 (RGBl. I S. 212) in der Fassung der Verordnung vom 13. Juli 1934 (RGBl. I S. 709),

b) die Siebente Durchführungsverordnung zu dem Gesetz über den Verkehr mit industriellen Rohstoffen und Halbfabrikaten vom 18. Mai 1934 (RGBl. I S. 396),

c) die Achte Durchführungsverordnung zu dem Gesetz über den Verkehr mit industriellen Rohstoffen und Halbfabrikaten vom 30. Mai 1934 (RGBl. I S. 469).

Es bleiben in Kraft:

a) die Neunte Durchführungsverordnung zu dem Gesetz über den Verkehr mit industriellen Rohstoffen und Halbfabrikaten vom 29. Juni 1934 (RGBl. I S. 528),

b) die Zehnte Durchführungsverordnung zu dem Gesetz über den Verkehr mit industriellen Rohstoffen und Halbfabrikaten vom 27. August 1934 (RGBl. I S. 801).

1. Am 15. 12. 1942.

---

## Verordnung über Auskunftspflicht

Vom 13. Juli 1923 (RGBl. I S. 723) *)

### Auskunftsberechtigte Stellen

§ 1. Die Reichsregierung, die obersten Landesbehörden und die von der Reichsregierung oder der obersten Landesbehörde bestimmten Stellen[1] sind berechtigt, jederzeit Auskunft über wirtschaftliche Verhältnisse[2], insbesondere über Preise und Vorräte[3] sowie über Leistungen und Leistungsfähigkeit von Unternehmungen oder Betrieben[4] zu verlangen.

1. Dadurch wird ihre Zuständigkeit begründet, die die Voraussetzung für ihre Tätigkeit und die Bedingung der Strafbarkeit nach § 6 ist. Siehe auch Anm. 1 zu § 10 WarverkVO., § 11 der VO. v. 14. 11. 1939, abgedruckt S. 145, u. Ziff. 8 der 1. Org.AO. des RfPr. v. 12. 12. 36, abgedruckt S. 172.
2. Siehe Anm. 11 zu § 10 WarverkVO.

---

*) Die Verordnung ist eingeführt durch Verordnung v. 19. 3. 1938. RGBl. I S. 263, in den Reichsgauen der Ostmark, durch Verordnung v. 19. 10. 1938, RGBl. I S. 1560, im Sudetengau, durch Verordnung v. 14. 12. 1939, RGBl. I S. 2418, in den eingegliederten Ostgebieten.

3. Vorräte an Erzeugnissen und Waren. Mag deren Bestand enigelagert sein oder nicht.
4. § 2.

§ 2. Zur Auskunft verpflichtet[1] sind:

1. gewerbliche und landwirtschaftliche Unternehmer[2] sowie Verbände und Vereinigungen solcher[3] Unternehmer;
2. öffentlich-rechtliche Körperschaften;
3. Personen, die Gegenstände, über die Auskunft verlangt wird, in Gewahrsam haben oder gehabt haben oder auf Lieferung solcher Gegenstände Anspruch haben.

Wird von einem Verband oder einer Vereinigung Auskunft verlangt, so trifft die Verpflichtung die Personen, die zur Vertretung oder Geschäftsführung befugt sind[4], oder deren Stellvertreter.

1. Der Kreis der Verpflichteten ist hier umgrenzt, anders siehe Anm. 10 zu § 10 WarverkVO.
2. Nicht z. B. Bergbauunternehmer.
3. Gleichgültig ist ihre Rechtsform, Vereine, GmbH., Genossenschaft.
4. Siehe Anm. 30 zu § 4 VRStVO.

## Anforderung und Erteilung der Auskunft

§ 3. Die Auskunft kann durch öffentliche Bekanntmachung[1] oder durch Anfrage bei den zur Auskunft Verpflichteten erfordert werden.

Es kann mündliche und schriftliche Auskunft verlangt werden; auch Abschriften, Auszüge und Zusammenstellungen aus Geschäftsbüchern, Geschäftspapieren oder aus den Unterlagen für die Bemessung von Preisen und Vergütungen[2] können erfordert werden.

Die Auskunft ist kostenfrei zu erteilen[3].

1. Durch die Presse, Rundfunk und Anschlag.
2. Das sind Schlußscheine, Rechnungen, Frachtbriefe, Konnossements, Lagerscheine, Ladescheine und sonstige im Handelsverkehr übliche Schriftstücke und Bücher.
3. Selbst Auslagen werden nicht ersetzt.

## Besichtigung von Betrieben

§ 4. Die zuständigen Stellen (§ 1) und die von ihnen Beauftragten sind, auch wenn sie Auskunft vorher nicht verlangt habe, befugt, zur Ermittlung richtiger Angaben Geschäftsbriefe und Geschäftsbücher, insbesondere auch Unterlagen für die Bemessung von Preisen und Vergütungen[1], einzusehen sowie Betriebseinrichtungen und Räume zu besichtigen und zu untersuchen[2], in denen

Waren hergestellt, gelagert oder feilgehalten werden oder in denen Gegenstände zu vermuten sind, über die Auskunft verlangt wird[3].

Die zuständigen Stellen[4] sind ferner befugt, die Einrichtung und Führung besonderer Lagerbücher vorzuschreiben.

Will die Reichsregierung oder eine von ihr bezeichnete Stelle von der Befugnis des Abs. 1 gegenüber staatlichen Betrieben[5] oder Einrichtungen Gebrauch machen, so ist die zuständige oberste Landesbehörde von den beabsichtigten Maßnahmen in Kenntnis zu setzen.

1. Siehe Anm. 2 zu § 3.
2. Darunter fällt das Nachwiegen der vorgefundenen Waren an Ort und Stelle. RG. DStrafrZ. 1922 S. 52.
3. Diese Befugnisse umfassen nicht das Recht zur Wegnahme der Schriftstücke usw. Bei Einleitung des Strafverfahrens ist die Beschlagnahme nach § 94 StPO. gegeben.
4. § 1.
5. Z. B. Reichsbahn.

## Schweigepflicht

§ 5. Die von den zuständigen Stellen Beauftragten sind, vorbehaltlich der dienstlichen Berichterstattung[1] und der Anzeige von Gesetzwidrigkeiten[2], verpflichtet, über die Einrichtungen und Geschäftsverhältnisse, die durch die Ausübung ihrer Befugnisse zu ihrer Kenntnis kommen, Verschwiegenheit zu beobachten und sich der Mitteilung und der Verwertung[3] der Geschäfts- und Betriebsgeheimnisse zu enthalten. Sie sind, soweit sie nicht Beamte[4] sind, auf die gewissenhafte Erfüllung ihrer Obliegenheiten nach § 1 der Verordnung gegen Bestechung und Geheimnisverrat nichtbeamteter Personen vom 3. Mai 1917/12. Februar 1920, RGBl. 1917 S. 393; 1920 S. 230[5], durch Handschlag zu verpflichten.

1. Siehe Anm. 2 zu § 11 WarverkVO.
2. Ordnungswidrigkeiten z. B. handelsrechtlicher Art, und strafbare Handlungen, die die Beauftragten entdeckt und sonst festgestellt haben.
3. Auch für sich zu persönlichen Zwecken.
4. Die Beamten unterliegen den Vorschriften des Dienststrafrechts und den §§ 331 ff. StGB.
5. Die VO. ist S. 89 abgedruckt. Die Angestellten sind meist als Beamte im strafrechtlichen Sinne (§ 359 StGB.) anzusehen. Siehe Anm. 1 zu Art. III der Verordnung v. 25. 11. 1941, abgedruckt S. 48.

## Strafvorschriften

§ 6. Mit Gefängnis bis zu einem Jahre und mit Geldstrafe[1] oder mit einer dieser Strafen wird bestraft[2], wer[3] vorsätzlich[4].

1. die Auskunft, zu der er nach den §§ 1[5] bis 3[6] verpflichtet ist[7], ganz oder teilweise verweigert[8] oder nicht in der gesetzten Frist erteilt[9] oder unrichtige oder unvollständige Angaben macht[10];
2. der Vorschrift im § 4 Abs. 1 zuwider die Einsicht in Geschäftsbriefe, Geschäftsbücher oder Unterlagen für die Bemessung von Preisen oder Vergütungen nicht gewährt oder die Besichtigung oder Untersuchung von Betriebseinrichtungen oder Räumen nicht gestattet[11];
3. die nach § 4 Abs. 2 vorgeschriebenen Lagerbücher einzurichten oder zu führen unterläßt[12].

Wer eine der im Abs. 1 bezeichneten Handlungen fahrlässig begeht, wird mit Geldstrafe bestraft[12].

Neben der Strafe kann[13] auf Einziehung[14] der Waren, die verschwiegen worden sind[15], erkannt werden[16], auch wenn sie dem Auskunftspflichtigen nicht gehören. Dies gilt auch dann, wenn die Strafe gemäß § 73 des Strafgesetzbuchs auf Grund eines anderen Gesetzes zu bestimmen ist.

**1.** Geldstrafe bis 10000 RM § 27 StGB., bei Gewinnsucht bis 100000 RM 27a StGB.

**2.** Vergehen. Verjährungsfrist beträgt 5 Jahre § 67 Abs. 2 StGB. Versuch ist straflos § 43 Abs. 2 StGB.

**3.** Täter, eine natürliche Person, ist nur, der, nach § 2 zu der verlangten Auskunft im Einzelfall verpflichtet ist, KG. Johow Bd. 52 S. 335.

**4.** Es genügt bedingter Vorsatz, der sich nicht auf die Zuständigkeit der Stelle zu erstrecken braucht. Fahrlässigkeit Abs. 2.

**5.** Über Zuständigkeit der auskunftberechtigten Stellen Anm. 1 zu § 1. Die Notwendigkeit und Zweckmäßigkeit des Auskunftverlangens ist vom Gericht nicht nachzuprüfen. Soweit die Auskunft über den Rahmen des § 1 hinaus geht, genießt sie keinen Strafschutz E. 51 S. 14 und 30 (32).

**6.** Das Auskunftverlangen umfaßt auch das Erfordern der Abschriften usw. nach § 3 Abs. 2.

**7.** Falsche Angaben, die nicht in den Rahmen der Auskunftpflicht fallen, werden von der Strafdrohung nicht betroffen.

**8.** Das ist derjenige, welcher das Auskunftsverlangen schriftlich oder mündlich ablehnt.

**9.** Nichterteilung liegt vor, wenn die gegebenenfalls geforderte Fehlanzeige nicht erstattet wird. E. 49 S. 269.

**10.** Siehe Anm. 10 u. 11 zu § 12 WarverkVO.

**11.** Nichtgestatten bedeutet, daß dem Verlangen nach Besichtigung und Untersuchung nicht entsprochen wird.

**12.** Auch Vergehen. Verjährung nach 3 Jahren § 67 Abs. 2 StGB.

**13.** Es steht im Ermessen des Gerichts.

**14.** Die Einziehung, eine Sicherungsmaßregel, ist auch bei fahrlässiger Zuwiderhandlung zulässig.

**15.** §§ 10, 12 Abs. 3 WarVerkVO. gehen weiter.

**16.** Das sog. objektive Strafverfahren nach § 430 StPO. ist nicht zulässig.

Ausführungsbestimmungen

§ 7. Die Reichsregierung erläßt die Bestimmungen zur Ausführung dieser Verordnung. Soweit die Reichsregierung solche Bestimmungen nicht erläßt, können sie von der obersten Landesbehörde erlassen werden.

---

## Verordnung gegen Bestechung und Geheimnisverrat nichtbeamteter Personen

Vom 3. Mai 1917 (RGBl. S. 393) in Fassung des Artikels III der Verordnung vom 12. Februar 1920 (RGBl. S. 230)

Schrifttum: Stengleins Kommentar zu den strafrechtlichen Nebengesetzen des Deutschen Reiches Bd. II S. 363.

§ 1. Wer, ohne Beamter zu sein[1], bei einer Behörde oder in einer Organisation der Kriegs- oder Übergangswirtschaft[2] beschäftigt[3], oder bei einer solchen Organisation als Mitglied des Aufsichtsrats oder eines Beirats oder als zugezogener Vertrauensmann oder Sachverständiger oder in ähnlicher Stellung tätig ist, kann auf die gewissenhafte Erfüllung seiner Obliegenheiten[4] durch Handschlag verpflichtet werden.[5]

Bei Behörden bestimmt die vorgesetzte Zentralbehörde, bei Zentralbehörden der Vorstand, welche von den bei ihr beschäftigten Personen zu verpflichten sind, wer die Verpflichtung vorzunehmen hat und in welcher Form die Verpflichtung erfolgen soll. Die gleichen Bestimmungen trifft bei Organisationen der Kriegs- oder Übergangswirtschaft die Zentralbehörde, der die Aufsicht über die Organisation zusteht. Bei der Verpflichtung sollen[6] die zu verpflichtenden Personen auf die Bestimmungen dieser Verordnung hingewiesen werden.

Über die Verpflichtung wird ein Protokoll aufgenommen, das der Verpflichtete unterzeichnet.

**1.** Täter ist jeder Angestellte usw., der nicht Beamter ist. Der Beamte ist wegen Bestechlichkeit aus §§ 331, 332 StGB. zu bestrafen E. 73 S. 29. Über Beamteneigenschaft der Angestellten auf dem Gebiete der Verbrauchsregelung siehe Anm. 1 zu Art. III der VO. v. 25. 11. 1941 (RGBl. I S. 731) abgedruckt S. 48.

**2.** Reichs-, Staats- und Gemeindebehörden, Einrichtungen, die der Verwaltung dienen.

**3.** Diese Organisationen sind längst verschwunden. An ihre Stelle sind z. T. die Reichsstellen nach der WarverkVO. getreten. § 11 daselbst weist auf die VO. hin.

**4.** Obliegenheiten ist das Tätigkeitsfeld, der Geschäftskreis.

**5.** Diese ordnungsmäßige Verpflichtung ist die Bedingung der Strafbarkeit, Voraussetzung für die strafrechtl. Verfolgung der Handlungen.

**6.** Nur Ordnungsvorschrift.

§ 2. Wer gemäß § 1 verpflichtet worden ist, wird mit Gefängnis bis zu einem Jahre und mit Geldstrafe [bis zu zehntausend Mark[1]] oder mit einer dieser Strafen bestraft[2], wenn er für[3] eine zu seinen Obliegenheiten[4] gehörende Handlung[5] Geschenke[6] oder andere Vorteile[7] annimmt[8], fordert[9] oder sich versprechen läßt[10].

**1.** Nunmehr § 27 StGB. VO. über Vermögensstrafen und Bußen v. 6. 2. 1924 (RGBl. I S. 44).

**2a.** Für den Vorsatz ist nur erforderlich die Kenntnis der Tatsachen, aus denen die Eigenschaft als eine der nach § 1 verpflichteten Person hervorgeht, vgl. E. 74 S. 109. Es genügt das Wissen des Täters, daß er sich in einer Dienststellung befindet, die ihm ein besonderes Verhalten zur Pflicht macht, und daß ihm aus dieser Pflicht heraus sein Verhalten verboten ist. E. 53 S. 131. E. 57 S. 366.

**b.** Die Tat ist Vergehen, Verjährung nach 5 Jahren § 67 Abs. 2 StGB. Versuch ist straflos.

**3.** Siehe Anm. 4 zu § 1a KWVO. S. 59.

**4.** Der Obliegenheit muß die Verpflichtung (§ 1) vorausgegangen sein.

**5.** Der Handlung steht die Unterlassung gleich. Wenn sie nicht zu seinem ihm zugewiesenen Geschäftskreis unmittelbar gehört, so muß sie von ihm vermöge seiner Stellung bei der Behörde vorgenommen werden können, ohne daß es auf ihre objektive Zulässigkeit ankommt. E. 56 S. 401.

**6.** Geschenke sind freiwillige unentgeltliche Zuwendungen, die einen Vermögenswert haben.

**7.** Über Vorteil siehe Anm. 11 zu § 1a KWVO. S. 60.

**8.** Annehmen heißt Empfangen mit dem Willen, den Vorteil zu behalten und sich zunutze zu machen. E. 58 S. 263.

**9.** Siehe Anm. 12 zu § 1a KWVO. S. 61.

**10.** Siehe Anm. 13 zu § 1a KWVO. S. 61.

§ 3. Wer gemäß § 1 verpflichtet worden ist, wird mit Gefängnis und mit Geldstrafe [bis zu fünfzigtausend Mark[1]], bei mildernden Umständen mit Gefängnis bis zu drei Jahren und mit Geldstrafe [bis zu zwanzigtausend Mark[1]] oder mit einer dieser Strafen bestraft[2], wenn er für[3] eine Handlung, die eine Verletzung der ihm übertragenen Obliegenheiten enthält[4], Geschenke[5] oder andere Vorteile[6] annimmt[7], fordert[8] oder sich versprechen läßt[9].

**1.** Siehe Anm. 1 zu § 2.

**2.** Siehe Anm. 2 zu § 2.

**3.** Siehe Anm. 4 zu § 1a KWVO. S. 59. Der Täter muß sich bewußt sein, daß die Vornahme der Handlung eine Verletzung der ihm übertragenen Obliegenheiten enthält. Gleichgültig ist, ob er die in Aussicht gestellte Verletzung der Obliegenheiten auch durchführen will oder durchführt; ohne Bedeutung ist ferner, aus welchem Grunde er die Bestechlichkeit begeht.

**4.** Es genügt, daß die Handlung (Unterlassung) gegen die allg. auch für den Täter zur Erledigung seiner Obliegenheiten gegebenen Vorschriften verstößt. Bei Entscheidungen, die nach pflichtmäßigem Ermessen zu treffen sind, ist die übertragene Obliegenheit, auch wenn die getroffene Entscheidung sachlich gerechtfertigt ist, verletzt, wenn sie durch den Vorteil mitbestimmt worden ist vgl. E. 74 S. 255.

**5.** Siehe Anm. 6 zu § 2.

**6.** Siehe Anm. 11 zu § 1a KWVO. S. 60.

**7.** Siehe Anm. 8 zu § 2.

**8.** Siehe Anm. 12 zu § 1a KWVO. S. 61.

**9.** Siehe Anm. 13 zu § 1a KWVO. S. 61.

§ 4. Wer einer gemäß § 1 verpflichteten Person für[2] eine Handlung, die eine Verletzung der ihr übertragenen Obliegenheiten enthält,[3] Geschenke[4] oder andere Vorteile[5] anbietet,[6] verspricht[7] oder gewährt,[8] wird mit Gefängnis bis zu drei Jahren und mit Geldstrafe [bis zu zwanzigtausend Mark[9]] oder mit einer dieser Strafen bestraft.[10]

**1.** Täter kann jeder sein. Gleichgültig ist, ob der Täter für sich oder andere durch seine Bestechungshandlung einen Vorteil erstrebt.

**2.** Siehe Anm. 4 zu § 1a KWVO. S. 59. Daß die vorzunehmende oder vorgenommene Handlung die Obliegenheit verletzt, ist nicht erforderlich. Es genügt, daß der Täter eine verpflichtete Person zu einer nach seiner Vorstellung ihre Dienstobliegenheiten verletzenden Handlung bestimmen will RG. v. 22. 6. 1922, 2 D 308, 22. Gleichgültig ist auch, ob die Beeinflussung Erfolg hat und ob die verpflichtete Person auch ohne Angebot die ihm angesonnene Handlung ausgeführt hat.

**3.** Vgl. Anm. 4 zu § 3, dazu E. 62 S. 98; auch Anm. 10.

**4.** Siehe Anm. 6 zu § 2.

**5.** Siehe Anm. 11 zu § 1a KWVO. S. 59.

**6.** Siehe Anm. 15 zu § 1a KWVO. S. 61.

**7.** Siehe Anm. 16 zu § 1a KWVO. S. 61.

**8.** Siehe Anm. 17 zu § 1a KWVO. S. 61.

**9.** Siehe Anm. 1 zu § 2.

**10a.** Zum Vorsatz genügt: der Täter rechnet damit, daß der andere sich auf Grund einer Verpflichtung bei einer Behörde in einer Stellung befindet, die ihm ein besonderes Verhalten zur Pflicht macht, vermögen deren die ihm angesonnene Handlung eine Verletzung seiner Obliegenheit enthält RG. v. 19. 12. 1922, 5 D 894, 22. Siehe auch Anm. 2.

Will der Täter durch das Angebot usw. nur die Erfüllung der Obliegenheiten erreichen, so liegt keine Bestechung vor.

**b.** Vergehen. Verjährung nach 5 Jahren § 67 Abs. 2 StGB. Versuch ist straflos.

§ 5. In den Fällen der §§ 2 bis 4 ist das Empfangene[1] oder dessen Wert[2] im Urteil[3] für dem Staate[4] verfallen zu erklären[5].

In den Fällen der §§ 3 und 4 kann neben Gefängnis auf Verlust der bürgerlichen Ehrenrechte erkannt werden[5].

**1.** Empfangen sind Geschenke und Vorteile, die einen Vermögenswert — — Gegenstände, Leistungen — haben und in der Verfügungsgewalt der verpflichteten Person oder einer Mittelsperson (E. 68 S. 110) gelangt sind. Daher scheidet aus, was gefordert, versprochen und angeboten ist.

**2.** Wenn das Empfangene nicht greif- oder einziehbar ist: wenn das Empfangene in Handlungen oder Unterlassungen bestand oder wenn das Bestechungsmittel eine durch Vermögenswert gekennzeichnete Leistung war, namentlich eine solche, die dem Bestochenen eine notwendige Ausgabe erspart E. 57 S. 232, so tritt an die Stelle des Empfangenen sein Wert. Eine Umwandlung des Wertes in eine Freiheitsstrafe findet nicht statt.

**3.** Im Urteil gegen den verurteilten Täter, Bestechenden oder Bestochenen, E. 68 S. 404, seinen Anstifter und Gehilfen, soweit sich das Empfangene in deren Verfügungsgewalt befindet oder befunden hat. — E. 68 S. 404 RG. Jur. W. 1938 S. 2198. Hat der Empfänger die Geldsumme nur vorübergehend angenommen, um sie als Überführungsmittel gegen den Bestecher zu verwenden, so kann sie nur diesem, nicht dem Empfänger gegenüber für verfallen erklärt werden E. 58 S. 157. Das Urteil muß das Empfangene einzeln oder in seinem Wert ziffernmäßig aufführen.

**4.** Jetzt dem Reich.

**5.** Die Verfallerklärung ist Nebenstrafe. Gleichgültig ist, ob das Empfangene dem Gewährenden gehört oder nicht. Sie wird jedoch nicht ausgesprochen, wenn fremdes Eigentum nachgewiesen ohne Verschulden des Eigentümers als Bestechungsmittel benutzt ist.

Ein objektives Einziehungsverfahren nach §§ 430ff. StPO. findet nicht statt.

§ 6. Wer gemäß § 1 verpflichtet worden ist, wird, soweit nicht nach anderen Bestimmungen eine schwerere Strafe verwirkt ist[1], mit Gefängnis bis zu einem Jahre und mit Geldstrafe [bis zu zehntausend Mark[2]] oder mit einer dieser Strafen bestraft[3], wenn er die infolge[4] seiner Tätigkeit erlangten[5] Kenntnisse über Einrichtungen[6] oder Maßnahmen[7] der Behörde oder der Organisation dazu mißbraucht[8], sich oder einem anderen einen Vermögensvorteil zu verschaffen[9] oder einem anderen Schaden[10] zuzufügen.

Die Verfolgung tritt nur auf Antrag[11] ein. Antragsberechtigt sind die im § 1 Abs. 2 Satz 1 und 2 bezeichneten Stellen.

**1.** Hiernach soll der Paragraph als bloß subsidiäre Strafvorschrift dort ausscheiden, wo bereits nach anderen Vorschriften schwerere Strafe angedroht (nicht verwirkt) ist.

**2.** Siehe Anm. 1 zu § 2.

**3.** Der Täter muß vorsätzlich handeln und zwar mit dem Bewußtsein, daß er die Kenntnisse unbefugt verwertet.

**4.** Auch die bei Gelegenheit seiner Tätigkeit erlangten Kenntnisse, soweit sie mit ihr im Zusammenhange stehen.

**5.** Erlangt wird die Kenntnis meist nur durch unmittelbare Sinneswahrnehmung, sondern auch durch Schlußfolgerungen. Stenglein Anm. 2.

**6.** Einrichtung ist die Regelung der Ordnung in der Behörde.

**7.** Maßnahmen sind Anordnungen, die zur Erledigung des Geschäfts-(dienst)betriebes der Behörde getroffen sind.

**8.** Mißbrauch der Kenntnis bedeutet ihre bewußt unbefugte Verwertung zu einer Handlung oder Unterlassung. Liegt diese im Ermessen des Täters, so besteht ein Mißbrauch, wenn er von seinem Ermessen einen pflichtwidrigen Gebrauch macht. Auch in der Weitergabe an einen dritten kann ein Mißbrauch liegen.

**9.** D. h., er verfolgt den Zweck, seine Vermögenslage zu verbessern. Strafbar macht sich auch, wer seinen Anspruch befriedigt.

**10.** Es braucht kein Vermögensschaden zu sein.

**11.** Antrag steht nach neuer Rechtsauffassung dem Strafverlangen gleich. Siehe § 1 Abs. 3 VRStVO., § 5 PrStVO.

§ 7. Wer gemäß § 1 verpflichtet worden ist, wird mit Geldstrafe [bis zu dreitausend Mark[1]] oder mit Gefängnis bis zu drei Monaten bestraft[2], wenn er Geschäfts- oder Betriebsgeheimnisse[3] eines Dritten[4], die infolge seiner Tätigkeit zu seiner Kenntnis gelangt sind[5], unbefugt[6] offenbart[7].

Handelt er in der Absicht, den Inhaber des Geschäfts oder Betriebs zu schädigen[8] oder sich oder einem anderen einen Vermögensvorteil zu verschaffen[9], oder verwertet[10] er in gleicher Absicht ein Geheimnis der im Abs. 1 bezeichneten Art, so wird er mit Gefängnis bis zu einem Jahre und mit Geldstrafe [bis zu zehntausend Mark[1]] oder mit einer dieser Strafen bestraft[11].

Die Verfolgung tritt nur auf Antrag[12] ein; die Zurücknahme des Antrags ist zulässig.

Neben der Strafe kann auf Verlangen des Verletzten auf eine an ihn zu erlegende Buße[13] [bis zum Betrage von zehntausend Mark[14]] erkannt werden. Eine erkannte Buße schließt die Geltendmachung eines weiteren Entschädigungsanspruchs aus.

**1.** Siehe Anm. 1 zu § 2.

**2 a.** Die Tat kann vorsätzlich oder fahrlässig begangen werden.

**b.** Vergehen. Verjährung nach 3 Jahren § 67 Abs. 2 StGB. Versuch straflos.

**3.** Siehe § 17 UnlWG.

**4.** Gesch.- und Betriebsgeheimnisse der Behörde sind durch § 6 geschützt.

**5.** Siehe Anm. 4 und 5 zu § 6.

**6.** D. h. gegen den Willen des Dritten.

**7.** Offenbaren heißt mitteilen, kundtun. Die Geheimhaltungspflicht besteht auch dann, wenn die verpflichtete Person ihre Tätigkeit bei der Behörde beendet hat.

**8.** Schädigen bedeutet Schaden zufügen, Anm. 10 zu § 6.

**9.** Siehe Anm. 9 zu § 6.

**10.** Verwerten steht dem Ausnutzen gleich. Vgl. Anm. 13 zu § 1 VRStVO.

**11.** Vorsatz ist erforderlich. Vergehen, Verjährung nach 5 Jahren. Versuch straflos.

**12.** §§ 61 ff. StGB. Strafantragsberechtigt ist der Geschäfts- und Betriebsinhaber.

**13.** Buße ist Privatgenugtuung § 188 StGB. Voraussetzung ist, daß ein Schaden (Anm. 8) nachgewiesen ist.

**14.** Jetzt 3—10000 RM. Art. IV der VO. v. 6. 2. 1924 (RGBl. I S. 44)

§ 8. Die Verordnung tritt mit dem Tage der Verkündung in Kraft. Der Reichskanzler bestimmt den Zeitpunkt des Außerkrafttretens.

# Teil IV

## Preisstrafrechtsverordnung

### Einleitung

Das Preisrecht spielt in der Lenkung der Wirtschaft eine Hauptrolle. Das neuere Preisrecht beginnt mit der Einsetzung des Reichskommissars für die Preisüberwachung durch die Vierte Verordnung des Reichspräsidenten zur Sicherung von Wirtschaft und Finanzen und zum Schutze des inneren Friedens v. 8. 12. 31 (RGBl. I S. 699) 1. Teil Kapitel II. Sein Aufgabenkreis war durch die VO.en v. 8. 12. 31 (RGBl. I S. 747) und v. 15. 4. 32 (RGBl. I S. 180) umrissen. Ihm stand gemäß der VO. über Auskunftspflicht v. 13. 7. 23 (RGBl. I 723) das Auskunftsrecht zu. Seine Aufgaben und Befugnisse wurden durch Gesetz v. 15. 7. 33 (RGBl. I S. 490) auf den Reichswirtschaftsminister und auf den Reichsminister für Ernährung und Landwirtschaft übertragen. Doch schon durch Gesetz v. 5. 11. 34 (RGBl. I S. 1085) wurde wiederum ein Reichskommissar für Preisüberwachung bestellt und durch Gesetz v. 4. 12. 34 (RGBl. I S. 1281) wurden seine Aufgaben und Befugnisse auf alle Güter und Leistungen mit Ausnahme der Überwachung der Löhne und Gehälter erweitert. Da diese Regelung bis zum 1. 7. 35 begrenzt war, gingen zu diesem Zeitpunkt seine Befugnisse wieder auf die genannten Reichsminister zurück, die — und dazu der Reichsforstmeister — nach dem Erlaß des Führers und Reichskanzlers v. 1. 7. 35 je die zu ihrem sonstigen Aufgabengebiet gehörigen Maßnahmen zu treffen hatten. Die Preisregelung auf dem Gebiete der Forst- und Holzwirtschaft wurde zudem durch das Gesetz über die Marktordnung auf dem Gebiete der Forst- und Holzwirtschaft vom 16. 10. 35 (RGBl. I S. 1239) auf den Reichsforstmeister übertragen.

Der Reichskommissar für die Preisbildung ist durch Gesetz v. 29. 10. 36 (RGBl. I S. 927) bestellt. Danach hat er nicht nur die Preise und Entgelte, selbst zu regeln, sondern auch alle Maßnahmen zu treffen, die zu einer volkswirtschaftlich gerechten Preisüberwachung erforderlich sind. Durch ihn wurde das Preisstrafrecht umfassend geregelt. An allgemeinen Strafvorschriften waren nur die §§ 13 bis 18 der Verordnung über Preisüberwachung v. 11. 12. 34 (RGBl. I S. 1245 — DRAnz. Nr. 291) und die Verordnung über Ordnungsstrafen bei Zuwiderhandlungen gegen Preisschildervorschriften und Preisfestsetzungen v. 8. 1. 35 (RGBl. I S. 10) nebst deren Erweiterung in der Verordnung über Ordnungsstrafen bei Überschreitungen von Preisfestsetzungen für Lebensmittel v. 4. 9. 35 (RGBl. I S. 1135) und den neun Ergänzungsverordnungen gleichen Titels vorhanden. Die darin ausgesprochene Begrenzung der Ordnungsstrafe ist durch VO. v. 26. 11. 36 (RGBl. I S. 955) aufgehoben worden. Die 2. DVO. v. 5. 11. 36 (RGBl. 936) sah die Androhung gerichtlicher Strafen vor. Um einheitliche Vorschriften zu schaffen, erging die Verordnung über Strafen und Strafverfahren bei Zuwiderhandlungen gegen Preisvorschriften v. 3. 6. 39 (RGBl. I S. 999), die nachstehend kurz erläutert wird. Dazu ist die Verordnung zur Änderung der Verordnung über Strafen und Strafverfahren bei Zuwiderhandlungen gegen Preisvorschriften v. 28. 8. 41 (RGBl. I S. 539) erlassen, die im Text berücksichtigt ist.

Die PreisstrafrechtsVO. gilt im Großdeutschen Reich mit Ausnahme des Protektorats Böhmen und Mähren. Ihre Einführung ist erfolgt in Lothringen mit der Verordnung über die Einführung des deutschen Preisrechts in Lothringen v. 7. 12. 40 (VOBl. f. Lothr. S. 416), im Elsaß mit der VO. 11. 5. 42 (VOBl. f. Elsaß S. 161), in Luxemburg mit der VO. v. 13. 5. 42 (VOBl. f. Lux. S. 171), im Mießtal mit VO. v. 13. 10. 42 (Mitt.Bl. I S. 747).

Schrifttum: Schütz, Preisstrafrecht, 2. Aufl.; Wohlhaupt-Rentrop-Bertelsmann, Die gesamten Preisbildungsvorschriften, 2. Aufl.; Bertelsmann bei Pfundtner-Neubert IIIe 13 S. 229; Schütz DJust. 1939 S. 1226; v. Kurnatowski DR. 1942 S. 23.

## Verordnung über Strafen und Strafverfahren bei Zuwiderhandlungen gegen Preisvorschriften

Vom 3. Juni 1939 (RGBl. I S. 999) in der Fassung der Verordnung v. 28. 8. 41 (RGBl. I S. 539)

### Allgemeines Strafrecht

§ 1. (1) Wer[1] den Vorschriften[2] oder Anordnungen[3] des Reichskommissars für die Preisbildung oder der von ihm mit der Preisbildung beauftragten Stellen[4] vorsätzlich oder fahrlässig[5] zuwiderhandelt[6], wird mit Gefängnis und Geldstrafe[7] oder mit einer dieser Strafen bestraft. Das Höchstmaß der Geldstrafe ist unbeschränkt.

(2) Die gleiche Strafe trifft denjenigen, der den Vorschriften[2] oder Anordnungen[3] anderer staatlicher[8] oder staatlich ermächtigter Stellen[9] über Preise[10], Preisspannen, Zuschläge oder Abschläge, Zahlungsbedingungen, Preisauszeichnungen, Preisbindungen oder andere der Preisbildung oder dem Preisschutz[10] dienende Maßnahmen[11] vorsätzlich[5] oder fahrlässig[5] [12] zuwiderhandelt[13].

(3) Als Zuwiderhandlung gilt auch jede Handlung, durch die die Vorschriften oder Anordnungen unmittelbar oder mittelbar umgangen werden[14].

(4) Der Versuch ist strafbar[15].

(5) Hat der Täter wissentlich[16] und gewissenlos[17] aus grobem Eigennutz[18] gehandelt oder ist er vor Begehung der neuen vorsätzlichen Tat schon einmal wegen vorsätzlichen Vergehens gegen die in den Abs. 1 und 2 bezeichneten Vorschriften rechtskräftig verurteilt worden, so kann an Stelle der Gefängnisstrafe auf Zuchthaus bis zu zehn Jahren erkannt werden[19] [20].

**1.** Täter kann jede natürliche Person sein: Verkäufer, Käufer, Vermieter, Mieter — auch als Teilnehmer —, Inhaber, Leiter oder Angestellter eines Betriebes, sofern die einzelnen Vorschriften nichts anderes bestimmen. Eine juristische Person oder eine Personenvereinigung (§ 8 Abs. 2) kommen als „schuldige Person" nicht in Frage.

**2.** Die Vorschriften sind Rechtsvorschriften, Regelungen, die in „Verordnungen" und „Anordnungen" enthalten sind, je nachdem sie im Reichsgesetzblatt Teil I oder im Deutschen Reichsanzeiger und Preuß. Staatsanzeiger bekannt gemacht werden. VO.en u. AO.en werden ferner im Mitteilungsblatt des RfPr. Teil I abgedruckt. Diese Art der „Anordnungen" (vgl. Anm. 3) sind allg. Art: sie regeln bestimmte Tatbestände für alle, die es angeht.

Die Vorschriften können zusammen mit anderen obersten Reichsbehörden erlassen sein, z. B. VO. des RfPr. des Reichsforstmeisters und des RMdInn über die Preisbildung für inländ. Nadelschnittholz v. 12. 1. 40 (RGBl. I S. 59).

Verordnungen des RfPr. sind u. a.: VO. über das Verbot von Preiserhöhungen, sog. PreisstopVO. v. 26. 11. 36 (RGBl. I S. 955); AuslandswarenprVO. v. 15. 7. 37 (RGBl. I S. 881); VO. zur Verbilligung des Warenverkehrs v. 29. 10. 37 (RGBl. I S. 1142); VO. über den Handel und die Auftragsvermittelung bei öffentl. Aufträgen v. 11. 9. 10 (RGBl. I S. 1235) mit 1. DVO. v. 26. 3. 43 (RgBl. I S. 167); VO. über Preisauszeichnung v. 16. 11. 40 (RGBl. I S. 1535); VO. über Preisbindungen v. 23. 11. 40 (RGB-. I S. 1573); VO. über den Nachweis von Preisen v. 23. 11. 40 (RGBl. I S. 1531); GebrauchtwarenVO. v. 21. 1. 42 (RGBl. I S. 43); VO. über Preise für Weiden v. 10. 6. 39 (RGBl. I S. 1021) i. Fass. v. 28. 8. 41 (RGBl. I S. 541). Anordnungen des RfPr. sind: AO. über die Senkung gebundener Preise, sog. KartellsenkungsAO. v. 27. 7. 42 (DRAnz. Nr. 175); AO. über die Preisfestsetzung für Roßkastanien v. 11. 8. 42 (DRAnz. Nr. 188).

Die auf einigen Sondergebieten des Preisrechts bestehenden Strafvorschriften sind nach § 39 aufrechterhalten.

**3.** Von den allg. Anordnungen in Anm. 2 sind zu unterscheiden die Einzelanordnungen, die bestimmte tatsächliche Tatbestände für den Einzelfall regeln. Voraussetzung ist, daß die Regelung sich im Rahmen des § 2 des Preisbildungsges. v. 29. 10. 36 (RGBl. I S. 927) hält. Sie werden durch eingeschriebenen Brief an den Empfänger (Einzelperson und Verbände) bekannt gegeben.

**4.** Die Preisbildungsstellen und die mit Preisbildungsaufgaben betrauten Behörden, die Reichsstellen für Holz u. a. (vgl. Anm. 6 zu § 3 der WarverkVO.) und Marktvereinigungen, z. B der Deutschen Forst- und Holzwirtschaft; der Präsident der Reichsfilmkammer. Deren Anordnungen müssen sich in den Grenzen ihrer Zuständigkeiten halten.

**5.** Siehe Anm. 1 zu § 1 VRStVO. Es bedarf der Feststellung, ob der Täter vorsätzlich oder fahrlässig gehandelt hat, weil die Feststellung der Verschuldensart zumindest für die Strafzumessung von großer Bedeutung ist RG. DStR. 1942 S. 30.

**6.** Es gelten die allg. Bestimmungen des materiellen Strafrechts z. B. über Teilnahme, Jugendlichkeit, Strafausschließungsgründe, über fortgesetzte Handlung. Die entsprechende Anwendung nach § 2 StGB. wird mit Rücksicht auf das Umgehungsverbot des Abs. 3 kaum stattzufinden haben.

Beispiel Anm. 20.

**7.** § 27ff. StGB. Die Abfuhrung des Mehrerlöses nach § 3 Abs. 6 steht der Anwendung des § 27c Abs. 2 StGB. nicht entgegen. E 76 S. 300.

**8.** Der Reichskomm. für Preisüberwachung (Ges. v. 8. 12. 31 — 1. Teil Kap. II — RGBl. I S. 699 —) und die einzelnen Minister als dessen Nachfolger: der Reichsverkehrsminister auf Grund des Gesetzes zur Bekämpfung der Notlage der Binnenschiffahrt v. 16. 6. 33 (RGBl. II S. 317); der Reichswirtschaftsminister nach § 7 des Energiewirtschaftsgesetzes v. 13. 12. 35 (RGBl. I S. 1451); der Reichsminister des Innern auf Grund des § 15 der Reichsärzteordnung vom 13. 12. 1935 (RGBl. I S. 1433) und des § 15 der Reichstierärzteordnung v. 3. 4. 1936 (RGBl. I S. 347); der Reichsforstmeister auf Grund des Gesetzes über die Marktordnung auf dem Gebiete der Forst- und Holzwirtschaft v. 16. 10. 35 (RGBl. I S. 1239); die Obersten Landesbehörden und in Preußen die Oberpräsidenten auf Grund der Verordnung über Preisüberwachung v. 11. Dezember 1934 (RGBl. I S. 1245); die Zentralbehörden nach § 80 GwO. (Taxen für Apotheker); die höheren Verwaltungsbehörden nach § 77 GwO. (Taxen für Bezirksschornsteinfeger) und § 78 GwO. (in Verbindung mit § 36 GwO., insbesondere Feldmesser); die Ortspolizeibehörde in Übereinstimmung mit der Gemeindebehörde nach § 76 GwO. (Taxen für Benutzung von Transportmitteln u. a.). VO. des RWM. über die durch die besondere Art der Preisstellung gekennzeichneten Geschäfte v. 24. 7. 39 (RGBl. I S. 1320).

Hierhin gehört Abschnitt IV Kriegspreise § 22—27 KriegswirtschaftsVO. v. 4. 9. 39 (RGBl. I S. 1609), E. 75 S. 361 (364). Siehe S. 99.

**9.** Hauptvereinigungen der deutschen Brau-, der Eier-, der Fisch-, der Vieh-, der Gartenbau-, der Getreide- und Futtermittelwirtschaft z. B. VO. betr. Bestimmungen für das Getreidewirtschaftsjahr 1942/43 v. 5. 7. 42 (RNVBl. S. 297), ferner wirtschaftl. Vereinigungen des Reichsnährstandes, Reichsstellen für Milch, Fett und Öle, für Getreide und Futtermittel, für Eisen und Metalle, für Edelmetall, Chemie, Leder und Papier z. B. AO. Nr. 14 der Reichsstelle für Holz v. 23. 5. 40 (RNVBl. S. 222) schließlich Frachtenausschüsse nach §§ 4, 7 der VO. über die Frachtenbildung in der Binnenwirtschaft v. 3. 10. 41 (RGBl. I S. 622). Nicht hierher gehören die privaten Zusammenschlüsse, die mit der nach § 1 der PreisbindungsVO. (Anm. 2) erforderl. Zustimmung des RfPr. Kartellpreise festgesetzt haben. Wegen Überschreitung der Kartellpreise erfolgt Bestrafung nach der PreisstopVO.

**10.** Die Höhe des Preisverstoßes ist wegen der Strafzumessung, der Einziehung und der Abführung des Mehrerlöses festzustellen. RG. HRR 1942 Nr. 871.

**11.** Z. B. Verbot von Koppelungsgeschäften nach VO. v. 29. 10. 37 (RGBl. I S. 1142), VO. über Handel mit Bienenhonig v. 22. 10. 35 (RGBl. I S. 1253). §§ 2, 3 des Spinnstoffges. v. 6. 12. 35 (RGBl. I S. 1411).

**12.** Strafrechtsirrtum ist bedeutungslos; kein vorsätzliches Handeln bei Irrtum über Blankettvorschr. RG. HRR. 1941 Nr. 619. RG. v. 9. 2. 42—3 D 594. 41: Fahrlässig handelt, wer die gesetzliche Regelung unter Außerachtlassung der erforderlichen Sorgfaltspflicht nicht kennt. Vgl. Anm. 1 zu § 1 VRStVO. u. E. 76 S. 41.

**13.** Ausnahmen zu § 39. Die Strafandrohung richtet sich auch gegen den, der einen überhöhten Preis fordert oder anbietet (bewilligt, zahlt). E. 75 S. 237 u. RG. HRR. 1941 Nr. 797; gegen den Verkäufer und Käufer von Nutzpferden ohne Pferdekarte und Schätzung. RG. HRR. 1942 Nr. 520.

**14.** Das Umgehungsverbot untersagt die Herbeiführung des in den Vorschriften und Anordnungen verbotenen Tatbestandes auf anderem Wege. Umgehungshandlungen liegen z. B. im Versuch, die Leistungen und Waren, die Lieferungs- und Zahlungsbedingungen zu verschlechtern, in der Weigerung, Schönheitsreparaturen für den Mieter ausführen zu lassen, in Koppelungsgeschäften, im Preisvorbehalte für spätere Lieferungen.

**15.** §§ 43, 44 StGB. § 4 der VO. gegen Gewaltverbrecher v. 5. 12. 39 (RGBl. I S. 2378). Versuch eines fahrlässigen Vergehens ist nicht strafbar. RG. HRR. 1941 Nr. 610.

**16.** Wissentlich handelt, wer Kenntnis davon hat, einen den Höchstpreis überschreitenden Preis zu fordern. E. 75 S. 237. Bedingter Vorsatz genügt nicht.

**17.** Gewissenlos handelt, wer bei seinem Verhalten das Gefühl der Verantwortlichkeit aus gemeinschaftswidriger Gesinnung heraus bewußt unterdrückt oder gar nicht aufkommen läßt. E. 75 S. 237 (240) RG. HRR. 1942 Nr. 740.

**18.** Aus grobem Eigennutz handelt, wer sich bei seinem Verhalten von dem Streben nach eignem Vorteil in einem besonders anstößigen Maße leiten läßt. E. 75 S. 237 (240). RG. HRR. 1942 Nr. 740.

**19.** Nach § 1 StGB. liegt Verbrechen vor.

**20.** Zusammentreffen in Tateinheit mit:

Betrug: Forderung eines überhöhten Preises unter Täuschung eines bes. günstigen Kaufes. Verteuerung der Ware durch verbotene Einschaltung eines Zwischenhändlers RG. DJust. 1940 S. 1014. Daß der Verkäufer den nach den Preisvorschriften zulässigen Preis überschreitet, bedeutet für den Käufer nicht ohne weiteres eine Vermögensschädigung i. S. des § 263 StGB., vgl. E. 53 S. 327 (330), RG v. 21. 4. 41—3 D 47. 41.

Tauschverbot § 1 a KWVO.

Zuwiderhandlung gegen § 1 VRStVO Anm. 46 zu § 1 daselbst.

Mit § 4 VVO. besteht Gesetzeseinheit. Vgl. RG. HRR1942 Nr. 740.

Für das Verfahren sind Richtlinien in der Allg. Verf. des RJM. v. 11. 1. 41 (DJust. S. 111) gegeben, die Seite 180 abgedruckt sind.

## Ergänzung: § 22 der Kriegswirtschaftsverordnung v. 4. 9. 1939 (RGBl. I S. 1609):

### Kriegspreise*).

§ 22.[1] Preise[2] und Entgelte[3] für Güter[4] und Leistungen[5] jeder Art müssen nach den Grundsätzen der kriegsverpflichteten Volkswirtschaft[6] gebildet werden[7] [8].

*) Schrifttum: Schütz, DJust. 1941 S. 121; Freisler, DJust. 1941, S. 147.

Erlasse: RdErl. des RfP. v. 6. Novbr. u. 8. Dezbr. 40, DJust. 1941 S. 112. Anordnung über die Erweiterung der Befugnisse der Preisüberwachungsstellen v. 11. 3. 41, DRAnz. Nr. 63, MittBl. I S. 148, dazu RdErl. v. gl. Tage betr. Anweisung zur Durchf. d. § 22 KrWirtschVO. im Bereich der Reichsgruppe Industrie (MittBl. I S. 150), RdErl. v. 10. 4. 41 betr. Anweisung an die Reichsgruppe Handel (Mitt.Bl. I S. 226 = DJust. S. 549. Anweisung des RfPr. im Bereich der Reichsgruppe Handwerk v. 17. 7. 41 (MittBl. I S. 425). Anweisung des RfPr. im Bereich des Speditions-, Möbeltransport- und Lagereigewerbes v. 26. 8. 41 (Wohlhaupt II 38), RdErl. des RfPr. betr. Anweisung im Bereich der Reichsgruppe Fremdenverkehr v. 26. 9. 41 (MittBl. I S. 571). AV. des RJM. v. 11. 1. 41 (DJust. S. 111) über Bekämpfung der Preistreiberei, Seite 80 abgedruckt.

**1.** Dieses Preisgrundgesetz des Krieges ist wie die Seite 155 abgedruckte 2. Durchf.VO. v. 8. 12. 1940 nicht nur ein Programmsatz, enthält vielmehr unmittelbar verpflichtendes Gesetz. Es will alles Handeln durchdringen. Dementsprechend ist möglichst weite Auslegung geboten.

**2.** Alle Preise sind durch Rechtsvorschriften geregelt. Darüber die Zusammenstellung von Schütz aaO.

**3.** Entgelt im Sinne des Preisrechts ist die Gegenleistung des einen für die Leistung des anderen — ausgenommen Löhne und Gehälter (§ 1 Abs. 2 Preisbildungsges. v. 26. 10. 36, RGBl. I S. 927). Müller, DRM. 1941 S. 24.

**4.** Güter sind in der Hauptsache Waren und sonstige Erzeugnisse.

**5.** Handwerkliche Leistungen, allgemeine kulturelle Leistungen, pacht- oder mietweise Überlassungen von Grundstücken u. a.

**6.** Danach ist jede Ausnutzung einer durch den Krieg hervorgerufenen angespannten Versorgungslage zur Erzielung von Kriegsgewinnen verboten. Vgl. auch Anm. 7. In gleicher Linie bewegt sich die VO. über den Handel und die Auftragsvermittlung bei öffentlichen Aufträgen v. 11. 9. 40 (RGBl. I S. 1235).

**7.** Soweit Sonderregelungen vorhanden sind oder Preisvorschriften bestehen, die keinen Spielraum nach oben oder unten für die Preisbildung lassen, greift § 22 nicht ein. So findet § 22 keine Anwendung bei Festpreisen und bei Mindestpreisen, die nicht unterschritten werden dürfen. Dagegen sind höchstzulässige Preise erforderlichenfalls zu unterschreiten. Betriebe mit günstiger Kostenlage müssen mindestens so weit unter den Höchstpreisen bleiben, daß ihr Gewinn nicht den Gewinn normaler Zeiten überschreitet. RdErl. v. 6. 11. 40. So befreit die Einhaltung bestehender Preisvorschriften oder der Grenzen der PreisstoppVO. nicht von der Verantwortung.

**8.** Verantwortlich sind Verkäufer, Vermittler, Käufer, Verpächter (-mieter), Pächter, Mieter — auch als Teilnehmer — Betriebsleiter wie Angestellte; vgl. Anm. 1 zu § 1 der PreisstrafrVO. Auf Unkenntnis des § 22 kann sich niemand mit Erfolg berufen, da jedermann weiß, daß die Versorgungsschwierigkeiten des Krieges nicht zum eignen Vorteil ausgenutzt werden dürfen.

§ 2. Verletzt dieselbe Handlung die Vorschriften des § 1 und andere Strafgesetze, so kann auch neben der Freiheitsstrafe aus dem anderen Strafgesetz auf die nach § 1 zulässige Geldstrafe erkannt werden[1].

**1.** Tateinheit. § 73 RGB. Siehe Anm. 20 zu § 1. Insbesondere ist diese Kannbestimmung bei Verbrechen anwendbar, deren Strafe keine Geldstrafe vorsieht.

§ 3. (1) In dem Urteil kann ohne Rücksicht auf Eigentumsverhältnisse und sonstige Rechte Dritter[1] auf Einziehung der Gegenstände[2] erkannt werden, auf die sich die strafbare Handlung bezieht[3] oder die durch die strafbare Handlung erlangt sind.

(2)[4] Die Einziehung unterbleibt, wenn der von ihr Betroffene[5] nachweist[6], daß er von der Straftat weder Kenntnis hatte noch haben konnte und daß er von der Straftat auch keinen Vorteil gehabt hat[7]. Rechte eines anderen an eingezogenen Gegenständen bleiben insoweit bestehen, als diese Voraussetzungen in seiner Person vorliegen.

(3)[4] Macht ein anderer als der Beschuldigte an einem der Einziehung unterliegende Gegenstande Rechte geltend, oder liegen Tatsachen vor, aus denen zu schließen ist, daß solche Rechte bestehen, so soll dem anderen Gelegenheit gegeben werden[8], nachzuweisen, daß die Voraussetzungen für die Einziehung nicht vorliegen oder ihm Rechte an dem der Einziehung unterliegenden Gegenstande zustehen. Der Nachweis kann bis zum Ausspruch[9] der Einziehung geführt werden. Erfolgt der Nachweis erst nach Erlaß der die Einziehung aussprechenden Entscheidung[9], so kann das Gericht[10] den Ausspruch über die Einziehung aufheben oder einschränken[11].

(4)[4] Im übrigen gehen das Eigentum und sonstige Rechte an den eingezogenen Gegenständen mit der Rechtskraft der Entscheidung auf das Reich über.

(5)[4] Für einen Rechtserwerb, der nach der Rechtskraft der Entscheidung eintritt, gelten die Vorschriften des bürgerlichen Rechtes zugunsten derer, die Rechte von einem Nichtberechtigten herleiten[12].

(6)[4] Hat der Beschuldigte[13] durch die strafbare Handlung Preise erzielt, die höher sind als die zulässigen Preise, so ist[14] in dem Urteil auszusprechen, daß er den Mehrerlös[15] an das Reich abzuführen hat[16]. Die Höhe des Mehrerlöses ist ziffernmäßig zu bestimmen; sie kann geschätzt werden[17]. Die Abführung des Mehrerlöses kann[18] dem Täter auch auferlegt werden, wenn der äußere Tatbestand einer Straftat nach § 1 vorliegt, ein Verschulden jedoch nicht nachzuweisen ist oder eine Bestrafung aus anderen Gründen nicht erfolgen kann[19]. Die Abführung des Mehrerlöses kann dem Täter nicht mehr auferlegt oder der Abführungsanspruch kann nicht mehr vollstreckt werden, wenn die Straftat oder die Vollstreckung einer dafür erkannten Strafe verjährt[20] ist oder, falls eine Bestrafung nicht erfolgt ist, die Vollstreckung einer Geldstrafe in gleicher Höhe verjährt wäre[20] [21].

(7)[4] Ist der Beschuldigte abwesend oder kann keine bestimmte Person verfolgt oder verurteilt werden[19], so kann auf Antrag der Staatsanwaltschaft die Einziehung oder die Anordnung über die Abführung des Mehrerlöses durch Beschluß des Gerichts ausgesprochen werden[22]. Gegen den Beschluß findet die sofortige Beschwerde nach Maßgabe der Strafprozeßordnung statt[23].

**1.** Die Einziehung ist nicht Nebenstrafe, sondern Sicherungsmaßnahme.

**2.** Sachen, Vermögensrechte und -werte, gewerbliche Unternehmungen, ärztl. Praxis, Pensionsbetrieb, Schütz aaO. Anm. 15 und Tränkmann in DJust. 1942 S. 778.

**3.** Die Beziehung zur Straftat kann mittelbar und unmittelbar sein. Doch ist eine Bereicherung nicht Gegenstand der Einziehung.

**4.** Abs. 2—5 sind geändert, Abs. 6 u. 7 sind hinzugefügt VO. v. 28. 8. 41 (RGBl. I S. 939).

**5.** Betroffen von der Einziehung ist, wer durch sie rechtlich ungünstiger gestellt ist, vgl. E. 74 S. 326 (332). z. B. der Inhaber eines Betriebes, wenn ein Angestellter sich einer Preisüberschreitung schuldig gemacht hat und nun die Einziehung erfolgen soll.

**6.** Er hat vorzubringen, was seine Ansicht dartun soll. Ob der Entlastungsbeweis geführt ist, entscheidet das Gericht.

**7.** Beim Vorteil muß es sich um eine wirtschaftliche Besserstellung handeln, die der Betroffene gegenüber dem Zustande erlangt hat, in dem sich sein Vermögen befunden hätte, wenn der Preisverstoß nicht erfolgt wäre, vgl. E. 74 S. 326 (333).

**8.** Auch schon im Vorverfahren.

**9.** Urteil, Beschluß des Gerichts oder Strafbescheid nach § 8 Abs. 4.

**10.** Oder die Preisbehörde § 8 Abs. 4.

**11.** Gegen den Beschluß gibt es die Beschwerde (§ 304 StPO., § 15 ÖStPO.), gegen den Strafbescheid die Aufsichtsbeschwerde.

**12.** §§ 932ff., 892ff., 1207 BGB., § 366 HGB.

**13.** Der Kreis der Betroffenen wird in § 8 Abs. 4 Satz 2 erweitert.

**14.** Zwingende Vorschrift.

**15.** Mehrerlös ist das Entgelt, das der Täter jeweils über den zulässigen Preis hinaus tatsächlich erhalten hat. Hat er ihn dem Vertragsgegner zurückgezahlt, so bedarf es dieser Maßnahme nicht. RG. DR. 1943 S. 78. Diese Vorschriften gelten auch für die von einem Vermieter aus einem Mietsverhältnis erlangten Mehrerlöse. Hier kann es keinen Unterschied machen, ob der Vermieter den Mehrerlös unmittelbar durch eine Erhöhung der (Haupt- oder Neben-)Leistungen des Mieters oder lediglich mittelbar durch eine Verminderung seiner Gegenleistungen erzielt hat. Erl. des RfPr. v. 7. 4. 42 — MittBl. I S. 212.

**16.** Der Mehrerlös scheidet damit aus dem Vermögen aus. Der Abführungsanspruch hat keinen Strafcharakter.

**17.** Es kommt dabei nicht darauf an, ob der Mehrerlös noch greifbar ist. E. 76 S. 300.

**18.** Solche Entscheidung steht im Ermessen des Gerichts, aM. Wohlhaupt II 34 Anm. 11. Bei bewiesener Schuldlosigkeit ist von solcher Maßnahme abzusehen.

**19.** Z. B. wenn der Täter nicht zu ermitteln, unzurechnungsfähig oder verstorben ist. Siehe Abs. 7.

**20.** Die Verjährung ist in §§ 67ff. StGB. geregelt.

**21.** Abs. 6 gilt auch für die vor dem Inkrafttreten der ÄnderungsVO. v. 28. 8. 41 erzielten Mehrerlöse. § 3 Abs. 2 der VO.

**22.** Objektives Einziehungsverfahren. Voraussetzung zu dem Beschluß ist das Verlangen der Preisbehörde nach § 5. Zuständig ist das Gericht, das als 1. Instanz zuständig ware.

**23.** § 311 StPO.

§ 4. Das Gericht kann anordnen, daß die Verurteilung auf Kosten des Verurteilten öffentlich bekanntgemacht wird[1]. Die Art der Bekanntmachung[2] sowie die Frist, innerhalb deren sie zu erfolgen hat, sind in dem Urteil zu bestimmen[3].

**1.** Vgl. § 200 StGB.

**2.** Im Urteilssatz ist also auszusprechen, ob die Bekanntmachung durch die Tages- oder Fachpresse, durch welches Preßorgan, durch Anschlag an der Litfaßsäule, durch Rundfunk erfolgen soll. Der Wortlaut kann später festgelegt werden. Veröffentlichung und Einziehung der Kosten geschieht von Amts wegen.

**3.** Weitere Maßregeln sind Berufs- und Gewerbeuntersagung nach § 42 l StGB., jedoch nicht Geschäftsschließung, wie sie für Ordnungsstrafbehörden nach § 10 vorgesehen ist.

§ 5.[1] (1) Die Strafverfolgung tritt nur auf Verlangen[2] des Reichskommissars für die Preisbildung oder der von ihm oder mit seiner Zustimmung hierzu ermächtigten Behörden[3] ein. Das Verlangen ist unzulässig, wenn wegen derselben Handlung eine Ordnungsstrafe rechtskräftig festgesetzt worden ist[4].

(2) Das Verlangen kann bis zur Rechtskraft des Urteils zurückgenommen werden[5].

**1.** Fassung nach VO. v. 28. 8. 41 (RGBl. I S. 539).

**2.** Das Verlangen ist Prozeßvoraussetzung. Die Gerichte sollen vor der Entscheidung die gutachtliche Mitarbeit der Preisbildungs- und Preisüberwachungsstellen möglichst herbeiführen. AV. des RJM. v. 25. 10. 40 (DJust. S. 1217). Siehe auch § 9 Abs. 2. Siehe Anm. 5.

**3.** Siehe Erste OrganisationsAO. v. 12. 12. 36 (DRAnz. Nr. 291), abgedruckt Seite 172, und OrganisationsAO. d. Ostmark v. $\frac{29.\ 3.}{1.\ 4.}$ 38 (RGBl. I 354).

**4.** Durch den rechtskräftigen Ordnungsbescheid ist die Strafklage verbraucht. Ist die Ordnungsstrafe beim Verlangen der Strafverfolgung noch nicht rechtskräftig festgesetzt, so muß der Bescheid zurückgenommen werden. Vgl. § 8 Abs. 5. Falls die Handlung zugleich gegen eine Preisvorschrift wie gegen eine andere Bestimmung krimineller Strafgesetze (Betrug, Urkundenfälschung) verstößt, so ist das Verlangen nicht erforderlich. E. 75 S. 306, E. 76 S. 268. Die Verhängung der Ordnungsstrafe nach § 8 Abs. 1 steht u. U. (Anm. 9 zu § 8) dem gerichtlichen Strafverfahren nicht entgegen. E. 76 S. 153. Wer den mit Ordnungsstrafe belegten Vortäter persönlich begünstigt, ist nicht nach § 257 StGB., sondern wiederum mit Ordnungsstrafe zu bestrafen. Vgl. Anm. 1 zu § 8.

**5.** Das Verlangen ist an keine Frist gebunden und teilbar sowohl hinsichtlich der Person bei mehreren Tätern als auch hinsichtlich der Sache bei mehreren Zuwiderhandlungen. Ferner kann es, wie besonders festgelegt ist, bis zur Rechtskraft der Entscheidung zurückgenommen werden. Die Rücknahme muß erfolgen, wenn die StA. das Verfahren einstellt und eine Bestrafung im Ordnungsstrafverfahren eintreten soll. Sie ist unwiderruflich und unanfechtbar. Nach Rücknahme kann das Verlangen nicht wiederholt werden. Vgl. § 8 Abs. 4. — Siehe auch Anm. 41 zu § 1 VRStVO.

§ 6.[1] (1) Örtlich zuständig für das Verlangen der Strafverfolgung ist die Behörde, in deren Bezirk der Täter seinen Wohnsitz[2] oder in Ermangelung eines Wohnsitzes seinen dauernden Aufenthalt hat.

(2) Ist die Zuwiderhandlung im Geschäftsbetrieb einer Handelsgesellschaft, einer juristischen Person oder sonstigen Personenvereinigung[3] begangen worden, so ist die Behörde zuständig, in deren Bezirk das Unternehmen seinen Sitz hat[4]. Richtet sich die Strafverfolgung lediglich gegen Leiter oder Angestellte einer Zweigniederlassung oder eines sonstigen Zweigbetriebes, so ist die Behörde zuständig, in deren Bezirk sich die Zweigniederlassung oder der Zweigbetrieb befindet; das gleiche gilt, wenn das Unternehmen seinen Sitz im Ausland hat.

(3) Ist die Zuwiderhandlung bei der Veräußerung oder Verpachtung von Grundstücken oder bei der Vermietung oder Ver-

pachtung von Räumen begangen, so ist die Behörde zuständig, in deren Bezirk die Grundstücke oder Räume gelegen sind.

(4)[1] Bei zusammenhängenden Zuwiderhandlungen[5], welche einzeln zur Zuständigkeit verschiedener Behörden gehören würden, ist jede dieser Behörden sowie die Behörde zuständig, in deren Bezirk die strafbare Handlung begangen worden ist.

(5) Ist hiernach eine Zuständigkeit nicht oder mehrfach begründet, so ist die Behörde zuständig, die zuerst mit der Sache befaßt worden ist[6]. Sie kann die Sache an die andere zuständige Behörde abgeben, wenn dies zweckmäßig erscheint. In Zweifelsfällen bestimmt die gemeinsame höhere Behörde (Preisüberwachungs- oder Preisbildungsstelle) die zuständige Behörde. Der Reichskommissar für die Preisbildung kann in besonderen Fällen die Zuständigkeit abweichend bestimmen[1].

1. Fassung nach VO. v. 28. 8. 41 (RGBl. I S. 539).
2. Wohnsitz ist der Ort der Niederlassung § 7 BGB. als Mittelpunkt der gesamten Lebensverhältnisse einer Person.
3. Gesellschaft des bürgerlichen Rechts. §§ 705ff. BGB.
4. D. h. Hauptniederlassung nach HGB., Ort, an dem die Verwaltung geführt wird. § 24 BGB.
5. Zusammenhängende strafbare Handlungen siehe § 3 StPO., Anm. 40 zu § 4 VRStVO.
6. Siehe Anm. 42 zu § 4 VRStVO.

**§ 7.** Außer Kraft gesetzt durch § 21 Abs. 2 Nr. 27 der VO. v. 13. März 1940 (RGBl. I S. 489).

## Ordnungsstrafrecht

### Strafmaßnahmen

§ 8. (1) Bei Zuwiderhandlungen der im § 1 bezeichneten Art können die im § 26 genannten Behörden gegen die schuldigen Personen (Täter und Teilnehmer)[1] Ordnungsstrafen in Geld[2] festsetzen. Wird die Zuwiderhandlung in einem Geschäftsbetrieb[3] begangen, so können außerdem[4] gegen die Inhaber[5] oder Leiter[6] des Geschäftsbetriebes Ordnungsstrafen in Geld festgesetzt werden, wenn sie nicht nachweisen, daß sie die im Verkehr erforderliche Sorgfalt zur Verhütung der strafbaren Handlung angewandt haben[7].

(2) Ist Inhaber des Geschäftsbetriebes eine Handelsgesellschaft, eine juristische Person oder sonstige Personenvereinigung[8], so ist der Nachweis an Stelle des Inhabers von den zur gesetzlichen Vertretung befugten Personen[9] zu führen.

(3) Das Höchstmaß der Geldstrafe ist unbeschränkt.

(4) Die Einziehung von Gegenständen,[1] die Abführung des Mehrerlöses und die öffentliche Bekanntmachung der Bestrafung kann[10] entsprechend den Vorschriften der §§ 3[11] und 4 bestimmt werden. Die Abführung des Mehrerlöses kann auch[12] dem Inhaber oder einem am Gewinn des Geschäftsbetriebes Beteiligten[13] ganz oder teilweise auferlegt werden[14].

(5) Die Festsetzung der Ordnungsstrafe ist nur zulässig, wenn ein Verlangen nach § 5 nicht gestellt oder zurückgenommen worden ist[15].

(6) In Fällen von geringerer Bedeutung[16] kann statt der Ordnungsstrafe eine schriftliche Verwarnung erteilt werden[17]. Sie ist gebührenpflichtig[17]. Eine Anfechtung findet nicht statt.

**1.** Die schuldigen Personen können nur natürliche Personen sein. E. 76 S. 154. Dazu kommen die aus Abs. 2. Begünstigung nach § 257 StGB. gegenüber dem Täter, der mangels Strafverlangens mit Ordnungsstrafe belegt ist, kommt nicht in Frage RG. v. 9. 6. 41 — 2 D 136, 41, a. M. RG. DR. 1941 S. 2046.

**2.** Über die Höhe der Geldstrafe siehe Abs. 3. Gesamtstrafe ist unzulässig. Ersatzfreiheitsstrafe gibt es nicht. E. 75 S. 254.

**3.** § 11 der Ersten VO. zur Durchführung des Körperschaftsteuergesetzes v. 6. 2. 35 (RGBl. I S. 163) erklärt den Begriff wirtschaftl. Geschäftsbetrieb.

Hierunter fallen auch Betriebe, deren Zweck nicht auf Erwerb gerichtet ist, die aber gegen Entgelt Leistungen erbringen. Ständische Organisationen wie Reichsnährstandverbände (Hauptvereinigungen, Wirtschaftsverbände) sind dagegen keine Betriebe. Schütz aaO. Anm. 32.

**4.** Siehe Anm. 21 zu § 4 VRStVO.

**5.** Siehe Anm. 22 zu § 4 VRStVO. die Firma als solche fällt nicht darunter, da sie nur der geschäftl. Name des Inhabers ist.

**6.** Siehe Anm. 23 zu § 4 VRStVO.

**7.** Es muß z. B. nachgewiesen werden, daß den Angestellten die Preisvorschriften nicht bloß zugänglich gewesen, sondern daß diese ständig darüber unterrichtet worden sind und daß auf Einhaltung der Vorschriften gedrungen worden ist. Im übrigen siehe Anm. 27 zu § 4 VRStVO.

**8.** Siehe Anm. 3 zu § 6 .

**9.** Vorstandsmitglieder bei AG., Geschäftsführer bei G. m. b. H. Für die gesetzlichen Vertreter können auch Beauftragte, Angestellte, Prokuristen den Nachweis führen. — Dieser Personenkreis kommt für das gerichtliche Verfahren nicht in Betracht. E. 76 S. 153 (154).

**10.** Die Entscheidung steht im Ermessen der Preisbehörde.

**11.** Die Mehrerlösabführung braucht nicht besonders angeordnet zu werden. Bei kleineren Beträgen ist der Mehrerlös in die Ordnungsstrafe einzubeziehen. Siehe Anm. 15ff. zu § 3.

Unberührt bleibt die Befugnis der Preisüberwachungsstellen, die entgegen § 22 KriegswirtschaftsVO. (abgedruckt S. 99) erzielten Übergewinne des Wirtschaftsjahres abzuschöpfen; ferner das Recht der Preisbildungsstellen, einen erhöhten Preis auf das zulässige Maß herabzusetzen. § 2 des Preisbildungsgesetzes v. 26. 10. 36, RGBl. I S. 927.

Die objektive Einziehung erfolgt auch im Rahmen eines Strafbescheides. Vgl. § 27.

**12.** Siehe Anm. 13 zu § 3.

**13.** Das sind alle die, denen der Mehrerlös tatsächlich zugeflossen ist, also auch stille Teilhaber, Kommanditisten, Erben, juristische Personen, diesen durch ihre Vertreter.

**14.** Fassung nach VO. v. 28. 8. 41 (RGBl. I S. 539).

**15.** Siehe Anm. 4 u. 5 zu § 5. Der Grundsatz ne bis in idem soll gewahrt bleiben. E. 75 S. 206, E. 76 S. 153.

**16.** Leichte Verstöße ungewandter Geschäftsleute etwa gegen neue oder rein formelle Bestimmungen. Siehe auch Anm. 31 zu § 4 VRStVO.

**17.** Die Verwarnung ist keine Strafe. Eine Begründung ist nicht erforderlich (vgl. § 27). Die Erteilung der Verwarnung erfolgt in der Regel durch Polizeibeamte, die von den Preisbehörden beauftragt werden, unter Benutzung von Durchschreibpapier. Erl. des RfPr. v. 13. 3. 40 — Mitt.Bl. I S. 182.

Die Zuständigkeit ergibt sich aus § 26 Abs. 3. Die Gebühr beträgt 1 bis 3 RM. § 37 Abs. 4. Im übrigen siehe Anm. 32 bis 34 zu § 4 VRStVO.

§ 9. (1) Verstößt eine nach § 8 strafbare Handlung zugleich gegen andere Vorschriften über Ordnungsstrafen[1], so erfolgt die Festsetzung von Ordnungsstrafen und Maßnahmen der im § 10 genannten Art nur nach den Vorschriften dieser Verordnung[2]. Dies gilt nicht, wenn die im § 26 bezeichneten Behörden im Einzelfall von der Festsetzung einer Strafe absehen. Erfolgt die Festsetzung der Ordnungsstrafe nach den Vorschriften dieser Verordnung[3], so bleiben die nach anderen Vorschriften bestehenden Befugnisse anderer Stellen[4], sonstige nach dieser Verordnung nicht zulässige Maßnahmen[5] zu verhängen, unberührt.

(2) Die zur Festsetzung von Strafmaßnahmen wegen Verletzung anderer Vorschriften zuständigen Stellen haben die im § 26 bezeichneten Behörden über die von ihnen ermittelten Verletzungen dieser Verordnung zu unterrichten.

**1.** Z. B. §§ 14, 15 der WarVerkVO., die Seite 66 abgedruckt ist.

**2.** Hierdurch soll verhindert werden, daß wegen derselben Handlung mehrere Ordnungsstrafen aus den Preisvorschriften und anderen Bestimmungen (Kontingentierungsvorschriften) verhängt werden. Die Voraussetzungen des § 8 Abs. 1 müssen vorliegen. Nicht zulässig sind die Maßnahmen, wenn das Verlangen nach § 5 gestellt ist. Siehe über Zusammenarbeiten Erl. des RfPr vom 18. 7 40, der Seite 163 abgedruckt ist.

Für die Ostmark siehe § 41 Abs. 2 c.

**3.** In solchem Falle ist dem Betroffenen im Strafbescheid die Betriebsschließung anzukündigen.

**4.** Z. B. Hauptvereinigungen und wirtschaftliche Vereinigungen des Reichsnährstandes.

**5.** Entziehung oder Einschränkung von Kontingenten.

§ 10.[1] (1) Allein[2] oder neben[3] der Ordnungsstrafe[3] oder einer rechtskräftigen gerichtlichen Bestrafung[4] kann die völlige oder teilweise[5] Schließung des gewerblichen Betriebes des Schuldigen oder des Betriebes, in dem die Zuwiderhandlung begangen worden ist, auf Zeit oder Dauer[6] verfügt oder seine Weiterführung von Auflagen[7] abhängig gemacht werden.

(2) In gleicher Weise kann den schuldigen Personen auf dem Gebiet[8], auf dem die Zuwiderhandlung erfolgt ist, die Tätigkeit oder Betriebsführung auf Zeit oder Dauer[6] ganz oder teilweise[9] untersagt[10] oder die weitere Tätigkeit oder Betriebsführung von Auflagen[7] abhängig gemacht werden.

(3) Die Maßnahmen können nach Rechtskraft der Entscheidung auf Kosten der Betroffenen öffentlich bekanntgemacht werden[11].

**1.** Neben der Geschäftsschließung und dem Tätigkeitsverbot kann ferner die Schließung und Untersagung der Fortführung von Betrieben wegen allg. Unzuverlässigkeit des Inhabers und Leiters durch den RfPr. angeordnet werden. § 2 der VO. v. 8. 12. 31, 15. 4. 32 (RGBl. I S. 747/180) in Verb. mit Ges. v. 4. 12. 34 (RGBl. I S. 1201), 15. 7. 33 (RGBl. I S. 490) und 5. 11. 34 (RGBl. I S. 1085); die Handelsuntersagung erfolgt auf Grund der VO. v. 13. 7. 23 (RGBl. I S. 706) in der Fassung der VO. v. 26. 6. 24 (RGBl. I S. 661) und v. 19. 7. 26 (RGBl. I S. 413).

Bei Nichtbeachtung der Maßnahmen siehe §§ 13, 14.

Vollstreckung der Maßnahmen nach § 10 siehe § 34 Abs. 2, vgl. auch § 35.

**2.** Allein bedeutet selbständig.

**3.** Zulässig sind die Maßnahmen auch neben der Unterwerfung nach § 33 und der Verwarnung nach § 8 Abs. 6. Bevor die Maßnahme getroffen wird, kann auch eine vorläufige Maßnahme i. S. des § 10 oder aus den in Anm. 1 genannten Bestimmungen vorgenommen werden. Nachträglich ist die nur zu verhängen, wenn sie in dem Ordnungsstrafbescheid vorbehalten ist oder nachher neue Tatsachen hervorgetreten sind, die die Maßnahme verlangen.

**4.** Bei rechtskräftiger Freisprechung ist die Bestimmung nicht anwendbar, auch dann nicht, wenn das Gericht auf Berufsuntersagung nach § 42 l StGB. erkannt hat.

**5.** Die Schließung wird z. B. auf eine Filiale beschränkt.

**6.** Die Zuständigkeit der Preisüberwachungsstellen und unteren Preisbehörden ergibt sich aus der AO. des RfPr. v. 24. 6. 40 (DRAnz. Nr. 164), die Seite 178 abgedruckt ist.

**7.** Z. B. Ausscheidung bestimmter Gegenstände aus dem Vertrieb, Führung anderer Bücher, Kontrollmaßnahmen.

**8.** D. h. Gewerbezweig.

**9.** Das Gebiet betrifft z. B. den Handel mit Südfrüchten.

**10.** Die selbständige Tätigkeit wird verboten, die unselbständige kann bestehen bleiben.

**11.** Mit Rücksicht auf §§ 13, 14 ist die in das Ermessen der Preisbehörde gestellte Veröffentlichung geboten. Durchführung der Maßnahmen erfolgt nach § 34 Abs. 2.

§ 11. Ist dem Betroffenen oder seinem Beauftragten für den untersagten Betrieb oder die untersagte Tätigkeit eine behördliche Erlaubnis (Wandergewerbeschein, Legitimationskarte, Konzessionsurkunde oder ein ähnliches Ausweispapier) erteilt, so hat die Betriebsschließung und die Tätigkeitsuntersagung den Verlust oder die Einschränkung der Erlaubnis zur Folge[1].

**1.** Die Einziehung der Urkunden erfolgt durch die Ausstellungsbehörde nach den Vorschriften der GWO. u. a.

## Verjährung

§ 12.[1] Die Vorschritfen des Strafgesetzbuches über die Verjährung der Strafverfolgung und Strafvollstreckung von Vergehen finden auf das Ordnungsstrafverfahren sinngemäß[2] mit der Maßgabe Anwendung, daß die Strafverfolgung in fünf Jahren und die Strafvollstreckung bei Ordnungsstrafen bis 150 Reichsmark in zwei Jahren, im übrigen in fünf Jahren verjährt[3]. Einer Handlung, die nach dem Strafgesetzbuch die Verjährung unterbricht, stehen entsprechende Handlungen der mit der Festsetzung oder der Vollstreckung von Ordnungsstrafen beauftragten Behörden gleich.

**1.** Fassung beruht auf VO. v. 28. 8. 41 (RGBl. I S. 539).
**2.** Siehe Satz 2 u. Anm. 4 u. 5 zu § 21 VRStVO.
**3.** §§ 67ff. StGB., für Ostmark §§ 531, 532 ÖStGB.

## Nichtbeachtung von Strafmaßnahmen

§ 13. Rechtsgeschäfte[1], die von den Betroffenen entgegen der Vorschrift des § 10 oder in Umgehung dieser Vorschrift, insbesondere durch vorgeschobene Personen vorgenommen werden, sind nichtig. Für Verfügungen dieser Art gelten die Vorschriften des bürgerlichen Rechts zugunsten derer, die Rechte von einem Nichtberechtigten herleiten, entsprechend[2]. Im übrigen wirkt die Nichtigkeit nicht zum Nachteil dessen, der die Betriebsschließung oder die Tätigkeitsuntersagung ohne grobe Fahrlässigkeit[3] nicht kannte.

**1.** Es können Rechtsgeschäfte aller Art sein, zweiseitige und einseitige. Z. B. Kündigung.
**2.** Siehe Anm. 12 zu § 3.
**3.** D. h. schwere Verletzung der Sorgfaltspflicht. Siehe aber § 26 der VO. über Handelsbeschr. Anm. 1 zu § 10.

§ 14. (1) Wer entgegen einem nach § 10 ausgesprochenen Verbot selbst oder durch eine vorgeschobene Person Geschäfte betreibt oder die ihm untersagte Tätigkeit oder Betriebsführung ausübt, wird mit Gefängnis bis zu zwei Jahren und mit Geldstrafe oder mit einer dieser Strafen bestraft[1 2].

(2) Dieselbe Strafe trifft denjenigen, der mit diesen oder für diese Personen ein Geschäft abschließt, obwohl ihm bekannt war, daß ihnen die geschäftliche Tätigkeit oder Betriebsführung untersagt oder das Geschäft geschlossen worden ist.

(3) Neben der Strafe kann auf Einziehung der Gegenstände, auf die sich der unzulässige Betrieb oder die unzulässige Tätigkeit bezieht, und der zur Fortführung des Betriebes oder der Tätigkeit bestimmten oder verwendeten Gegenstände und Einrichtungen erkannt werden, wenn diese Gegenstände dem Täter oder einem Teilnehmer gehören.

(4) Die Vorschriften des § 3 Abs. 2, 5 und 6 finden entsprechende Anwendung.

**1.** Tateinheit mit § 145 c StGB. Siehe ferner § 28 der VO. über Handelsbeschränkung Anm. 1 zu § 10.

**2.** Keine Ordnungsstrafe, doch ist zur Strafverfolgung kein Antrag erforderlich.

## Ermittlungsverfahren

§ 15. (1) Die Behörden und Beamten der Polizei haben Verstöße gegen die Preisvorschriften zu erforschen und alle keinen Aufschub gestattenden Anordnungen zu treffen, um die Verdunkelung der Sache zu verhüten[1].

(2) Sie übersenden ihre Verhandlungen ohne Verzug der für die Anordnung von Ordnungsstrafen zuständigen Behörde[2].

**1.** Das Einschreiten der Polizei ist wie nach § 163 StPO. vorgeschrieben. Die Polizei kann auch Festnahmen, Beschlagnahmen und Durchsuchungen vornehmen. Wird die Verhaftung und die formelle Beschlagnahme notwendig, so ist zur Einleitung der Strafverfolgung das Verlangen nach § 5 zu stellen.

**2.** Siehe § 26.

§ 16. (1) Die mit der Preisüberwachung beauftragten Behörden können von allen öffentlichen Behörden, von Berufsvertretungen sowie natürlichen und juristischen Personen (Auskunftspersonen) Auskünfte verlangen, soweit dies zur Überwachung der Preisgestaltung erforderlich ist[1]. Sie können ferner Ermittlungen jeder Art mit Ausschluß von eidlichen Vernehmungen[2], Beschlagnahmen und Durchsuchungen[3] entweder selbst vornehmen oder durch die Behörden und Beamten der Polizei vornehmen lassen. Diese sind verpflichtet, dem Ersuchen der mit der Preisüberwachung beauftragten Behörden zu genügen[4].

(2) Die Gerichte sind gleichfalls zur Amts- und Rechtshilfe verpflichtet[5].

(3)[6] Ist zu befürchten, daß der Beschuldigte in Erwartung eines Ordnungsstrafbescheids Vermögenswerte beiseite schafft, so können die mit der Preisüberwachung beauftragten Behörden ihm die Verfügung über einzelne Vermögensstücke einstweilen untersagen. Das Verbot ist dem Beschuldigten zuzustellen. Dritte, denen das Verbot zugestellt worden ist oder die auf andere Weise sichere Kenntnis davon erlangt haben, dürfen nicht zu seinen Gunsten über die Vermögensstücke verfügen oder Anweisungen befolgen, die der Beschuldigte entgegen dem Verbot erteilt hat. Bei Zuwiderhandlungen gegen das Verfügungsverbot gelten die §§ 13 und 14 sinngemäß.

**1.** Im Weigerungsfalle Verhängung von Ordnungsstrafen nach § 22. Daneben besteht die Auskunftspflicht (VO. v. 13. 7. 23 RGBl. I S. 723), abgedruckt Seite 85. Die Befugnisse daraus stehen den unteren Verwaltungsbehörden nicht zu. Ziff. 8 der 1. Org.AO. v. 12. 12. 36 (DRAnz. Nr. 291), abgedruckt Seite. 172 — Zu statistischen Zwecken dürfen Auskünfte nicht erfordert werden. Die Verweigerung der Auskunft ist nur nach § 19 Abs. 2 zulässig. Über Gegenstand der Auskunftspflicht siehe auch § 21.

**2.** Siehe § 19 Abs. 3.

**3.** §§ 94ff., 102 StPO. Zuständig sind in der Regel der Richter, bei Gefahr im Verzuge Staatsanwalt und Polizei.

**4.** Diese Rechtshilfebestimmungen sind weitergehend als die nach § 5 des Ges. v. 29. 10. 36 (RGBl. I S. 927).

**5.** Zuständig sind die Amtsgerichte.

**6.** Eingefügt durch VO. v. 28. 8. 41 (RGBl. I S. 539).

§ 17. (1) Vor der Festsetzung einer Ordnungsstrafe[1] ist der Beschuldigte[2] über die ihm zur Last gelegte Zuwiderhandlung und seine persönlichen Verhältnisse zu vernehmen. Ihm ist Gelegenheit zu geben, die gegen ihn vorliegenden Verdachtsgründe zu beseitigen[3].

(2) Leistet der Beschuldigte der Vorladung zur Vernehmung keine Folge, so kann die zwangsweise Vorführung angeordnet werden[4]. Sie erfolgt durch die zuständige Polizeibehörde.

**1.** Also nicht bei Erteilung der Verwarnung nach § 8 Abs. 6, wohl aber im Falle der Unterwerfung nach § 33. AM. Schütz aaO. Anm. 63.

**2.** Also auch Inhaber und Leiter von Betrieben nach § 8.

**3.** Auch Verteidiger, besonders Rechtsanwälte sind zuzulassen; ungeeignete Personen die als Vertreter auftreten wollen, sind zurückzuweisen.

**4.** Vgl. § 17 des Preuß. Polizeiverw.-Ges.

§ 18. (1) Über die Vernehmung der Beschuldigten und Zeugen soll eine Niederschrift aufgenommen werden, die vom Untersuchungsführer und, wenn ein Urkundsbeamter zugezogen ist, auch von diesem zu unterschreiben ist. Die Niederschrift soll

Ort und Tag der Verhandlung sowie die Namen der mitwirkenden und beteiligten Personen ersehen lassen.

(2) Die Niederschrift ist den Beteiligten, soweit sie davon betroffen werden[1], zur Genehmigung vorzulesen oder zur eigenen Durchsicht vorzulegen. Die erfolgte Genehmigung ist zu vermerken und die Niederschrift von den Beteiligten entweder zu unterschreiben oder darin anzugeben, weshalb die Unterschrift unterblieben ist.

(3)[2] Die Niederschrift über die Angaben des Beschuldigten ist nicht erforderlich, wenn der Beschuldigte darauf verzichtet. In diesem Falle sind die Angaben des Beschuldigten inhaltlich in den Akten zu vermerken.

1. So sind Zeugenaussagen den Beschuldigten nicht vorzulesen.
2. Eingefügt durch VO. v. 28. 8. 41 (RGBl. I S. 539).

§ 19. (1) Bei der Vernehmung von Zeugen und Sachverständigen sind die Vorschriften der Strafprozeßordnung über das Aussageverweigerungsrecht sinngemäß anzuwenden[1].

(2) Auf die Erteilung und Einholung von Auskünften finden die gleichen Vorschriften sinngemäß Anwendung[2].

(3) Eidliche Vernehmungen von Zeugen und Sachverständigen können durch die zuständigen Amtsgerichte nach den für sie gültigen Strafverfahrensvorschriften vorgenommen werden[3].

1. §§ 52ff., 76 StPO. §§ 120, 151ff. ÖStPO. Jedoch § 21 Abs. 1 S. 2.
2. Siehe § 16. Der Beschuldigte kann als solcher erst recht Auskunft verweigern. Vgl. dazu Anm. 10 zu § 10 WarverkVO. u § 2 Auskftpfl. VO. u. § 21 Abs 1 Satz 2
3. §§ 59ff., 79 StPO., §§ 169, 170, 121 ÖStPO.

§ 20. (1) Jeder Zeuge hat nach den für die vernehmende Behörde[1] geltenden Vorschriften Anspruch auf eine Entschädigung für notwendige Auslagen und Zeitversäumnisse aus der Staatskasse.

(2) Sachverständigen kann neben dem Ersatz der notwendigen Auslagen eine angemessene Vergütung gewährt werden[1].

1. Beim Amtsgericht § 71 StPO. Es gilt die Gebührenordnung für Zeugen und Sachverständige v. 21. 12. 25 (RGBl. I S. 471). Werden Verwaltungsbehörden tätig, so ist § 106 der Preuß. Landesverwaltungsgesetzes heranzuziehen.

§ 21. (1) Wer Auskunft zu erteilen hat, ist verpflichtet, der ersuchenden Behörde auf Verlangen diejenigen Gegenstände, insbesondere Urkunden und Schriftstücke einschließlich der einschlägigen Stellen seiner Geschäftsbücher zur Einsicht oder Nachprüfung vorzulegen[1], die sich auf bestimmt zu bezeichnende Vorgänge beziehen[2]. Unter den gleichen Voraussetzungen hat er Einsicht in Räume und verschlossene Behältnisse zu gewähren, die er dem Zuwiderhandelnden überlassen hat. § 19 Abs. 1 und 2 finden keine Anwendung[3].

(2) In dringenden Fällen kann die Vorlegung unmittelbar erzwungen werden[4].

1. Es kann auch die Vorlegung in den Diensträumen verlangt und erzwungen werden.

Die Befugnisse aus § 4 der AuskunftspflichtVO. (Anm. 1 zu § 16) für die Preisüberwachungsstellen (nicht für die unteren Verwaltungsstellen) bestehen daneben.

2. Es genügt die Angabe eines Waren-Ein- oder -Verkaufs.

3. Damit ist jegliches Weigerungsrecht ausgeschlossen.

4. Gegebenenfalls durch Polizei § 16. Neben der Erzwingung ist Ordnungsstrafe möglich § 22.

§ 22. (1) Verweigern Zeugen, Sachverständige oder private Auskunftspersonen vor den mit der Preisüberwachung beauftragten Behörden ohne einen nach § 19 Abs. 1 oder 2 zulässigen Grund ihr Zeugnis, das Gutachten oder die verlangte Auskunft oder verweigern sie die im § 21 geregelte Vorlegung oder leisten sie der nach § 24 Abs. 2 Satz 1 zugestellten Ladung nicht Folge, so können der Reichskommissar für die Preisbildung oder die Preisüberwachungsstellen[1] und im Beschwerdeverfahren die Beschwerdebehörden gegen sie Ordnungsstrafen bis zu 100000 Reichsmark festsetzen. Zugleich können ihnen die durch ihre Weigerung oder ihr Ausbleiben verursachten Kosten auferlegt werden.

(2) Beim Ausbleiben eines Zeugen oder Sachverständigen kann die Vorführung durch die zuständige Polizeibehörde angeordnet werden. Die Polizeibehörde hat dem Ersuchen stattzugeben.

(3) Diese Maßnahmen sind mit der Beschwerde anfechtbar; die Vorschriften der §§ 28 bis 31 und 32 Abs. 2 sind entsprechend anzuwenden.

(4) Entschuldigt ein ausgebliebener Zeuge oder Sachverständiger sich nachträglich genügend, so sind die getroffenen Maßnahmen wieder aufzuheben. Die Einziehung der festgesetzten Ordnungsstrafen und Kosten erfolgt nach § 34 Abs. 1 und 3.

1. Die unteren Verwaltungsstellen (§ 31) haben dieses Bestrafungsrecht nicht.

§ 23. (1) Der Sachverständige hat über das, was ihm durch seine Tätigkeit bekannt wird, Verschwiegenheit zu bewahren. Insbesondere ist ihm die unbefugte Verwertung von Betriebs-

und Geschäftsgeheimnissen untersagt. Er ist hierauf besonders zu verpflichten.

(2) Zuwiderhandlungen werden mit Gefängnis bis zu zwei Jahren bestraft.

(3)[1] Die Strafverfolgung tritt nur auf Antrag[2] des Verletzten oder auf Verlangen[1] der im § 5 bezeichneten Behörden ein.

(4) Die Abs. 2 und 3 finden keine Anwendung, sofern nach anderen Vorschriften[3] eine höhere Strafe verwirkt ist.

1. Fassung nach VO. v. 28. 8. 41 (RGBl. I S. 539).
2. Für den Antrag gelten §§ 61ff. StGB., § 158 StPO.
3. §§ 353b, 353c StGB.

## Zustellung, Fristen

§ 24. (1) Strafbescheide[1] sind den Betroffenen zuzustellen.

(2) Auf das Verfahren bei der Zustellung finden die Vorschriften der Zivilprozeßordnung über Zustellungen von Amts wegen mit Ausnahme der §§ 189, 203 bis 207, 210a und 212a[2] entsprechende Anwendung[3] [4]. Ist die Zustellung in der vorgeschriebenen Weise nicht ausführbar, so gilt sie als erfolgt, wenn der entscheidende Teil des Strafbescheides im Deutschen Reichs- und Preußischen Staatsanzeiger bekanntgemacht worden ist und seit dem Erscheinen des Blattes zwei Wochen verflossen sind.

(3) Die gebührenpflichtige Verwarnung kann durch eingeschriebenen Brief oder Übergabe an den Beschuldigten gegen Empfangsbekenntnis zugestellt werden.

1. Hierunter fällt auch der Strafbescheid aus § 22 Abs. 1.
2. Die Paragraphen sind Seite 182 abgedruckt. Zustellungen an Wehrmachtsangehörige erfolgen nach den Vorschriften der VO. über das Verfahren bei Zustellungen an Angehörige der Wehrmacht vom 13. 3. 40 (RGBl. I S. 501), die sinngemäß anzuwenden ist auf Angehörige des Reichsarbeitsdienstes VO. v. 5. 7. 40 (RGBl. I S. 949), auf Angehörige der Organisation Todt VO. v. 21. 1. 43 (RGBl. I S. 52).
3. In der Ostmark gelten die in § 41 Abs. 2 d angeführten Bestimmungen.
4. Falls der Ladung nicht Folge geleistet wird, ist Verhängung einer Ordnungsstrafe zulässig, § 22.

§ 25. (1) Für die Berechnung der Fristen finden §§ 42 und 43 der Strafprozeßordnung und bei Versäumung einer Frist die §§ 44 bis 47 der Strafprozeßordnung entsprechende Anwendung[1].

(2) Gegen die Verweigerung der Wiedereinsetzung ist die Be-Beschwerde zulässig; die §§ 28 bis 31 und 32 Abs. 2 sind entsprechend anzuwenden[2].

1. In der Ostmark gelten die in § 41 Abs. 2 d angeführten Parag aphen.

2. Hat die Preisbildungsstelle den Antrag abgelehnt, so entscheidet über die Beschwerde der RfPr.

## Festsetzung der Strafe

§ 26. (1) Die Festsetzung von Ordnungsstrafen und der übrigen in den §§ 8 und 10 vorgesehenen Maßnahmen erfolgt durch den Reichskommissar für die Preisbildung oder die von ihm oder mit seiner Zustimmung hierzu ermächtigten Behörden[1].

(2) Das Recht anderer Stellen, wegen Verletzung der im § 1 Abs. 2 bezeichneten Vorschriften und Anordnungen Ordnungsstrafen in Geld zu verhängen oder Maßnahmen nach § 10 anzuordnen, ruht[2].

(3) Örtlich zuständig sind die Behörden, die nach § 6 für das Verlangen der Strafverfolgung zuständig sind[3]. Die gebührenpflichtige Verwarnung kann auch von der Behörde erteilt werden, in deren Bezirk sich der Ort der Zuwiderhandlung befindet; § 6 Abs. 5 ist entsprechend anzuwenden.

(4) Ist die Behörde, in deren Bezirk eine Zuwiderhandlung begangen worden ist, für die Festsetzung der Ordnungsstrafe nicht örtlich zuständig, so hat sie die erforderlichen Ermittlungen zu treffen und ihre Vorgänge der zuständigen Behörde weiterzuleiten; sie kann in dringenden Fällen für ihren Bezirk auch vorläufige Maßnahmen nach § 10 treffen.

1. Sachliche Zuständigkeit, siehe Anm. 3 zu § 5. Sollen Ordnungsstrafen gegen Wehrmachtsangehörige festgesetzt werden, so ist nach den Dienstanweisungen des RfPr. die Akte und eine genaue Sachdarstellung vorher dem zuständigen Gerichtsherrn (§ 120 des KriegsstrafverfahrensVO. v. 17. 8. 38. RGBl. 1939 I. S. 1457) zuzuleiten mit dem Hinweis, daß ein Strafverfolgungsverlangen nach § 5 nicht gestellt werden würde und daher Überweisung der Sache an die Preisbehörde erbeten werde (§ 18 aaO.). Dieses Verfahren ist nicht erforderlich, wenn nur eine gebührenpflichtige Verwarnung (§ 8 Abs. 6) ausgesprochen werden soll oder der Beschuldigte sich dem Unterwerfungsverfahren unterwirft (§ 33).

2. Damit ruhen die Ordnungsstrafbefugnisse der Zusammenschlüsse des Reichsnährstandes und der deutschen Forst- und Holzwirtschaft. Schütz aaO., Anm. 80. Allerdings verliert § 26 Abs. 2 durch § 39 seine Bedeutung.

3. Fassung nach VO. v. 28. 8. 41 (RGBl. I S. 539).

§ 27. Der Strafbescheid über die Ordnungsstrafe oder die Maßnahmen nach § 8 Abs. 4 und § 10 sind zu begründen. In der Begründung sind die strafbare Handlung, die verletzten Vorschriften, die Beweismittel und die Rechtsmittel anzugeben[1,2].

1. Ferner ist auf die Zulassung der Beschwerde nach § 28 Abs. 2 hinzuweisen.

2. Ordnungsstrafen sind den Strafregisterbehörden und zu den polizeilichen Listen nicht mitzuteilen. Eine Ausnahme besteht nur für die Anordnung eines Tätigkeitsverbots nach § 10 Abs. 2. Vgl. 9a der StrafregisterVO. v. 17. 2. 34 (RGBl. I S. 140).

## Rechtsmittel

§ 28. (1) Gegen den Strafbescheid[1] steht den Betroffenen die Beschwerde zu[2]. Dies gilt nicht, wenn der Reichskommissar für die Preisbildung den Strafbescheid selbst erlassen hat.

(2)[2] Strafbescheide über Ordnungsstrafen, die im Einzelfalle den Betrag von 20 Reichsmark nicht übersteigen und neben denen Maßnahmen nach §§ 3 oder 10 nicht verfügt worden sind, sind nur anfechtbar, wenn die festsetzende Behörde die Beschwerde im Hinblick auf die grundsätzliche Bedeutung oder die besonderen Umstände des Einzelfalls ausdrücklich zugelassen hat[3]. Der Reichskommissar für die Preisbildung bestimmt den Zeitpunkt, in dem diese Vorschrift außer Kraft tritt.

1. Strafbescheid nach § 27. Gegen die Berechnung der Kosten und Gebühren (§§ 36, 37) ist nur die Aufsichtsbeschwerde gegeben. Diese allgemein gegen Strafbescheide zuzulassen, besteht kein Bedürfnis.
2. Eingefügt durch VO. v. 28. 8. 41 (RGBl. I S. 539).
3. Die Zulassung der Beschwerde wird im Strafbescheid ausgesprochen.

§ 29. (1) Die Beschwerde ist innerhalb einer Woche nach der Zustellung des Strafbescheides bei der Behörde, die den Strafbescheid erlassen hat, schriftlich einzureichen oder mündlich zur Niederschrift zu erklären. Durch die Einlegung bei der Beschwerdebehörde[1] wird die Frist gewahrt.

(2) Erachtet die Behörde, deren Bescheid angefochten worden ist, die Beschwerde für begründet, so hat sie ihr abzuhelfen[2]; andernfalls hat sie [die] Beschwerde an die Beschwerdebehörde weiterzuleiten.

1. Siehe § 31.
2. D. h. die Preisbehörde kann ihren Bescheid zurücknehmen oder nochmals in die Ermittelungen eintreten.

§ 30. Die Beschwerde hat keine aufschiebende Wirkung; die Beschwerdebehörde kann jedoch anordnen, daß die Vollstreckung des angefochtenen Bescheides auszusetzen ist[1].

1. Die Aussetzung der Vollstreckung ist erforderlich, wenn der angefochtene Bescheid zweifelhaft ist.

§ 31. (1) Über die Beschwerde entscheidet, wenn sie gegen den Strafbescheid der unteren Verwaltungsbehörde[1] gerichtet ist, die Preisüberwachungsstelle, in den übrigen Fällen die Preisbildungsstelle[2]. In Berlin entscheidet statt des Stadtpräsidenten der Polizeipräsident persönlich oder sein allgemeiner Vertreter oder eine vom Polizeipräsidenten einzurichtende Beschwerdestelle.

(2) Der Reichskommissar für die Preisbildung kann durch Verwaltungsanweisung für bestimmte Gebiete die Entscheidung über die Beschwerde an sich ziehen[3].

(3)[4] Der Reichskommissar für die Preisbildung kann rechtskräftige Ordnungsstrafbescheide der nachgeordneten Preisbehörden binnen einem Jahr nach Eintritt der Rechtskraft aufheben, wenn der Ordnungsstrafbescheid wegen eines Fehlers bei der Anwendung des Rechts ungerecht ist[5].

**1.** Polizeiverwalter, Bürgermeister, Landräte.

**2.** Diese Stellen sind auch zuständig, wenn sie auf Grund von Einzelermächtigungen tätig geworden sind, z. B. Ziff. 5 u. 7 der 1. Organisat.AO. abgedruckt Seite 172.

**3.** Die Anweisung ist noch nicht ergangen.

**4.** Eingefügt durch VO. v. 28. 8. 41 (RGBl. S. 359).

**5.** Die Vorschrift tritt an die Stelle der für das Ordnungsstrafverfahren nicht geltenden Nichtigkeitsbeschwerde nach § 34 ZuständigkeitsVO. v. 21. 2. 40 (RGBl. I S. 405). Auch eine Wiederaufnahme des Verfahrens wie nach § 359 StPO. gibt es hier nicht.

§ 32. (1) Der Strafbescheid kann im Beschwerdeverfahren auch zum Nachteil des Betroffenen geändert werden[1].

(2) Die Entscheidung der Beschwerdebehörde ist endgültig[2].

(3) § 27 findet entsprechende Anwendung[3].

**1.** Die damit ausgesprochene Schlechterstellung (reformatio in pejus) entspricht dem § 331 StPO. Im übrigen lautet die Entscheidung auf Verwerfung der Beschwerde, auf Zurückverweisung zur erneuten Ermittelung und Bescheidung oder auf Aufhebung des Strafbescheides unter Fortfall einer Gebühr. § 37 Abs. 1.

§ 32 gilt auch für die Ostmark.

**2.** Über die Wirkungen der Rechtskraft des Strafbescheides siehe Anm. 13b zu § 4 VRStVO. Vgl. auch § 31 Abs. 3.

**3.** Eine Bezugnahme auf die Gründe des angefochtenen Bescheides ist zulässig.

## Unterwerfungsverfahren

§ 33. Räumt der Beschuldigte die Zuwiderhandlung ein, so kann er sich in einer die wesentlichen Tatumstände und verletzten Vorschriften enthaltenden Niederschrift einer zugleich festzusetzenden Ordnungsstrafe unterwerfen[1]. Die Unterwerfung steht der rechtskräftigen Festsetzung einer Ordnungsstrafe gleich[2].

1. Über die Unterwerfungsverhandlungen siehe die Anmerkungen zu dem gleichlautenden § 16 VRStVO. S. 43.

2. Daneben können noch Maßnahmen nach § 10 getroffen werden, doch kann sich der Beschuldigte der Betriebsschließung nicht unterwerfen.

## Vollstreckung

§ 34. (1) Die Vollstreckung des Strafbescheides erfolgt mit Ausnahme der im § 10 vorgesehenen Maßnahmen nach den landesrechtlichen Vorschriften im Verwaltungszwangsverfahren[1].

(2)[2] Die Maßnahmen nach § 10 hat die Behörde durchzuführen, welche die Maßnahmen im ersten Rechtszuge angeordnet hat. Diese Behörde ist auch zuständig für die Bewilligung von Teilzahlungen und Zahlungsfristen. Teilzahlungen werden zunächst auf die Strafe und dann auf den abzuführenden Mehrerlös angerechnet.

(3) In den Nachlaß kann nur vollstreckt werden, wenn der Strafbescheid bei Lebzeiten des Bestraften rechtskräftig geworden ist[3].

1. Preußen: VO. v. 15. 11. 99 (GS. S. 545) i. Fassung des § 4 des Ges. v. 12. 7. 33 (GS. S. 252) und der VO. v. 11. 12. 34 (GS. S. 459),
Ostmark: Verwaltungsvollstreckungs-Ges. (BGB. Nr. 276/1925).

2. Fassung nach VO. v. 28. 8. 41 (RGBl. I S. 539).

3. Wie § 30 StGB.

§ 35. (1) Sind Warenvorräte der durch Anordnungen nach § 10 betroffenen Betriebe während der Dauer der Schließung des Betriebes dem Verderb oder einer wesentlichen Wertminderung ausgesetzt, so kann die für die Anordnungen nach § 10 zuständige Behörde die für die rechtzeitige Verwertung der Vorräte notwendigen Maßnahmen[1] treffen. Die Durchführung der Maßnahmen geschieht auf Rechnung und Gefahr des Betriebsinhabers.

(2) Streitigkeiten über die Notwendigkeit oder die Art der Maßnahmen entscheidet unter Ausschluß des Rechtsweges die Behörde, die nach § 31 über Beschwerden gegen die Anordnungen zu entscheiden hat. Hat der Reichskommissar für die Preisbildung die Maßnahmen getroffen, so entscheidet er selbst. Diese Entscheidungen sind endgültig.

1. Die Maßnahmen können bestehen z. B. in der Bestellung eines Treuhänders zum Verkauf der Waren oder in der Übergabe des Geschäftes an einen anderen Händler.

## Kosten des Verfahrens

§ 36. Die Kosten[1] des Ordnungsstrafverfahrens sind dem Bestraften aufzuerlegen[2]. Mehrere wegen derselben Zuwiderhandlung[3] Bestrafte haften für die Auslagen als Gesamtschuldner; dies gilt nicht für die durch die Vollstreckung entstandenen Auslagen.

1. Kosten sind Gebühren und Auslagen. § 37 Kostenverordnung des RfPr. für Preisangelegenheiten v. 6. 1. 41 (RGBl. I S. 29).
2. Hinsichtlich der Anfechtung Anm. 1 zu § 28.
3. Auch bei Bestrafung mehrerer teils aus § 8 Abs. 1 S. 1, teils aus § 8 Abs. 1 S. 2.

§ 37. (1) Die Gebühr für den Erlaß jedes Strafbescheides[1] beträgt[2] 5 vom Hundert des Betrages der auferlegten Geldstrafe und des Wertes der sonstigen Maßnahmen, mindestens aber eine und höchstens zehntausend Reichsmark. Für eine erfolglose Beschwerde gegen den Strafbescheid wird dieselbe Gebühr erhoben; sie kann jedoch ermäßigt werden, wenn die Beschwerde teilweisen Erfolg hatte. Der Wert der sonstigen Maßnahmen wird nach freiem Ermessen bestimmt.

(2) An Auslagen werden erhoben:

1. Telegraphische Gebühren und im Fernverkehr zu entrichtende Fernsprechgebühren,
2. Kosten von Zustellungen und öffentlichen Bekanntmachungen,
3. Entschädigungen, die an Zeugen und Sachverständige gezahlt sind,
4. Reisekosten der Beamten bei Geschäften außerhalb des Dienstsitzes,
5. Auslagen anderer Behörden,
6. Kosten der Erhaltung beschlagnahmter Sachen und der Beförderung von Personen oder Sachen,
7. Haftkosten.

(3) Die Vollstreckungskosten werden nach den landesgesetzlichen Vorschriften erhoben[3].

(4) Für gebührenpflichtige Verwarnungen beträgt die Gebühr eine bis drei Reichsmark[4]. Die Festsetzung erfolgt zugleich mit der Erteilung der Verwarnung und ist nicht anfechtbar. Auslagen werden nicht erhoben.

1. Auch in den Fällen der §§ 8 Abs. 4, 10 u. 33.
2. Über Anfechtung der Entscheidung Anm. 1 zu § 28.
3. Fassung nach VO. v. 28. 8. 41 (RGBl. I S. 535).
4. Der RfPr. kann den Zeitpunkt für das Außerkrafttreten unter Wiederherstellung des bisherigen Rechtszustandes bestimmen. § 2 der VO. v. 28. 8. 41 (RgBl. I S. 539).

## Schlußvorschriften

§ 38. (1) Die Verordnung tritt am 1. Juli 1939 in Kraft.

(2) Zugleich treten die Straf- und Strafverfahrensvorschriften außer Kraft, die der Reichskommissar für die Preisbildung oder die von ihm mit der Preisbildung beauftragten Stellen früher erlassen haben oder die in den im § 1 Abs. 2 erwähnten Vorschriften und Anordnungen enthalten oder im Zusammenhang damit erlassen worden sind. Dies gilt nicht für die Straf- und Strafverfahrensvorschriften, die vom Reichskommissar für die Preisbildung zugleich mit anderen Obersten Reichsbehörden, vom Reichsnährstand, dessen Zusammenschlüssen oder von dem Reichsminister für Ernährung und Landwirtschaft für Verstöße gegen Vorschriften des Reichsnährstandes und seiner Zusammenschlüsse oder von dem Reichsforstmeister auf Grund des Gesetzes über die Marktordnung auf dem Gebiete der Forst- und Holzwirtschaft vom 16. Oktober 1935 (RGBl. I S. 1239) oder von der Marktvereinigung der deutschen Forst- und Holzwirtschaft erlassen worden sind; diese Straf- und Strafverfahrensvorschriften finden jedoch, soweit die Vorschriften dieser Verordnung gelten, bis auf weiteres keine Anwendung.

(3) Insbesondere treten hiernach außer Kraft:

§§ 13 bis 18 der Verordnung über Preisüberwachung vom 11. Dezember 1934 (RGBl. I S. 1245 — Deutscher Reichsanz. u. Preuß. Staatsanz. Nr. 291),

§ 4 Abs. 2 und § 6 der Verordnung über Preise für unedle Metalle vom 31. Juli 1934 (RGBl. I S. 766),

§§ 4 und 5 der Verordnung über das Verbot von Preiserhöhungen vom 26. November 1936 (RGBl. I S. 955),

§ 5 der Verordnung über Preisbindungen und gegen Verteuerung der Bedarfsdeckung vom 12. November 1934 in der Fassung vom 11. Dezember 1934 (RGBl. I S. 1110, 1248 — Deutscher Reichsanz. u. Preuß. Staatsanz. Nr. 266/291),

§ 5 der Verordnung zur Ergänzung der Verordnung über Preisbindungen und gegen Verteuerung der Bedarfsdeckung vom 29. März 1935 (RGBl. I S. 488),

§ 6 der Verordnung über Meldepflicht, Mengen- und Gewichtsangabe bei Markenwaren vom 22. Februar 1932 in der Fassung der Verordnungen vom 1. Juli 1932 und 28. September 1932 (RGBl. I S. 120, 347, 492), die Verordnung über Ordnungsstrafen bei Zuwiderhandlungen gegen Preisschildervorschriften und Preisfestsetzungen vom 8. Januar 1935 (RGBl. I S. 10),

die Verordnung über Ordnungsstrafen bei Überschreitungen von Preisfestsetzungen für Lebensmittel vom 4. September 1935 (RGBl. I S. 1136),

§ 2 der Verordnung zur Förderung selbständiger Kostenberechnungen in der Wirtschaft vom 15. November 1934 (RGBl. I S. 1186 — Deutscher Reichsanz. u. Preuß. Staatsanz. Nr. 270),

die Zweite Verordnung über Ordnungsstrafen bei Überschreitungen von Preisfestsetzungen für Lebensmittel vom 5. Dezember 1935 (RGBl. I S. 1418),

die Neunte Verordnung über Ordnungsstrafen bei Überschreitungen von Preisfestsetzungen für Lebensmittel vom 24. März 1939 (RGBl. I S. 582),

die Verordnung über Ordnungsstrafen bei Über- und Unterschreitungen der Preisfestsetzungen auf dem Gebiete der Forst- und Holzwirtschaft vom 4. Mai 1936 (RGBl. I S. 435),

§ 3 der Verordnung zur Ergänzung der Verordnung über Preisschilder und Preisverzeichnisse vom 20. Juli 1936 (RGBl. I S. 629),

§ 4 der Verordnung über Preisverzeichnisse und Preisschilder im Kleinhandel mit Wild, Wildgeflügel und Geflügel vom 25. November 1936 (RGBl. I S. 1007),

§ 22 des Spinnstoffgesetzes vom 6. Dezember 1935 (RGBl. I S. 1411),

§ 2 der Verordnung über Werbebeschränkungen vom 19. Juni 1935 (Deutscher Reichsanz. u. Preuß. Staatsanz. Nr. 141), während im § 1 die Worte „von der örtlichen zuständigen Preisüberwachungsstelle mit einer Ordnungsstrafe bis zu 1000 Reichsmark für jeden Fall der Zuwiderhandlung" fortfallen,

§ 4 der Verordnung gegen Preissteigerungen aus Anlaß der Erhöhung von Eisenbahngütertarifen vom 20. Januar 1936 (Deutscher Reichsanz. u. Preuß. Staatsanz. Nr. 18),

§ 4 der Verordnung gegen Preissteigerungen aus Anlaß der Einschränkung des Eisenbahnverkehrs mit Ostpreußen vom 6. Februar 1936 (RGBl. I S. 61),

§ 3 der Verordnung über den Handel mit Bienenhonig vom 22. Oktober 1935 (RGBl. I S. 1253),

§ 2 der Verordnung über den Handel mit Kunsthonig vom 4. Januar 1935 (RGBl. I S. 9),

§ 4 der Verordnung zur Vereinfachung und Verbilligung des Warenverkehrs im Handel mit Ölen und Fetten vom 1. Juni 1935 (RGBl. I S. 722),

§ 2 der Verordnung über den Verkauf von Brennstoffen vom 14. November 1934 (RGBl. I S. 1185).

§ 39. Unberührt von den Vorschriften dieser Verordnung bleiben[1]:

die Verordnung über Wettbewerb vom 21. Dezember 1934 (RGBl. I S. 1280 — Deutscher Reichsanz. u. Preuß. Staatsanz. Nr. 299),

die Verordnung über äußere Kennzeichnung von Lebensmitteln vom 8. Mai 1935 in der Fassung der Verordnung vom 16. April 1937 (RGBl. I 1935 S. 590, 1937 S. 456),

die Verordnung über einen Marktschutz für die österreichische Wirtschaft vom 27. September 1938 (RGBl. I S. 1203),

die vom Reichskommissar für das Kreditwesen auf Grund des § 38 des Reichsgesetzes über das Kreditwesen vom 5. Dezember 1934 (RGBl. I S. 1203) erlassenen Vorschriften,

die Vorschriften und Anordnungen, die nur für die Mitglieder bestimmter öffentlich-rechtlicher Körperschaften, Organisationen oder Zusammenschlüsse verbindiich oder für deren Beachtung nur diese verantwortlich sind, sofern die Vorschriften oder Anordnungen nicht von den im § 1 Abs. 1 bezeichneten Stellen, dem Reichskommissar für Preisüberwachung, einer Obersten Reichsbehörde, vom Reichsnährstand oder dessen Zusammenschlüssen, vom Reichsforstmeister oder den Marktverbänden der deutschen Forst- und Holzwirtschaft erlassen worden sind,

die Anordnung des Reichskommissars für Preisüberwachung vom 21. Mai 1935 in der Fassung der Dritten Anordnung des Reichswirtschaftsministers, betreffend Marktregelung für das graphische Gewerbe vom 17. Juli 1936 (Deutscher Reichsanz. u. Preuß. Staatsanz. Nr. 167).

die Anordnung zur Organisationsvereinfachung im graphischen Gewerbe vom 17. Dezember 1938 (Deutscher Reichsanz. u. Preuß. Staatsanz. Nr. 295),

die Fünfte Anordnung einer Marktregelung für das graphische Gewerbe vom 29. Dezember 1937 (Deutscher Reichsanz. u.

Preuß. Staatsanz. Nr. 301) in der Fassung der Sechsten Anordnung einer Marktregelung für das graphische Gewerbe vom 17. September 1938 (Deutscher Reichsanz. u. Preuß. Staatsanz. Nr. 220) und der

Anordnung zur Organisationsvereinfachung im graphischen Gewerbe vom 17. Dezember 1938 sowie die Vorschriften, die auf Grund dieser Anordnungen ergehen,

die Bekanntmachungen des auf Grund des Gesetzes über Wirtschaftswerbung vom 12. September 1933 (RGBl. I S. 625) errichteten Werberats der deutschen Wirtschaft,

die Festsetzung von Entgelten auf Grund der Verordnungen zur Durchführung des Gesetzes zur Bekämpfung der Notlage der Binnenschiffahrt vom 16. Juni 1933 (RGBl. II S. 317).

1. Diese Vorschriften, auf welche die VO. keine Anwendung findet, sind nur für einen fest umrissenen, organisierten Personenkreis verbindlich und dienen überwiegend dem Schutze dieses Personenkreises gegen Preisunterbietungen (Wettbewerbsregelungen).

§ 40. Anhängige Beschwerdeverfahren werden nach den bisherigen Vorschriften durchgeführt. Im übrigen gelten vom Inkrafttreten dieser Verordnung an nur die darin vorgesehenen Verfahrensvorschriften.

§ 41. (1) Soweit Vorschriften dieser Verordnung in der Ostmark oder in den sudetendeutschen Gebieten nicht unmittelbar angewandt werden können, sind sie sinngemäß anzuwenden[1].

(2) Für die Ostmark gilt außerdem folgendes:

a)[2] Stellt die zuständige Behörde ein nach dieser Verordnung zulässiges Verlangen (§ 5), so verfolgt der Staatsanwalt die Zuwiderhandlung. Auf die Stellung des Strafantrags des Verletzten nach § 23 Abs. 3 und dessen Zurücknahme sind die §§ 61 bis 64 des Strafgesetzbuchs für das Deutsche Reich und § 158 der deutschen Strafprozeßordnung anzuwenden.

b)[2] Gegen den Beschluß, der über die Einziehung oder die Abführung des Mehrerlöses (§ 3 Abs. 7) ergeht, kann binnen drei Tagen Beschwerde bei dem Oberlandesgericht eingelegt werden.

c) Die Vorschriften des § 9 Abs. 1 finden in der Ostmark auch dann entsprechende Anwendung, wenn die nach § 8 strafbare Handlung zugleich den Tatbestand einer Verwaltungsübertretung bildet.

d) Es sind anzuwenden an Stelle der im § 24 genannten Vorschriften der Zivilprozeßordnung die §§ 21 bis 28, 30 und 31 des Allgemeinen Verwaltungsverfahrensgesetzes (BGBl. Nr. 274/1925) und an Stelle der im § 25 genannten §§ 42 bis 47 der Strafprozeßordnung die §§ 32, 33, 71 und 72 des Allgemeinen Verwaltungsverfahrensgesetzes.

e)[2] Die Strafverfolgung der in dieser Verordnung mit Strafe bedrohten Zuwiderhandlungen, die im Sinne des österreichischen Rechts Vergehen sind, verjährt in fünf Jahren.

(3)[3]

**1.** Auch in den an Preußen und Bayern gefallenen Teilen der sudetendeutschen Gebiete gilt das gesamte Reichsrecht. § 5 des Ges. v. 25. 3. 39 (RGBl. I S. 745).

**2.** Fassung nach VO. v. 28. 8. 41 (RGBl. I S. 539).

**3.** Siehe zu § 7.

§ 42. Der Reichskommissar für die Preisbildung erläßt im Einvernehmen mit den beteiligten Reichsministern die zur Durchführung oder Ergänzung dieser Verordnung erforderlichen Rechts- und Verwaltungsvorschriften.

# Teil V

## Verordnungen und Verwaltungserlasse

### 1. Verordnungen

#### a) Verordnung über die Wirtschaftsverwaltung

Vom 27. August 1939 (RGBl. I S. 1495) in Fassung der Verordnung vom 28. November 1939 (RGBl. I S. 2315)[1].

Auf Grund gesetzlicher Ermächtigung wird im Einvernehmen mit dem Generalbevollmächtigten für die Reichsverwaltung und dem Oberkommando der Wehrmacht verordnet:

Abschnitt I

§ 1. Ermächtigung

(1) Die einheitliche Ausrichtung und Lenkung aller wirtschaftlichen Maßnahmen, die vom Generalbevollmächtigten für die Wirtschaft, den ihm unterstellten Obersten Reichsbehörden und den von diesen ermächtigten Stellen angeordnet werden, wird

für den Bereich des Wehrkreises I
dem Oberpräsidenten in Königsberg (Pr.),
für den Bereich des Wehrkreises II
dem Oberpräsidenten in Stettin,
für den Bereich des Wehrkreises III
dem Oberpräsidenten der Provinz Mark Brandenburg in Berlin,
für den Bereich des Wehrkreises IV
a) Land Sachsen, Provinz Sachsen, Kreise Altenburg-Stadt, Altenburg-Land, Hoyerswerda
dem Reichsstatthalter in Sachsen (Landesregierung) in Dresden,
b) Sudetengau:
dem Reichsstatthalter im Sudetengau in Reichenberg,
für den Bereich des Wehrkreises V

[1]) Diese VO. ist durch § 22 der VO. über die Reichsverteidigungskommissare und die Vereinheitlichung der Wirtschaftsverwaltung v. 16. November 1942 (RGBl. I S. 649) außer Kraft gesetzt, die Seite 189 abgedruckt ist.

a) Württemberg und Hohenzollern:
dem Württembergischen Wirtschaftsminister in Stuttgart,

b) Baden:
dem Badischen Finanz- und Wirtschaftsminister in Karlsruhe,

für den Bereich des Wehrkreises VI

a) Provinz Westfalen, Land Lippe, Regierungsbezirk Osnabrück
dem Oberpräsidenten in Münster,

b) Rheinprovinz:
dem Regierungspräsidenten in Düsseldorf,

für den Bereich des Wehrkreises VII
dem Bayerischen Wirtschaftsminister in München,

für den Bereich des Wehrkreises VIII
dem Oberpräsidenten in Breslau,

für den Bereich des Wehrkreises IX

a) Provinz Hessen-Nassau, Land Hessen, Kreise Aschaffenburg-Stadt, Aschaffenburg-Land, Alzenau (Mainfranken), Miltenberg, Obernburg, Siegen-Stadt, Siegen-Land, Wittgenstein, Münden:
dem Oberpräsidenten in Kassel,

b) Land Thüringen, Provinz Sachsen, Kreis Herrschaft Schmalkalden:
dem Thüringischen Wirtschaftsminister in Weimar,

für den Bereich des Wehrkreises X
dem Reichsstatthalter in Hamburg (Staatsverwaltung),

für den Bereich des Wehrkreises XI
dem Oberpräsidenten in Hannover,

für den Bereich des Werhrkreises XII
dem Regierungspräsidenten in Wiesbaden,

für den Bereich des Wehrkreises XIII
dem Regierungspräsidenten in Ansbach,

für den Bereich des Wehrkreises XVII
dem Reichsstatthalter in Wien,

für den Bereich des Wehrkreises XVIII
dem Reichsstatthalter in Salzburg

übertragen.

(2) Die im Abs. 1 genannten Behörden sind befugt, den Behörden, den Organisationen der wirtschaftlichen Eigenverwaltung und den sonstigen Stellen, die zum Zuständigkeitsbereich des

Generalbevollmächtigten für die Wirtschaft und der ihm unterstellten Obersten Reichsbehörden gehören oder deren Dienstaufsicht unterstehen, im Rahmen der ihnen übertragenen Befugnisse Weisungen zu erteilen.

(3) Die Befugnisse des Oberpräsidenten in Münster erstrecken sich für die Ernährungs- und Landwirtschaft sowie die Forst- und Holzwirtschaft auf den gesamten Wehrkreis VI.

### § 2. Wirtschaftliche Organisationen

Der Reichswirtschaftsminister, der Reichsminister für Ernährung und Landwirtschaft und der Reichsforstmeister werden ermächtigt, Dienststellen, Organisationen der wirtschaftlichen Eigenverwaltung und sonstige Stellen, die zu ihrem Zuständigkeitsbereich gehören, ganz oder teilweise der staatlichen Verwaltung zu unterstellen, in staatliche Verwaltungsbehörden einzugliedern oder aufzulösen.

## Abschnitt II

## Gewerbliche Wirtschaft

### § 3. Bezirkswirtschaftsämter

(1) Bei den im § 1 genannten Behörden werden Bezirkswirtschaftsämter[2] errichtet.

(2) Die Bezirkswirtschaftsämter[2] sind unbeschadet ihrer haushaltsrechtlichen Betreuung ein Bestandteil der Behörde, bei der sie errichtet werden. Sie führen die Bezeichnung der Behörde mit dem Zusatz „Bezirkswirtschaftsamt"[2].

(3) Die Aufgaben und Befugnisse der Bezirkswirtschaftsämter[2] bestimmt der Reichswirtschaftsminister.

(4) Die örtliche Zuständigkeit der Bezirkswirtschaftsämter[2] erstreckt sich auf die im § 1 aufgeführten Wehrkreise oder Wehrkreisteile.

---

[2]) Der Reichswirtschaftsminister hat bestimmt, daß die Bezirkswirtschaftsämter die Bezeichnung Landeswirtschaftsämter führen und ferner neue LWsämter für Mecklenburg in Schwerin für die Reichshauptstadt Berlin in Berlin, für Schleswig-Holstein in Kiel, für den Wirtschaftsbezirk Weser-Ems in Bremen, für die Saarpfalz in Saarbrücken, für Oberschlesien in Kattowitz, für den Wirtschaftsbezirk Mittelelbe in Magdeburg, für den Wirtschaftsbezirks Moselland in Koblenz errichtet. (RWMBl. 1940 Nr. 10 S. 297 und RWMBl. 1941 S. 65).

### § 4. Reichskommissare bei den Industrie- und Handelskammern

(1) Der Reichswirtschaftsminister wird ermächtigt, bei den Industrie- und Handelskammern Reichskommissare einzusetzen. Er bestimmt die Befugnisse der Reichskommissare.

(2) Der Reichswirtschaftsminister kann den Kammern staatliche Aufgaben als Auftragsangelegenheiten übertragen.

(3) Die Reichskommissare unterstehen den im § 3 genannten Bezirkswirtschaftsämtern[2], von denen sie die Weisungen für die Durchführung ihrer Arbeiten erhalten.

## Abschnitt III

## Ernährung und Landwirtschaft

### § 5. Landes-(Provinzial-)ernährungsämter

(1) Bei den Obersten Landesbehörden, in Preußen bei den Oberpräsidenten, werden Landes-(Provinzial-)ernährungsämter errichtet. Der Reichsminister für Ernährung und Landwirtschaft bestimmt die örtliche Zuständigkeit der Landes-(Provinzial-)ernährungsämter; er kann bestimmen, daß bei einzelnen Obersten Landesbehörden Landesernährungsämter nicht gebildet werden.

(2) Die Landes-(Provinzial-)ernährungsämter sind unbeschadet ihrer haushaltsrechtlichen Betreuung ein Bestandteil der Behörde, bei der sie errichtet sind. Sie führen die Bezeichnung der Behörde mit dem Zusatz „Landes-(Provinzial-)ernährungsamt".

(3) Die Aufgaben und die Befugnisse der Landes-(Provinzial-)ernährungsämter bestimmt der Reichsminister für Ernährung und Landwirtschaft.

### § 6. Reichsnährstand

(1) Der Reichsnährstand wird in seiner Gesamtheit dem Reichsminister für Ernährung und Landwirtschaft unterstellt. Die im Bezirk der Obersten Landesbehörden, in Preußen der Oberpräsidenten, zuständigen Dienststellen und Gliederungen des Reichsnährstandes werden bei den diesen Behörden gebildeten Landes-(Provinzial-)ernährungsämtern unterstellt.

(2) Diese Vorschriften gelten für die bei den unteren Verwaltungsbehörden gebildeten Ernährungsämter (§ 9) entsprechend.

## Abschnitt IV

### Forst- und Holzwirtschaft

§ 7. Forst- und Holzwirtschaftsämter

(1) Bei den im § 1 genannten Behörden werden Forst- und Holzwirtschaftsämter errichtet. Der Reichsforstmeister kann mit Zustimmung des Generalbevollmächtigten für die Wirtschaft anordnen, daß im Bereich eines Wehrkreises nur ein Forst- und Holzwirtschaftsamt gebildet wird.

(2) Die Forst- und Holzwirtschaftsämter sind unbeschadet ihrer haushaltsrechtlichen Betreuung ein Bestandteil der Behörde, bei der sie errichtet werden. Sie führen die Bezeichnung der Behörde mit dem Zusatz „Forst- und Holzwirtschaftsamt".

(3) Die Aufgaben und Befugnisse der Forst- und Holzwirtschaftsämter bestimmt der Reichsforstmeister.

(4) Die örtliche Zuständigkeit der Forst- und Holzwirtschaftsämter erstreckt sich auf die im § 1 aufgeführten Wehrkreise oder Wehrkreisteile, im Falle des Abs. 1 Satz 2 auf den gesamten Wehrkreis.

## Abschnitt V

### Arbeitsfragen

§ 8. Der Aufbau der Landesarbeitsämter und der Reichstreuhänder der Arbeit bleibt unberührt.

## Abschnitt VI

### Untere Verwaltungsbehörden

§ 9. Ernährungsämter und Wirtschaftsämter

(1) In den Landkreisen werden bei den Landräten, in den Stadtkreisen bei den Oberbürgermeistern Ernährungsämter und Wirtschaftsämter errichtet. Ihre Aufgaben bestimmen die zuständigen Obersten Reichsbehörden.

(2) Die Ämter sind Bestandteile der unteren Verwaltungsbehörden. Sie führen die Bezeichnung der unteren Verwaltungsbehörde mit dem Zusatz „Ernährungsamt" oder „Wirtschaftsamt".

(3) Die unteren Verwaltungsbehörden sind an die Weisungen der in den §§ 3 und 5 genannten Behörden gebunden.

§ 10. Sonderregelung für Berlin, Hamburg und Wien

Für die Reichshauptstadt Berlin, die Hansestadt Hamburg und die Stadt Wien treffen der Reichswirtschaftsminister und der Reichsminister für Ernährung und Landwirtschaft im gegenseitigen Einvernehmen eine besondere Regelung[3].

3. Geschehen durch RdErl. v. 30. 8. 1939.

Abschnitt VII

**Schlußbestimmungen**

§ 11. Die zur Durchführung dieser Verordnung erforderlichen Rechts- und Verwaltungsvorschriften erlassen die zuständigen Obersten Reichsbehörden im Rahmen der vom Generalbevollmächtigten für die Wirtschaft erlassenen Richtlinien.

§ 12. Diese Verordnung tritt mit ihrer Verkündung in Kraft.

Der Generalbevollmächtige für die Wirtschaft.

---

## b) Verordnung zur Durchführung der Verordnung über die Wirtschaftsverwaltung (Erste Durchführungsverordnung)

Vom 27. August 1939 (RGBl. I S. 1519) in der Fassung der Verordnungen vom 22. September 1939 (RGBl. I S. 1872 und 2499).

Auf Grund des § 11 der Verordnung über die Wirtschaftsverwaltung vom 27. August 1939 (RGBl. I S. 1495), im folgenden VO. genannt, wird verordnet:

Artikel I

(1) Als ermächtigte Stellen aus dem Bereich des Reichswirtschaftsministers gelten:

a) die Reichsstellen VII bis XXIX,
b) der Sonderbeauftragte für die Spinnstoffwirtschaft,
c) der Reichskommissar für die Elektrizitätswirtschaft,
d) der Reichskommissar für Altmaterialverwertung,
e) der Bevollmächtigte für die Maschinenproduktion.

(2) Die im Abs. 1 genannten Stellen erteilen ihre Weisungen im Rahmen der ihnen durch Gesetz oder Verordnung übertragenen Befugnisse.

## Artikel II

(1) Zu den Behörden und Organisationen der wirtschaftlichen Eigenverwaltung aus dem Bereich des Reichswirtschaftsministers, denen die im § 1 der Verordnung genannten Behörden im Rahmen der ihnen übertragenen Befugnisse Weisungen erteilen können, gehören:

a) die preußischen Oberbergämter und außerpreußischen obersten Bergbehörden der Länder,
b) die Wirtschaftskammern, einschließlich der Bezirksausgleichstellen für öffentliche Aufträge,
c) die Industrie- und Handelskammern,
d) die Handwerkskammern,
e) diejenigen bezirklichen Organisationen der Gruppen (Reichsgruppen, Wirtschaftsgruppen, Fachgruppen, Fachuntergruppen), die nicht in eine Kammer eingegliedert sind,
f) die Außenhandelsstellen,
g) die Devisenstellen,
h) die Dienststellen der technischen Überwachung.

(2) Die Weisungsbefugnis erstreckt sich auf diejenigen im Abs. 1 genannten Behörden und Gliederungen der Organisation der gewerblichen Wirtschaft, deren Bezirke ganz oder zum Teil zum Bezirk des betreffenden Wehrkreises gehören. Befindet sich der Sitz der Behörde oder Gliederung außerhalb des Wehrkreises, so ist das zuständige Bezirkswirtschaftsamt[1] vor dem Erlaß von Weisungen, in Eilfällen nachträglich, zu unterrichten.

## Artikel III

(1) Den Bezirkswirtschaftsämtern[1] werden folgende Aufgaben übertragen:

a) Sicherstellung der Produktionsfähigkeit der wichtigen Betriebe der Industrie,
b) Sicherstellung der unentbehrlichen Betriebe des Handels,
c) Sicherstellung der unentbehrlichen Betriebe des Handwerks,
d) Sicherstellung der unentbehrlichen Kreditinstitute und Versicherungsunternehmen,
e) Sicherstellung der Energieversorgung,
f) Mitwirkung bei der Durchführung der Bewirtschaftung der Rohstoffe und Halbwaren,
g) Durchführung der Verbrauchsregelung für Kohle, Kraftstoffe und Heizöl, Kautschukbereifungen, Spinnstoffwaren,

1. Jetzt Landeswirtschaftsämter.

Schuhwaren, Seife und sonstige gewerbliche Fertigerzeugnisse, die einer besonderen Bewirtschaftung unterworfen sind,

h) Durchführung der Erfassung und Verwertung von Altmaterial.

(2) Der Reichswirtschaftsminister kann bestimmen, daß die zu d genannte Aufgabe nur von einzelnen Bezirkswirtschaftsämtern[1] — auch über den Bereich ihrer örtlichen Zuständigkeit hinaus — wahrgenommen wird.

(3) Die Einzelbefugnisse der Bezirkswirtschaftsämter[1] auf den ihnen übertragenen Aufgabengebieten und die Abgrenzung ihrer Zuständigkeit gegenüber anderen zum Geschäftsbereich des Reichswirtschaftsministers gehörenden Behörden, insbesondere den Bergbehörden, und Organisationen werden durch besondere Bestimmungen geregelt, die vom Reichswirtschaftsminister oder den von ihm hierzu ermächtigten Stellen erlassen werden.

## Artikel IV

(1) Die Präsidenten der Industrie- und Handelskammern werden zu Reichskommissaren bestellt. Die Reichskommissare sind Ehrenbeamte im Sinne des § 149 des Deutschen Beamtengesetzes (DBG.) vom 26. Januar 1937 (RGBl. I S. 39).

(2) Die persönlichen und fachlichen Ausgaben der Reichskommissare werden von den Industrie- und Handelskammern getragen.

(3) Die Befugnisse der Reichskommissare auf den ihnen übertragenen Aufgabengebieten bestimmen der Reichswirtschaftsminister oder die von ihm hierzu ermächtigten Stellen.

## Artikel V

Den Kammern wird die Erledigung der im Artikel III Abs. 1 Buchst. a, b, d bis f genannten Aufgaben übertragen. Sie sind dabei an die Weisungen der Bezirkswirtschaftsämter[1] gebunden. Der Reichswirtschaftsminister kann bestimmen, daß einzelne der genannten Aufgaben nur von den Bezirkswirtschaftsämtern[1] oder nur von einzelnen Kammern — auch über den Bereich ihrer örtlichen Zuständigkeit hinaus — bearbeitet werden.

1. Jetzt Landeswirtschaftsämter.

Artikel VI

(1) Aufgabe der Wirtschaftsämter ist die Versorgung der Bevölkerung mit lebenswichtigen Gütern der gewerblichen Wirtschaft, insbesondere Kohle, Kraftstoffen und Heizöl, Kautschukbereifungen, Spinnstoffwaren, Schuhwaren, Seife und sonstigen gewerblichen Fertigerzeugnissen, die einer Bewirtschaftung unterworfen sind (Artikel III Abs. 1 Buchst. g). Aufgabe ist ferner die Erfassung und Verwertung von Altmaterial (Artikel III Abs. 1 Buchst. h).

(2) Im übrigen werden die Aufgaben und Befugnisse der Wirtschaftsämter und die Begrenzung ihrer Zuständigkeit gegenüber anderen zum Geschäftsbereich des Reichswirtschaftsministers gehörenden Behörden und Organisationen, insbesondere gegenüber den Industrie- und Handelskammern, durch besondere Bestimmungen geregelt, die vom Reichswirtschaftsminister oder den von ihm hierzu ermächtigten Stellen erlassen werden.

(3) Die Wirtschaftsämter können sich bei der Durchführung der ihnen übertragenen Aufgaben der Gemeinden und Gemeindeverbände bedienen, soweit dies nicht für einzelne Aufgaben ausdrücklich ausgeschlossen wird.

(4) Die Wirtschaftsämter erhalten ihre Weisungen von den Bezirkswirtschaftsämtern[1]. Weisungen grundsätzlicher Art oder von besonderer Bedeutung ergehen über die höheren Verwaltungsbehörden, im übrigen und in besonderen Eilfällen unmittelbar unter gleichzeitiger Benachrichtigung der höheren Verwaltungsbehörde. Der Reichsminister des Innern bestimmt im Einvernehmen mit dem Reichswirtschaftsminister, welche Behörden als höhere Verwaltungsbehörden anzusehen sind.

Artikel VII

Die Verordnung tritt am Tage ihrer Verkündung in Kraft.

Der Reichswirtschaftsminister.

## c) Verordnung über die öffentliche Bewirtschaftung von landwirtschaftlichen Erzeugnissen

Vom 27. August 1939 (RGBl. I S. 1521) in der Fassung der Verordnung vom 5. Juni 1940 (RGBl. I S. 861) und des § 24 VRStVO.

Auf Grund des § 11 der Verordnung über die Wirtschaftsverwaltung vom 27. August 1939 (RGBl. I S. 1495) und des Gesetzes über den vorläufigen Aufbau des Reichsnährstandes zur Markt-

1. Jetzt Landeswirtschaftsämter.

und Preisregelung für landwirtschaftliche Erzeugnisse vom 13. September 1933 (RGBl. I S. 626) und der Verordnung über den Warenverkehr vom 4. September 1934 (RGBl. I S. 816)[1] wird hiermit folgendes verordnet:

§ 1. (1) Zur Sicherung der Versorgung der Bevölkerung und Wehrmacht mit Lebens- und Futtermitteln wird eine öffentliche Bewirtschaftung landwirtschaftlicher Erzeugnisse eingeführt.

(2) Der Reichsminister für Ernährung und Landwirtschaft bestimmt die zu bewirtschaftenden Erzeugnisse. Er regelt ihre Erzeugung und Bewirtschaftung sowie den Verbrauch der Versorgungsberechtigten und Selbstversorger.

1. Die Verordnung ist in den eingegliederten Ostgebieten durch Verordnung v. 24. 6. 1941 (RGBl. I S. 335) mit Wirkung v. 30. 6. 1941 eingeführt.

## Erster Abschnitt

### Aufgaben der bewirtschaftenden Stellen

§ 2. Aufgaben des Landes-(Provinzial-)ernährungsamts

(1) Dem Landes-(Provinzial-)ernährungsamt obliegt die Sorge für die Ernährung der Bevölkerung und die Überwachung der Tätigkeit der Ernährungsämter nach Maßgabe der vom Reichsminister für Ernährung und Landwirtschaft erlassenen Vorschriften.

(2) Entsprechendes gilt für die Versorgung der Tierhalter mit Futtermitteln.

§ 3. Aufgaben des Ernährungsamts

Das Ernährungsamt hat die Aufgabe:

1. für die ordnungsmäßige Wirtschaftsführung in den Erzeugerbetrieben Sorge zu tragen sowie alle Maßnahmen zur Sicherstellung des Anbaues, der Viehhaltung, der Ernte und der rechtzeitigen Ablieferung von Erzeugnissen sowie der Bewirtschaftung und Verteilung zu treffen. Insbesondere hat es

a) für jeden landwirtschaftlichen Betrieb eine Hofkarte zum Zwecke der genauen Feststellung des Ernteertrages, der Viehbestände und aller sonstigen im Betriebe gewonnenen Erzeugnisse, des dem Selbstversorger zustehenden Eigenverbrauchs, des zur Fortführung der Wirtschaft erforderlichen Saatguts und der von ihm abzuliefernden Mengen fortlaufend zu führen,

b) die rechtmäßige Verwendung der den Selbstversorgern zugebilligten Verbrauchsmengen an Lebens- und Futtermitteln und der festgesetzten Saatgutmengen zu überwachen,
c) Bestandserhebungen durchzuführen und nach Maßgabe besonderer Bestimmungen statistische Zusammenstellungen vorzunehmen,
d) für die Zusammenfassung und Abstimmung der Maßnahmen der Untergliederungen der Hauptvereinigungen auf dem Gebiet der Bewirtschaftung und Verteilung Sorge zu tragen;

2. den Verbrauch zu regeln. Insbesondere hat es
a) den Bedarf an Lebens- und Futtermitteln für die versorgungsberechtigte Bevölkerung des Bezirks für einen bestimmten Zeitabschnitt festzustellen,
b) durch Aufstellung von Haushaltslisten und Ausgabe von Bezugskarten, Einführung von Kundenlisten, Einteilung der Bezugsberechtigten in bestimmte Gruppen, Festsetzung von Abgabezeiten für diese Gruppen usw. den Verbrauch des Einzelnen zu regeln,
c) nach den Vorschriften des Reichsministers für Ernährung und Landwirtschaft für die rechtzeitige und ordnungsmäßige Verteilung der Lebens- und Futtermittel durch die Verteilungsstellen an die Verbraucher zu sorgen.

Verteilungsstellen in diesem Sinne sind alle Einrichtungen, in denen Lebens- oder Futtermittel abgegeben werden.

§ 4. Der Reichsminister für Ernährung und Landwirtschaft und der Reichsminister des Innern bestimmen die Leiter der Landes-(Provinzial-)ernährungsämter und der Ernährungsämter. Sie können die obersten Landesbehörden, in Preußen die Oberpräsidenten, ermächtigen, die Leiter der Ernährungsämter zu ernennen.

§ 5. (1) Innerhalb des Ernährungsamts werden die Aufgaben der Bedarfsdeckung (§ 3 Nr. 1) und der Verbrauchsregelung (§ 3 Nr. 2) in besonderen Abteilungen durchgeführt.

(2) Die im Bezirk der Verwaltungsbehörde (Stadt- oder Landkreis) zuständigen Dienststellen des Reichsnährstandes und die Untergliederungen (§ 7) werden zur ordnungsmäßigen Regelung der Bedarfsdeckung dem Ernährungsamt nach Maßgabe näherer Anweisungen, die der Reichsminister für Ernährung und Landwirtschaft oder die von ihm ermächtigten Hauptvereinigungen erlassen, unterstellt.

(3) Die Vorschriften der Abs. 1 und 2 gelten entsprechend für die Einrichtung des Landes-(Provinzial-)ernährungsamts.

## § 6. Hauptvereinigungen

(1) Die zur Marktordnung für das Reichsgebiet auf Grund des Reichsnährstandgesetzes errichteten Zusammenschlüsse (Hauptvereinigungen) oder sonstige besonders einzurichtende Stellen regeln die zweckmäßige Verwendung und Verteilung der Erzeugnisse für das gesamte Reichsgebiet.

(2) Sie stellen einen Bewirtschaftungs- und Verteilungsplan auf, der der Genehmigung des Reichsministers für Ernährung und Landwirtschaft bedarf. Sie erledigen alle hieraus sich ergebenden Verwaltungsangelegenheiten.

(3) Insbesondere haben sie

a) die rechtzeitige Abnahme und Unterbringung der von den Ablieferungspflichtigen angebotenen Erzeugnisse zu den vorgeschriebenen Zeitpunkten durch die zuständigen Stellen sicherzustellen,

b) die Aufbringung der von der Wehrmacht angeforderten Mengen an Verpflegungsmitteln zu regeln,

c) die festgesetzten Mengen den be- und verarbeitenden Betrieben und Verteilungsstellen zuzuleiten.

## § 7. Untergliederungen

(1) Die Hauptvereinigungen sind im Einvernehmen mit dem Landes-(Provinzial-)ernährungsamt berechtigt, zur Erfüllung ihrer Aufgaben neben den vorhandenen Wirtschaftsverbänden in den einzelnen Versorgungsgebieten Unterverbände einzurichten oder Sonderbeauftragte zu bestellen.

(2) Die Untergliederungen (Wirtschaftsverbände, Unterverbände, Sonderbeauftragte) werden zur Sicherstellung der fortlaufenden Bedarfsdeckung innerhalb des Landes-(Provinzial-)ernährungsamts oder des Ernährungsamts zusammengefaßt.

(3) Die Hauptvereinigungen sind berechtigt, nach näherer Weisung des Reichsministers für Ernährung und Landwirtschaft in unmittelbaren Geschäftsverkehr mit den Untergliederungen zu treten.

## § 8. Geschäftsabteilung

(1) Bei jeder Hauptvereinigung oder bei einer Untergliederung des § 7 kann eine Geschäftsabteilung eingerichtet werden. Die Geschäftsabteilung führt die ihr obliegenden Aufgaben nach den

grundsätzlichen Anweisungen der Hauptvereinigung durch. Soweit Reichsstellen bestehen, übernehmen diese die Aufgaben der Geschäftsabteilung.

(2) Die Geschäftsabteilung ist eine Körperschaft des öffentlichen Rechts. Sie wird durch einen Vorstand vertreten. Die Einrichtung und Geschäftsführung wird durch eine Geschäftsordnung geregelt, die der Reichsminister für Ernährung und Landwirtschaft erläßt.

(3) Die Geschäftsabteilung hat alle erforderlichen Rechtsgeschäfte abzuschließen.

(4) Sie hat insbesondere

a) für die Abnahme, Bezahlung und Unterbringung der von ihr zu übernehmenden Erzeugnisse zu sorgen,
b) die von der Wehrmacht angeforderten Mengen an Verpflegungsmitteln bereitzustellen und zu liefern,
c) die übernommenen Vorräte ordnungsmäßig zu verwalten.

(5) Die Geschäftsabteilungen sind berechtigt, wirtschaftliche Unternehmungen zu betreiben oder sich an solchen zu beteiligen.

## § 9. Verwaltungsrat

(1) Der bei den Hauptvereinigungen bestehende Verwaltungsrat kann nach näheren Bestimmungen des Reichsministers für Ernährung und Landwirtschaft erweitert werden. Dem Oberkommando der Wehrmacht steht das Recht der Entsendung eines Vertreters zu.

(2) Der Verwaltungsrat soll vor Aufstellung des Bewirtschaftungs- und Verteilungsplans oder über sonstige grundsätzliche Fragen gehört werden, soweit es die Umstände im Einzelfall erlauben.

(3) Insbesondere soll er gutachtlich gehört werden

a) über Preise und Preisspannen, Be- und Verarbeitungslöhne,
b) über die Mengen, die den landwirtschaftliche Erzeugnisse verarbeitenden Industrien zuzuteilen sind,
c) über die Mengen von Lebensmitteln, Futtermitteln, Saatgut und Vieh, die den Erzeugern zur Selbstversorgung und zur Führung ihres Betriebs zu belassen sind,
d) über die Mengen, die von den Erzeugern aufzubringen und abzuliefern sind,
e) über die Vorratshaltung.

## Zweiter Abschnitt

### Allgemeine Bestimmungen über die öffentliche Bewirtschaftung landwirtschaftlicher Erzeugnisse

#### § 10. Festsetzung von Höchstmengen

Der Reichsminister für Ernährung und Landwirtschaft setzt fest

a) die Höchstmengen an bewirtschafteten Erzeugnissen, die die Berechtigten beziehen dürfen,

b) die bestimmten Personenkreisen zu gewährenden Sonderzulagen,

c) die den Selbstversorgern zu belassenden Mengen.

#### § 11. Bezugskarten

(1) Die bewirtschafteten Erzeugnisse dürfen, vorbehaltlich der Regelung für Sonderfälle, entgeltlich oder unentgeltlich an die Versorgungsberechtigten nur gegen Bezugskarten abgegeben und von den Versorgungsberechtigten nur gegen Bezugskarten bezogen werden. Dies gilt auch für die Abgabe in Gast-, Schank- und Speisewirtschaften sowie in Vereinen, Erfrischungsräumen, Fremdenheimen und ähnlichen Betrieben.

(2) Die Bezugskarten werden von dem Ernährungsamt an den Versorgungsberechtigten abgegeben. Sie bestehen aus einer Stammkarte mit mehreren Abschnitten. Die Abschnitte sind, vorbehaltlich besonderer Bestimmungen, nur im Zusammenhang mit der Stammkarte gültig. Auf der Stammkarte ist der Name des Versorgungsberechtigten einzutragen. Die Übertragung der Stammkarte auf andere Personen ist verboten. Die Gültigkeit der Bezugskarten kann sich auf das ganze Reich oder auf den Bezirk des Ernährungsamts erstrecken.

(3) Selbstversorger erhalten Bezugskarten nur für solche Erzeugnisse, die sie in ihrem Betrieb selbst nicht herstellen, oder nur für den Zeitraum, für den ihnen Vorräte zur Selbstversorgung nicht zur Verfügung stehen.

#### § 12

(1) Die Ernährungsämter oder die von ihnen bestimmten Stellen sind ermächtigt, Krankenhäusern, Heilanstalten, Erziehungsanstalten, Wohlfahrtsanstalten, Gefangenenanstalten und ähnlichen Einrichtungen Sammelbezugscheine zum Bezuge von Lebensmitteln für die von ihnen zu verpflegenden Personen für

die Dauer von jeweils zwei Wochen zu erteilen. Die Insassen haben bei der Aufnahme ihre Bezugskarten der Anstaltsleitung abzuliefern.

(2) In gleicher Weise können Sammelbezugscheine an die Betriebe ausgegeben werden, in denen Gefolgschaftsmitglieder gemeinsam untergebracht und verpflegt werden. Abs. 1 Satz 2 gilt entsprechend.

(3) Entsprechendes gilt für die Besatzung von Seeschiffen für die jeweilige Reisedauer.

## § 13. Selbstversorger

(1) Als Selbstversorger gelten[2], vorbehaltlich einer anderen Bestimmung, der Inhaber[3] des landwirtschaftlichen Betriebs, die Angehörigen seiner Wirtschaft einschließlich der Gehilfen, ferner Naturalberechtigte, insbesondere Altenteiler und Arbeiter, soweit sie Lebens- und Futtermittel in Natur zu beanspruchen haben.

(2) Als Selbstversorger können von dem Ernährungsamt Krankenhäuser und sonstige Anstalten[2] anerkannt werden, die ausschließlich zur Versorgung der von ihnen zu beköstigenden Personen bewirtschaftete Erzeugnisse gewinnen.

2. Selbstversorger kann nur eine natürliche Person, nicht eine juristische Person sein. RG. DR. 1942 S. 1647.

3. Dazu gehört nicht ein Meiereibesitzer RG. v. 27. 5. 40, 3 D 30. 40.

## § 14. Pflichten der Versorgungsberechtigten

Jeder Versorgungsberechtigte ist verpflichtet, auf Erfordern des Ernährungsamts wahrheitsgemäß Auskunft zu erteilen. Er hat die ihm zustehenden Mengen bei der von dem Ernährungsamt bestimmten Verteilungsstelle in Empfang zu nehmen.

## § 15. Versorgung der Wehrmacht

Zur Verpflegung der Truppe in den Heimatstandorten melden die militärischen Dienststellen ihren Bedarf bei dem zuständigen Ernährungsamt an, das Bezugscheine ausstellt und für rechtzeitige Belieferung durch bestimmte Verteilungsstellen zu sorgen hat.

## § 16

Angehörige der Wehrmacht, die nicht an der gemeinsamen Truppenverpflegung teilnehmen, erhalten von dem zuständigen Ernährungsamt Bezugskarten zu den für die Bevölkerung festgesetzten Sätzen.

### § 17. Verpflegung der außerhalb der Wehrmacht bestehenden Schutzgliederungen

(1) Zur Verpflegung der außerhalb der Wehrmacht bestehenden Schutzgliederungen melden die zuständigen Polizeidienststellen den Gesamtbedarf bei dem zuständigen Ernährungsamt an, das die Bezugscheine ausstellt und für die rechtzeitige Belieferung durch bestimmte Verteilungsstellen zu sorgen hat.

### § 18.

(1) Schutzgliederungen außerhalb der Wehrmacht im Sinne von § 17 sind

1. die Waffen-SS, soweit sie nicht der Wehrmacht unterstellt ist,
2. der verstärkte Polizeischutz,
3. die Bewachungsmannschaften der Konzentrationslager,
4. der Sicherheits- und Hilfsdienst im zivilen Luftschutz,
5. der verstärkte Post-, Bahn- und Wasserstraßenschutz,
6. der verstärkte Grenzaufsichtsdienst.

(2) Die im Abs. 1 Nr. 1 und 4 genannten Schutzgliederungen und nachfolgende Teile der in Nr. 2 genannten Schutzgliederung

a) die Polizeibataillone,
b) die Polizeiausbildungsbataillone,
c) die Polizei-Einsatzhundertschaften

erhalten die Einheitsverpflegungssätze der Wehrmacht. Die Vorschriften des § 16 finden entsprechende Anwendung. Alle übrigen Schutzgliederungen außerhalb der Wehrmacht erhalten die Verpflegungssätze der Zivilbevölkerung.

### § 19. Quartierverpflegung

(1) Wird von der Wehrmacht oder von Angehörigen der Schutzgliederungen Quartierverpflegung in Anspruch genommen, so haben die Dienststellen der Wehrmacht bzw. der Polizeidienststellen an die Quartiermacher der Wehrmacht oder an die Schutzgliederungen außerhalb der Wehrmacht außer den schriftlichen Quartieranweisungen Bezugscheine auszugeben. Gegen Vorlage dieser Bezugscheine dürfen an die Quartiergeber die bewirtschafteten Lebensmittel in Mengen abgegeben werden, die unter Berücksichtigung der Dauer des Quartieraufenthalts den vom Reichsminister für Ernährung und Landwirtschaft für die Zivilbevölkerung festgesetzten Höchstmengen entsprechen.

(2) Der Bezugschein muß die Dauer des Quartieraufenthalts, die Menge der abzugebenden Lebensmittel sowie Name und Wohnung des Quartiergebers enthalten. Art und Menge der abgegebenen Lebensmittel sind vom Lieferer auf dem Bezugschein zu vermerken. Der Empfänger hat dem Lieferer den Empfang der Lebensmittel nach Art und Menge unter Angabe seines Namens, seiner Wohnung und des Datums auf dem Bezugschein zu bescheinigen. Der Quartiergeber legt seiner Gemeindebehörde zur Feststellung der ihm für die Leistung des Quartiers zu gewährenden Vergütung zusammen mit der Quartieranweisung auch den Bezugschein vor. Die Gemeindebehörde leitet den Bezugschein an das zuständige Ernährungsamt weiter.

§ 20. Verpflegung des Reichsarbeitsdienstes

(1) Von der Wehrmacht nicht verwendete Einheiten des Reichsarbeitsdienstes haben ihren Bedarf an Lebensmitteln über die zuständigen Arbeitsgauführer dem Ernährungsamt anzumelden. Die Ernährungsämter stellen für die bewirtschafteten Lebensmittel Bezugscheine aus, die zum Bezuge dieser Lebensmittel berechtigen und die Art und Menge der abzugebenden Lebensmittel enthalten.

(2) Im übrigen finden die Vorschriften des § 17 Abs. 2 entsprechende Anwendung.

§ 21. Beschlagnahme

(1) Die bewirtschafteten Erzeugnisse gelten mit dem Inkrafttreten dieser Verordnung als beschlagnahmt. Die noch nicht von Grund und Boden getrennten pflanzlichen Erzeugnissen gelten mit ihrer Trennung, die tierischen mit ihrer Gewinnung als beschlagnahmt. Die Beschlagnahme von Vieh bleibt einer besonderen Regelung vorbehalten.

(2) Ausgenommen von der Beschlagnahme sind die in Haushaltungen und in gemeinsamen Unterkünften und Vorratslagern der Wehrmacht, der außerhalb der Wehrmacht bestehenden Schutzgliederungen und des Reichsarbeitsdienstes vorhandenen Bestände.

§ 22

(1) Dem Landes-(Provinzial-)ernährungsamt und dem Ernährungsamt steht im übrigen das Recht der Beschlagnahme aller nicht bewirtschafteten im Verwaltungsbezirk vorhandenen Erzeugnisse zu.

(2) Das Landes-(Provinzial-)ernährungsamt und das Ernährungsamt sind ferner berechtigt, alle zur Durchführung der Beschlagnahme erforderlichen Maßnahmen zu treffen.

(3) Erfolgt eine Beschlagnahme in Ausnahmefällen durch eine dem Ernährungsamt nachgeordnete Stelle ohne dessen Wissen, so ist das zuständige Ernährungsamt unverzüglich zu benachrichtigen, das für die Abnahme und Bezahlung der beschlagnahmten Erzeugnisse zu sorgen hat.

§ 23

(1) Die Beschlagnahme gilt als zugunsten des Deutschen Reichs erfolgt, soweit nicht etwas anderes bestimmt ist.

(2) Die Beschlagnahme hat die Wirkung, daß über die Erzeugnisse nur nach den Anordnungen und Weisungen der bewirtschaftenden Stellen durch Rechtsgeschäft oder durch sonstige Handlungen verfügt werden darf, soweit sich nicht aus den Bestimmungen dieser Verordnung etwas anderes ergibt. Entgegenstehende Rechtsgeschäfte und sonstige Handlungen sind unwirksam.

(3) Bestehende Lieferungsverträge werden durch die Beschlagnahme unwirksam, sofern nicht das zuständige Ernährungsamt diese besonders genehmigt oder ein Auftrag der Wehrmacht vorliegt.

§ 24

Trotz der Beschlagnahme dürfen die Inhaber landwirtschaftlicher Betriebe aus ihren Vorräten

a) die zur Ernährung der Selbstversorger (§ 13) für einen bestimmten Zeitraum festgesetzten Mengen an Nahrungsmitteln verwenden,
b) die zur Versorgung des in ihren Betrieben vorhandenen Viehs für einen bestimmten Zeitraum zugelassenen Mengen an Futtermitteln entnehmen,
c) das zur Herbst- und Frühjahrsbestellung erforderliche Saatgut in den festgesetzten Mengen verbrauchen.

§ 25

Trotz der Beschlagnahme können be- und verarbeitende Betriebe ihre Vorräte in einem Umfange verarbeiten, der der durchschnittlichen Bearbeitungsmenge während der letzten drei Monate vor Inkrafttreten dieser Verordnung entspricht. Aufträge der Wehrmacht sind in vollem Umfange zu erfüllen.

### § 26. Sicherung des Vollzugs

Das Ernährungsamt kann die zuständigen Polizeibehörden ersuchen, Anordnungen, die die bewirtschaftenden Stellen im Rahmen ihrer Zuständigkeit erlassen haben, nötigenfalls unter Anwendung polizeilichen Zwanges den Vollzug zu sichern. Die Polizeibehörden sind verpflichtet, dem Ersuchen des Ernährungsamts nach Maßgabe der Gesetze zu entsprechen.

### § 27. Pflichten und Rechte der Erzeuger

(1) Vorbehaltlich besonderer Vorschriften sind die Inhaber von Erzeugerbetrieben berechtigt und auf Verlangen des Ernährungsamts verpflichtet, die in ihren Betrieben übliche oder mögliche Behandlung der bewirtschafteten Erzeugnisse vorzunehmen. Das Ernährungsamt kann Zeit, Art und Ort der Behandlung bestimmen sowie nähere Feststellungen über die erzeugten Mengen treffen.

(2) Der Besitzer beschlagnahmter Vorräte ist berechtigt, diese, sofern sie handelsüblich beschaffen sind, dem Ernährungsamt anzubieten. Der Reichsminister für Ernährung und Landwirtschaft setzt für die einzelnen Erzeugnisse die Zeitspanne fest, innerhalb deren die Ablieferung erfolgen muß. Auf Verlangen des Ernährungsamts ist der Besitzer verpflichtet, beschlagnahmte Vorräte jederzeit abzuliefern.

(3) Als Besitzer im Sinne dieser Verordnung gilt auch der mit der Verwaltung der Vorräte betraute Inhaber des Gewahrsams.

### § 28. Ersatzvornahme

Nimmt der Inhaber eines landwirtschaftlichen Betriebes oder der Besitzer von Vorräten eine der ihm nach § 27 obliegenden Handlungen nicht rechtzeitig vor, so kann das Ernährungsamt die erforderlichen Arbeiten auf Kosten des Säumigen anderweitig vornehmen lassen. Der Verpflichtete hat die Arbeiten auf seinem Grund und Boden sowie in seinen Wirtschaftsräumen und mit den Mitteln seines Betriebes zu gestatten.

### § 29. Pflichten der verarbeitenden Betriebe

(1) Betriebe, die bewirtschaftete Erzeugnisse be- oder verarbeiten, haben die Erzeugnisse zu verwenden, die ihnen vom Landes-(Provinzial-)ernährungsamt oder Ernährungsamt zugewiesen werden. Sie haben den Weisungen der genannten Stellen

Folge zu leisten und die überwiesenen und daraus hergestellten Erzeugnisse zu verwahren und pfleglich zu behandeln.

(2) Weigert sich ein Betrieb, die Be- oder Verarbeitungspflicht zu erfüllen, so kann das Landes-(Provinzial-)ernährungsamt oder das Ernährungsamt die erforderlichen Arbeiten auf Kosten und mit Mitteln des Betriebes anderweitig vornehmen lassen.

(3) Die Betriebe sind zur Ablieferung der gesamten Erzeugnisse einschließlich aller Abfälle verpflichtet. Dies gilt auch, soweit sie Erzeugnisse für Selbstversorger verarbeiten.

(4) Stellen verarbeitende Betriebe Erzeugnisse über die etwa vereinbarte oder festgesetzte Pflichtmenge her, so sind sie auch zur Ablieferung der mehrerzeugten Menge einschließlich der Abfälle verpflichtet.

§ 30

Die Vereinbarung, daß das Entgelt für die Verarbeitung in einem Teile der zur Verarbeitung übergebenen Früchte oder sonstigen Gegenstände oder der daraus hergestellten Erzeugnisse einschließlich der Abfälle besteht, ist unwirksam.

§ 31

Wer im Auftrag des Landes-(Provinzial-)ernährungsamts oder des Ernährungsamts Erzeugnisse zu erwerben, aufzubewahren, zu befördern oder zu verteilen hat, darf nur solche Rechtsgeschäfte über die Vorräte abschließen oder solche Verfügungen über sie treffen, die von seinem Auftraggeber zugelassen sind. Dies gilt auch, soweit der Beauftragte Eigentümer der Vorräte ist.

§ 32. Aufsichtsrecht und Auskunftspflicht

(1) Die vom Landes-(Provinzial-)ernährungsamt oder Ernährungsamt oder den bewirtschaftenden Stellen beauftragten Personen sind befugt, die Betriebe oder Räume, die für die Erzeugung, Aufbewahrung, Be- und Verarbeitung, Verpackung und Verteilung bestimmt oder geeignet sind, jederzeit zu betreten, daselbst Besichtigungen vorzunehmen, Geschäftsaufzeichnungen einzusehen, die vorhandenen Vorräte nach Menge und Beschaffenheit festzustellen und nach ihrer Auswahl Proben gegen Empfangsbestätigung zu nehmen.

(2) Die Besitzer der Räume sowie die von ihnen bestellten Betriebsleiter, Aufsichtspersonen oder sonstige Angestellte haben

den nach Abs. 1 zum Betreten der Räume Berechtigten auf Erfordern die Vorräte sowie deren Herkunft anzugeben und ihnen die zur Durchführung ihrer Aufgaben erforderliche Auskunft zu erteilen.

§ 33. Geheimhaltungspflicht

Die vom Landes-(Provinzial-)ernährungsamt oder Ernährungsamt oder den bewirtschaftenden Stellen beauftragten Personen sind, vorbehaltlich der dienstlichen Berichterstattung und der Anzeige von Gesetzwidrigkeiten, verpflichtet, über die Einrichtungen und Geschäftsverhältnisse, die durch die Aufsicht zu ihrer Kenntnis kommen, Verschwiegenheit zu beobachten und sich der Mitteilung und Verwertung der Geschäfts- und Betriebsgeheimnisse zu enthalten. Sie sind hierauf zu verpflichten.

§ 34. Strafvorschriften

[4] Zuwiderhandlungen gegen die Vorschriften dieses Abschnitts sowie gegen die auf Grund dieser Verordnung erlassenen Bestimmungen werden nach Maßgabe der Vorschriften der Warenverkehrsverordnung bestraft.

4. Durch § 24 VRStVO. außer Kraft gesetzt.

## Dritter Abschnitt

## Schlußvorschriften

§ 35

Soweit bestehende Rechtsvorschriften den Bestimmungen dieser Verordnung widersprechen, treten sie für die Dauer der Geltung dieser Verordnung außer Kraft. Im Zweifelsfall entscheidet der Reichsminister für Ernährung und Landwirtschaft. Die Entscheidung des Reichsministers für Ernährung und Landwirtschaft ist für die Gerichte und die Verwaltungsbehörden bindend.

§ 36

Der Reichsminister für Ernährung und Landwirtschaft erläßt im Einvernehmen mit den zuständigen Reichsministern die zur Regelung des Verkehrs mit den einzelnen bewirtschafteten Erzeugnissen erforderlichen Rechtsverordnungen[5] und allgemeinen Verwaltungsanordnungen.

5. z. B. AO. über die Verwertung von Waren geschlossener Betriebe v. 23. 1. 43 (DRAnz. Nr. 25).

§ 36a

Der Reichsminister für Ernährung und Landwirtschaft kann die Vorschriften dieser Verordnung im Erlaßwege ändern oder ergänzen.

§ 37

Die Vorschriften der §§ 11, 12, 15, 17, 19 und 20 treten erst nach Außerkrafttreten der entsprechenden Bestimmungen der Ersten Durchführungsverordnung zur vorläufigen Sicherstellung des lebenswichtigen Bedarfs des deutschen Volkes vom 27. August 1939 (RGBl. I S. 1502) in Kraft. Im übrigen tritt diese Verordnung mit der Verkündung in Kraft.

Der Reichsminister
für Ernährung und Landwirtschaft.

---

## d) Verordnung über die Verbrauchsregelung für lebenswichtige gewerbliche Erzeugnisse

Vom 14. November 1939 (RGBl. I S. 2221)[1] in der Fassung der Verordnung vom 25. November 1941 (RGBl. I S. 731).

Auf Grund der Verordnung über den Warenverkehr in der Fassung vom 18. August 1939 (RGBl. I S. 1430, 1431) wird verordnet:

§ 1. Geltung allgemeiner Vorschriften für Bezugsbeschränkungen

Soweit der Reichswirtschaftsminister, die Reichsstellen oder andere Stellen, denen die Befugnisse nach den §§ 1 und 2 der Verordnung über den Warenverkehr[1] übertragen sind, anordnen, daß bestimmte Erzeugnisse an Verbraucher nur beschränkt oder unter bestimmten Voraussetzungen, insbesondere gegen eine Bescheinigung über die Bezugsberechtigung, abgegeben und von Verbrauchern bezogen werden dürfen, gelten die nachfolgenden Vorschriften für den Fall, daß nichts anderes bestimmt wird.

§ 2. Bescheinigungen über die Bezugsberechtigung

Als Bescheinigungen über die Bezugsberechtigung werden ausgegeben

a) Bezugskarten für den regelmäßigen Bedarf,
b) Bezugscheine für besonderen Bedarf auf Antrag neben oder an Stelle der Bezugskarte.

1. Die VerbrReglVO. ist in den eingegliederten Ostgebieten durch Verordnung v. 7. 6. 1940, RGBl. I S. 867, eingeführt.

## § 3. Ausgabe der Bescheinigungen

(1) Die Bescheinigungen werden von den Wirtschaftsämtern ausgegeben.

(2) Zuständig ist das Wirtschaftsamt des Wohnsitzes[2], bei Behörden, Körperschaften und Anstalten des Sitzes, bei Gewerbebetrieben der Niederlassung. Bezugscheine für besonderen Bedarf können in dringenden Fällen auch von dem Wirtschaftsamt des Aufenthaltsorts ausgegeben werden.

(3) Die Bescheinigungen haben im gesamten Reichsgebiet Gültigkeit.

2. D. h. Wohnort, der ständige Aufenthaltsort des Verbrauchers und wenn er mehrere hat, der Ort, an dem er sich überwiegend aufhält E. 76 S. 215.

## § 4. Verbraucher

(1) Bezugskarten für den regelmäßigen Bedarf erhalten alle natürlichen Personen einschließlich der Selbstversorger, die ihren Wohnsitz im Deutschen Reich haben. Für Angehörige der Wehrmacht, der Schutzgliederungen außerhalb der Wehrmacht und des Reichsarbeitsdienstes, die von diesen Gliederungen versorgt werden, ergehen besondere Vorschriften.

(2) Ein Bezugschein für besonderen Bedarf kann auf Antrag ausgegeben werden, wenn die vorgeschriebenen Voraussetzungen für den Bezug des Erzeugnisses erfüllt und nachgewiesen sind.

## § 5. Bezugsberechtigung

(1) Auf Grund einer Bezugskarte oder eines Bezugscheins darf der Verbraucher nur zum eigenen Gebrauch oder Verbrauch bezugsbeschränkte Erzeugnisse erwerben, erwerben lassen oder dem eigenen Betrieb entnehmen.

(2) Die Veräußerung bezugsbeschränkter Erzeugnisse an Verbraucher ohne gleichzeitige Aushändigung der Bezugskarte oder des Bezugsscheins ist unwirksam.

## § 6. Bezugskarten

(1) Die Bezugskarten bestehen aus einem Stammabschnitt und den Teilabschnitten. Auf dem Stammabschnitt sind die vorgesehenen Angaben vollständig einzutragen, gegen die Teilabschnitte werden die bezugsbeschränkten Erzeugnisse abgegeben. Die Abgabe ist jedoch nur zulässig, wenn die bezugsfähigen Höchstmengen entweder auf den Teilabschnitten aufgedruckt oder besonders bekanntgegeben sind.

(2) Die Teilabschnitte sind nur im Zusammenhang mit dem Stammabschnitt gültig. Sie dürfen nur vom Lieferer gegen Abgabe der Erzeugnisse abgetrennt werden. Der Nachweis der Bezugsberechtigung beim Bezug im Wege des Versandes wird für die einzelnen Erzeugnisse besonders geregelt.

## § 7. Ablieferung der Bezugskarte

(1) Wer unberechtigt eine ihm nicht zustehende Bezugskarte im Besitz hat, hat sie an das Wirtschaftsamt abzuliefern. Die Ablieferung hat namentlich dann zu erfolgen, wenn die Bezugsberechtigung nachträglich erlischt (z. B. durch Einrücken zur Wehrmacht).

(2) Für die Ablieferung sind neben dem Verbraucher die Angehörigen seines Haushalts verantwortlich, im Todesfall auch die Eltern.

## § 8. Verlust der Bezugskarte

Eine abhanden gekommene Bezugskarte kann nur ersetzt werden, wenn der Verbraucher den Verlust glaubhaft macht. Die Ersatzkarte kann nur vom Wirtschaftsamt ausgestellt werden. Das Wirtschaftsamt kann bei der Ausgabe der neuen Bezugskarte Teilabschnitte nach seinem Ermessen abtrennen.

## § 9. Bezugscheine

Der Bezugschein muß Stempel und Unterschrift der ausstellenden Behörde tragen und folgende Angaben enthalten:

a) Name und Wohnung des bezugsberechtigten Verbrauchers,
b) Art und Menge des abzugebenden Erzeugnisses.

## § 10. Verwendung der Teilabschnitte und Bezugscheine

Die abgelösten Teilabschnitte und die Bezugscheine sind aufzubewahren und nach besonders ergehenden Vorschriften zu verwenden. Bezugscheine sind vom Lieferer zu entwerten (durchlochen, zerschneiden, durchkreuzen).

## § 11

Die Landeswirtschaftsämter und die Wirtschaftsämter sind gegenüber Gewerbetreibenden auskunftsberechtigte Stellen im Sinne der Verordnung über die Auskunftspflicht vom 13. Juli 1923 (RGBl. I S. 723)[3]. Sie können das persönliche Erscheinen eines Auskunftspflichtigen anordnen und, wenn der Verdacht einer strafbaren Handlung besteht, verlangen, daß ihnen oder ihren Beauftragten Waren übersandt oder vorgelegt und Behältnisse zur Besichtigung geöffnet werden.

**3.** Abgedruckt Seite 85.

§ 12

(1) Die Landeswirtschaftsämter werden ermächtigt, nach Weisungen des Reichswirtschaftsministers oder der zuständigen Reichsstellen die Abgabe oder den Bezug gewerblicher Erzeugnisse für den nichtgewerblichen Verbrauch zu regeln.

(2) Das Landeswirtschaftsamt kann diese Befugnisse aus besonderem Anlaß im Einzelfall auf das Wirtschaftsamt übertragen. Anordnungen des Wirtschaftsamtes bedürfen der Zustimmung des Landeswirtschaftsamtes.

(3) Die Anordnungen sind in dem Amtsblatt des Amtes zu verkünden.

Der Reichswirtschaftsminister.

---

## e) Verordnung über die öffentliche Bewirtschaftung von Tieren und tierischen Erzeugnissen

Vom 7. September 1939 (RGBl. I S. 1714) in der Fassung der Verordnung vom 26. Mai 1941 (RGBl. I S. 292)[1].

Auf Grund des § 36 der Verordnung über die öffentliche Bewirtschaftung von landwirtschaftlichen Erzeugnissen vom 27. August 1939 (RGBl. I S. 1521) wird im Einvernehmen mit dem Reichsjägermeister hiermit verordnet:

§ 1. Für Tiere und tierische Erzeugnisse wird die Bewirtschaftung eingeführt.

§ 2. (1) Die Bewirtschaftung wird der Hauptvereinigung der Deutschen Viehwirtschaft (Hauptvereinigung) übertragen. Die Bewirtschaftung von tierischen Fetten wird von der Hauptvereinigung der Deutschen Milch- und Fettwirtschaft nach Maßgabe der Verordnung über die öffentliche Bewirtschaftung von Milch, Milcherzeugnissen, Ölen und Fetten vom 7. September 1939 (RGBl. I S. 1719) durchgeführt.

**1.** Die Verordnung ist in den eingegliederten Ostgebieten durch die Verordnung v. 24. 6. 1941 (RGBl. I S. 335) mit Wirkung v. 30. 6. 1941 eingeführt.

(2) Die Reichsstelle für Tiere und tierische Erzeugnisse führt gemäß § 8 der Verordnung über die öffentliche Bewirtschaftung von landwirtschaftlichen Erzeugnissen als Geschäftsabteilung der Hauptvereinigung die ihr im Verkehr mit den bewirtschafteten Erzeugnissen zugewiesenen Aufgaben durch. Die Tätigkeit der Reichsstelle als Überwachungsstelle auf dem Gebiete der Devisenbewirtschaftung bleibt unberührt.

§ 3. (1) Als Tiere im Sinne dieser Verordnung gelten Rindvieh einschließlich Kälber, Schweine, Schafe und Pferde zu Schlachtzwecken, ferner Schalenwild (Rot-, Dam-, Reh-, Gems-, Schwarz-, Elch-, Muffel- und Sikawild) sowie Hasen, Wildkaninchen und Fasanen.

(2) Als tierische Erzeugnisse gelten das Fleisch von diesen Tieren, die bei ihrer Schlachtung anfallende Nebenausbeute mit Ausnahme der Nebenausbeute von Schalenwild (Geräusch einschließlich Herz und Lunge) sowie die aus diesen Tieren hergestellten Fleischwaren.

§ 4. (1) Zum Bezug von Fleisch und Fleischwaren berechtigen die von den Ernährungsämtern an die versorgungsberechtigte Bevölkerung ausgegebenen Fleischkarten in hellblauer Farbe (nach den anliegenden Mustern). Die Fleischkarte gilt für das ganze Reich.

(2) Die Ernährungsämter geben jeweils die auf die einzelnen Abschnitte der Fleischkarten abzugebenden Höchstmengen bekannt.

§ 5. (1) Selbstversorger erhalten grundsätzlich keine Fleischkarten.

(2) Selbstversorger sind neben den im § 13 der Verordnung über die öffentliche Bewirtschaftung von landwirtschaftlichen Erzeugnissen genannten Berechtigten auch Personen, die Tiere zur Eigenversorgung oder gewerbsmäßig mästen, sowie die Angehörigen des Haushalts dieser Personen einschließlich der hauswirtschaftlichen Hilfspersonen und die für die Mästereien hauptberuflich beschäftigten Arbeitskräfte nebst deren Haushaltsangehörigen. Selbstversorger sind ferner solche Personen, die durch Ausübung der Jagd Fleisch von Schalenwild zur Eigenversorgung gewinnen.

§ 6. (1) Die Selbstversorger können von den durch Hausschlachtung oder durch Ausübung der Jagd gewonnenen tierischen Erzeugnissen diejenigen Mengen zum Verbrauch im eigenen Haushalt verwenden, die den von der Hauptvereinigung mit Zustimmung des Reichsministers für Ernährung und Landwirtschaft getroffenen Bestimmungen über den Verbrauch entsprechen.

(2) Erfolgt die Verwendung der durch Hausschlachtung oder durch Ausübung der Jagd gewonnenen tierischen Erzeugnisse innerhalb des Zeitraums, für welchen der Selbstversorger bereits Karten erhalten hat, so hat er eine entsprechende Anzahl Karten nach näherer Regelung des Ernährungsamts zurückzugeben. Erstreckt sich die Verwendung über diesen Zeitraum hinaus, so hat der Selbstversorger bei Ausgabe neuer Karten anzugeben, innerhalb welcher Zeit er die Vorräte verwenden will; für diese Zeit erhält er nur so viele Karten, wie ihm nach Abzug der Vorräte noch zustehen.

(3) Die durch Hausschlachtung oder durch Ausübung der Jagd gewonnenen tierischen Erzeugnisse werden den Selbstversorgern nach den von der Hauptvereinigung mit Zustimmung des Reichsministers für Ernährung und Landwirtschaft festgesetzten Sätzen angerechnet. Das Schlachtgewicht ist amtlich festzustellen.

(4) Die Hauptvereinigung kann Maßnahmen zur Überwachung der Selbstversorger treffen.

§ 7. (1) Die Selbstversorger bedürfen zur Hausschlachtung von Schweinen, Schafen und Rindvieh einschließlich Kälber der schriftlichen Genehmigung des Ernährungsamts. Alter und Gewicht des zu schlachtenden Tieres sind bei der Antragstellung anzugeben.

(2) Erfolgt eine Hausschlachtung ohne Genehmigung des Ernährungsamts, so kann dieses die gewonnenen tierischen Erzeugnisse zugunsten der Hauptvereinigung, Geschäftsabteilung (§ 2 Abs. 2), für verfallen erklären.

§ 8. (1) Notschlachtungen sind unverzüglich dem Ernährungsamt anzuzeigen.

(2) Tierische Erzeugnisse, die aus Notschlachtungen anfallen, unterliegen nicht der öffentlichen Bewirtschaftung, wenn sie bei der Fleischbeschau für minderwertig oder bedingt tauglich erklärt werden.

(3) Ist durch vorsätzliche oder fahrlässige Mißhandlung eines Tieres eine Notschlachtung herbeigeführt worden, so kann das Er-

nährungsamt die gewonnenen tierischen Erzeugnisse zugunsten der Hauptvereinigung, Geschäftsabteilung (§ 2 Abs. 2), für verfallen erklären.

§ 9. Der Abschuß von Schalenwild ist dem Ernährungsamt anzuzeigen. Das Ernährungsamt regelt die Verwertung von Schalenwild, auch soweit es nicht zur Eigenversorgung des Jagdausübungsberechtigten verwendet wird.

§ 10. Die Hauptvereinigung oder die von ihr bestimmten Stellen sind berechtigt, von den Eigentümern oder Besitzern von Tieren die Ablieferung einer bestimmten Zahl von Tieren zu Schlachtzwecken zu verlangen; sie können die abzuliefernden Tiere bestimmen. Die Aufforderung zur Ablieferung kann durch Einzelanordnung oder durch öffentliche Bekanntmachung erfolgen. mit dem Tage des Zugangs der Einzelanordnung oder Veröffentlichung der Bekanntmachung gelten die Tiere als beschlagnahmt.

§ 11. (1) Der Ablieferungspflicht gemäß § 10 unterliegen nicht die zur Selbstversorgung erforderlichen Tiere.

(2) Den Inhabern landwirtschaftlicher Betriebe sind grundsätzlich die Tiere zu belassen, die zur Fortführung ihres Wirtschaftsbetriebes erforderlich sind.

(3) Aus Zuchtviehbeständen sollen nur die zur Mast aufgestellten Tiere zur Ablieferung bestimmt werden.

§ 12. (1) Die Vorschriften der § 21 Abs. 2, § 22 Abs. 3 und § 23 der Vorordnung über die öffentliche Bewirtschaftung von landwirtschaftlichen Erzeugnissen finden auf die Beschlagnahme von Tieren entsprechende Anwendung. Die Beschlagnahme der Tiere sowie der tierischen Erzeugnisse gilt als zugunsten der Hauptvereinigung erfolgt. Bei der Einfuhr von Tieren und tierischen Erzeugnissen aus dem Ausland tritt die Beschlagnahme mit dem Überschreiten der Zollgrenze ein.

(2) Wer Tiere und tierische Erzeugnisse aus dem Ausland einführt, hat die eingeführten Mengen unverzüglich der Hauptvereinigung anzuzeigen.

§ 13. Die Befugnisse, die der Hauptvereinigung, den Viehwirtschaftsverbänden und den Marktbeauftragten auf Grund der Verordnung zur Regelung des Verkehrs mit Schlachtvieh vom 27. Februar 1935 (RGBl. I S. 301) sowie der dazu ergangenen Änderungsverordnungen und Satzungen zustehen, und die von ihnen getroffenen Anordnungen bleiben nach Maßgabe des § 35 der Verordnung über die öffentliche Bewirtschaftung von landwirtschaftlichen Erzeugnissen unberührt, soweit nicht die Vorschriften dieser Verordnung entgegenstehen; das Entsprechende gilt für die Befugnisse und Anordnungen der Reichsstelle für Tiere und tierische Erzeugnisse, und zwar auch in ihrer Eigenschaft als Überwachungsstelle.

§ 14. (1) Der Reichsminister für Ernährung und Landwirtschaft kann die Vorschriften dieser Verordnung im Erlaßwege ändern oder ergänzen.

(2) Die Hauptvereinigung kann mit Zustimmung des Reichsministers für Ernährung und Landwirtschaft Ausnahmen von den Vorschriften dieser Verordnung zulassen; sie kann dieses Recht mit Zustimmung des Reichsministers für Ernährung und Landwirtschaft auf andere Stellen übertragen.

§ 15. Die Hauptvereinigung kann mit Zustimmung des Reichsministers für Ernährung und Landwirtschaft abweichend von der Vorschrift des § 25 Satz 1 der Verordnung über die öffentliche Bewirtschaftung von landwirtschaftlichen Erzeugnissen regeln, welche Vorräte die be- und verarbeitenden Betriebe trotz der Beschlagnahme verarbeiten dürfen.

§ 16. Die Verordnung tritt am 25. September 1939 in Kraft.

Der Reichsminister
für Ernährung und Landwirtschaft.

---

## f) Verordnung über die Wirkungen der Beschlagnahme zur Regelung des Warenverkehrs

Vom 4. März 1940 (RGBl. I S. 551)[1].

Auf Grund der Verordnung über den Warenverkehr in der Fassung vom 18. August 1939 (RGBl. I S. 1430) wird verordnet:

§ 1. (1) Soweit auf Grund der Verordnung über den Warenverkehr Gegenstände zur Regelung des Warenverkehrs beschlagnahmt worden sind oder beschlagnahmt werden, hat die Beschlagnahme die in den §§ 2 bis 4 bestimmte Wirkung.

(2) Vorschriften, welche

1. Die Verordnung ist in den eingegliederten Ostgebieten durch Verordnung v. 28. 10. 1940, RGBl. I S. 1456, eingeführt.

a) die Veränderung der beschlagnahmten Gegenstände oder die Änderung ihres Aufbewahrungsortes,
b) Rechtsgeschäfte über beschlagnahmte Gegenstände oder die Verfügung im Wege der Zwangsvollstreckung oder der Vollziehung eines Arrestes oder einer einstweiligen Verfügung,
c) die Verwertung beschlagnahmter Gegenstände, die verpfändet, gepfändet, mit Arrest belegt, durch einstweilige Verfügung sichergestellt oder zur Sicherung übereignet sind,

weitergehend beschränken, treten außer Kraft, soweit nicht etwas anderes bestimmt wird.

(3) Unberührt bleiben die Vorschriften über sonstige Wirkungen der Beschlagnahme, insbesondere über Melde-, Buchführungs- oder Obhutspflichten und über die Verpflichtung zur Anbietung, Ablieferung oder Veräußerung der beschlagnahmten Gegenstände.

§ 2. (1) Veränderungen der beschlagnahmten Gegenstände, insbesondere ihr Verbrauch und ihre Bearbeitung oder Verarbeitung, sowie ihre Entfernung aus dem Betriebe sind unzulässig, soweit nicht allgemein oder im Einzelfall etwas anderes bestimmt oder zugelassen ist. Die Bearbeitung beschlagnahmter landwirtschaftlicher Erzeugnisse im Sinn der Reichsnährstandgesetzgebung sowie von forstwirtschaftlichen Erzeugnissen unterliegt nicht dieser Beschränkung.

(2) Spediteure, Frachtführer, Verfrachter und sonstige Verwahrer, die beschlagnahmte Gegenstände für andere im Besitz haben, dürfen diese Gegenstände weiterbefördern und an die nach den allgemeinen Vorschriften zur Empfangnahme Berechtigten ausliefern, soweit nicht im Einzelfall die zuständige Stelle eine andere Weisung erteilt.

§ 3. (1) Die Veräußerung beschlagnahmter Gegenstände ist nur dann wirksam, wenn die bewirtschaftende Stelle oder die von ihr beauftragte Stelle sie durch allgemeine Anordnung zuläßt oder im Einzelfall genehmigt. Das gleiche gilt für ein Rechtsgeschäft, durch das eine Verpflichtung zur Veräußerung begründet wird; mit dem Verpflichtungsgeschäft wird auch dessen Erfüllung genehmigt.

(2) Die Genehmigung kann nachträglich und unter Bedingungen oder Auflagen erteilt werden.

(3) Abs. 1 gilt nicht

a) bei einer Veräußerung des gesamten Betriebes,

b) bei einer Sicherungsübereignung, wenn die übereigneten Gegenstände nicht aus dem Betriebe entfernt werden.

§ 4. (1) Die Beschlagnahme steht einer Pfändung oder Verpfändung der beschlagnahmten Gegenstände nicht entgegen. Ihre Verwertung als Pfand ist nur entsprechend den Anordnungen oder Weisungen der bewirtschaftenden Stelle oder der von ihr beauftragten Stelle zulässig. Erlischt das Pfandrecht infolge einer den Anordnungen oder Weisungen dieser Stellen entsprechenden Maßnahme, so tritt der Anspruch auf den Erlös oder der Erlös an die Stelle des Pfandes. Der Verfügungsberechtigte hat dem Pfandgläubiger die getroffene Maßnahme unverzüglich mitzuteilen.

(2) Dies gilt sinngemäß für beschlagnahmte Gegenstände, die zur Sicherung übereignet sind.

(3) Der Pfändung steht die Vollziehung eines Arrestes oder eine einstweiligen Verfügung gleich.

§ 5. Die Verordnung über Pfändung und Verpfändung bewirtschafteter landwirtschaftlicher Erzeugnisse vom 25. September 1939 (RGBl. I S. 1943) tritt außer Kraft.

Der Reichswirtschaftsminister
Der Reichsminister
für Ernährung und Landwirtschaft
Der Reichsforstmeister

---

## g) Die Erste Verordnung zur Durchführung der Verordnung über den Warenverkehr

v. 20. 10. 1937 (RGBl. I S. 1133)

Auf Grund des § 19 der Verordnung über den Warenverkehr vom 4. 9. 1934 (RGBl. I S. 816) in der Fassung der Verordnung vom 28. 6. 1937 (RGBl. I S. 761) wird folgendes verordnet:

§ 1. (1) Anordnungen im Sinne der §§ 1, 2, 3, 9 und 12 Abs. 1 der Verordnung über den Warenverkehr sind im Deutschen Reichsanzeiger und Preußischen Staatsanzeiger zu verkünden; in geeigneten Fällen kann die Verkündung durch Zustellung an den Empfänger geschehen.

(2) Für Zustellungen gelten die Vorschriften der Zivilprozeßordnung über Zustellung vom Amts wegen[1].

(3) Die Anordnung kann dem Empfänger durch eingeschriebenen Brief zugestellt werden. Die Zustellung gilt mit dem dritten Tage nach der Aufgabe zur Post als bewirkt; der Nachweis, daß der Empfänger die Anordnung an einem anderen Tage erhalten hat, ist zulässig. Verweigert der Empfänger die Annahme ohne rechtlichen Grund, so gilt die Anordnung gleichwohl als zugestellt.

(4) Die Zustellung gilt auch als bewirkt, wenn der Empfänger schriftlich bestätigt hat, daß ihm die Anordnung zugegangen ist.

1. Abgedruckt Seite 182.

(5) Auflagen (§ 12 Abs. 2 der Verordnung über den Warenverkehr) sind dem Empfänger schriftlich mitzuteilen.

§ 2. Anordnungen treten — soweit nicht ein anderes bestimmt ist — am Tage nach ihrer Veröffentlichung im Deutschen Reichsanzeiger und Preußischen Staatsanzeiger oder am Tage nach der Zustellung gemäß § 1 Abs. 2 bis 4 an den Empfänger in Kraft.

§ 3. (1) Will die Überwachungsstelle[2] eine ohne Strafbestimmung erlassene Anordnung gemäß § 12 Abs. 1 Ziff. 2 der Verordnung über den Warenverkehr durch einen Hinweis auf die Strafbestimmungen der genannten Verordnung ergänzen, so ist die ergänzende Anordnung in der gleichen Weise bekanntzumachen wie die Anordnung, deren Ergänzung beabsichtigt ist.

(2) Zuwiderhandlungen gegen die Anordnung können nur bestraft werden, wenn sie nach dem Inkrafttreten der ergänzenden Anordnung begangen sind.

2. Jetzt Reichsstelle.

§ 4. § 1 Abs. 3 findet auf die Mitteilung von Ordnungsstrafbescheiden durch die Überwachungsstelle[2] gemäß § 15 der Verordnung über den Warenverkehr entsprechende Anwendung.

§ 5. Diese Verordnung tritt am 1. November 1937 in Kraft. Von diesem Zeitpunkt an kann für die Zukunft die Rechtswirksamkeit der Verkündung von Anordnungen, die früher in einer dem § 1 entsprechenden Weise erfolgt ist, nicht in Frage gestellt werden.

Der Reichswirtschaftsminister
Der Reichsminister für Ernährung und Landwirtschaft
Der Reichsforstmeister.

---

## h) Zweite Durchführungsverordnung zum Abschnitt IV der Kriegswirtschaftsverordnung

v. 8. 12. 1940 (RGBl. I S. 1581)

Nach den Grundsätzen einer kriegsverpflichteten Wirtschaft hat jeder bei seinem Preisgebaren in dem Bewußtsein zu handeln, daß der Krieg jedem Deutschen eine besondere Verantwortung gegenüber seinem Volke auferlegt und wirkliche Opfer von ihm verlangt.

Diese Grundsätze gelten für die gesamte Volkswirtschaft, und zwar für jeden, der Preise oder Entgelte irgendwelcher Art fordert, sich gewähren läßt oder zahlt.

Wer insbesondere Gewinne macht oder entstehen läßt, die unter den Kriegsverhältnissen unangemessen hoch sind, Preise oder Entgelte fordert oder zahlt, die auf kriegswirtschaftlich nicht gerechtfertigten Kosten beruhen, sich ohne kriegswirtschaftlich gerechtfertigten Grund in den Weg vom Erzeuger zum Verbraucher einschiebt, verstößt gegen die Grundsätze einer kriegsverpflichteten Wirtschaft.

Der Reichskommissar für die Preisbildung.

---

## 2. Verwaltungserlasse

### a) Strafverfahren wegen Zuwiderhandlungen gegen die Verbrauchsregelungs-Strafverordnung

AV. d. RJM. v. 15. 4. 1940 (DJust. 455).

Die Verordnung über Strafen und Strafverfahren bei Zuwiderhandlungen gegen Vorschriften auf dem Gebiet der Bewirtschaftung bezugsbeschränkter Erzeugnisse vom 6. April 1940, RGBl. I S. 610, läßt für die Verfolgung von Verstößen gegen die Verbrauchsregelung für lebenswichtige Erzeugnisse wahlweise das ordentliche Strafverfahren und das Ordnungsstrafverfahren zu. Ein Ordnungsstrafverfahren soll nur eingeleitet werden, wenn ein öffentliches Interesse an der Strafverfolgung nicht besteht; auch in diesem Falle ist die Justizbehörde zuständig, wenn gegen einen Ordnungsstrafbescheid der Antrag auf gerichtliche Entscheidung gestellt wird.

Für die Behandlung dieser Verfahren durch die Justizbehörden bestimme ich folgendes:

(1) Die Strafverfolgungsbehörden wenden den genannten Zuwiderhandlungen wegen der Bedeutung, die der öffentlichen Bewirtschaftung lebenswichtiger Erzeugnisse für die Versorgung der Bevölkerung und die Sicherung der inneren Front besonders während des Krieges zukommt, ihre besondere Aufmerksamkeit zu. Empfohlen wird, die Bearbeitung dieser Strafsachen in der Hand eines besonders geeigneten Sachbearbeiters zu vereinigen, der mit den einschlägigen Anordnungen (Bezugscheinwesen usw.) vertraut ist und in der Regel auch die Hauptverhandlung wahrnimmt. Bei größeren Amtsgerichten mit mehreren Abteilungen bitte ich die Herren Oberlandesgerichtspräsidenten, zu veranlassen, daß bei der Geschäftsverteilung die Entscheidung der oben genannten Sachen einer Abteilung zugewiesen wird.

(2) Von besonderer Bedeutung ist die beschleunigte und nachdrückliche Verfolgung dieser Zuwiderhandlungen. Ihre erfolgreiche Bekämpfung ist nur dann gesichert, wenn die Bestrafung der Tat auf dem Fuße folgt und ihre Wirkung auf Dritte nicht verfehlt. Das Strafverfahren muß daher schnell durchgeführt werden, und die Strafen müssen nach ihrer Höhe als gerecht empfunden werden und abschreckend wirken.

(3) Die Strafverfolgungsbehörden bitte ich, die genannten Zuwiderhandlungen als vordringlich zu behandeln und bei dem zuständigen Gericht auf umgehende Erledigung (als „Eilsachen") hinzuwirken. In geeigneten Fällen ist der Entscheidung durch Strafbefehl oder im beschleunigten Verfahren (in der Ostmark der Entscheidung im vereinfachten Verfahren) der Vorzug zu geben. Von den Gerichten erwarte ich, daß sie eine notwendig werdende Hauptverhandlung in aller Regel auf den nächstmöglichen Terminstag ansetzen und die gegen einen Ordnungsstrafbescheid beantragte gerichtliche Entscheidung mit größter Beschleunigung erlassen.

(4) Alle Verfahren wegen Zuwiderhandlungen gegen die Verbrauchsregelungs-Strafverordnung werden im engen Zusammenwirken mit dem zuständigen Wirtschafts- oder Ernährungsamt durchgeführt. Dieses wird bei Strafanzeigen erforderlichenfalls auf im Einzelfall wichtige Gesichtspunkte hinweisen. Anzeigen, die von anderer Seite erstattet worden sind, und Eingaben des Beschuldigten, deren Kenntnis für das Wirtschafts- oder Ernährungsamt von Bedeutung sein kann, bitte ich, ihm in Abschrift zur Stellungnahme zuzuleiten. In Zweifelsfällen wird eine schriftliche Stellungnahme des Wirtschafts- oder Ernährungsamts herbeizuführen sein, wenn eine Verzögerung des Verfahrens nicht zu besorgen ist. Sind in der Hauptverhandlung Fragen zu erörtern, die eine besondere Sachkunde voraussetzen, so kann sich die Ladung des Sachbearbeiters beim Wirtschafts- oder Ernährungsamt als Sachverständigen empfehlen.

(5) Ob eine Zuwiderhandlung im Strafverfahren zu verfolgen ist oder ob sich die Erledigung durch Ordnungsstrafbescheid empfiehlt, entscheidet sich danach, ob kriminelles Unrecht oder ob eine Ordnungswidrigkeit vorliegt. Die Höhe einer Geldstrafe ist für die Wahl des Verfahrens nicht ausschlaggebend; auch bei einer bloßen Ordnungswidrigkeit kann, um den Anordnungen des Wirtschafts- oder Ernährungsamts Geltung zu verschaffen, eine empfindliche Ordnungsstrafe geboten sein. Dieser Besonder-

heit wird im Verfahren nach einem Antrag auf gerichtliche Entscheidung Rechnung zu tragen sein, auch wenn sich kein Anlaß ergibt, die Sache gemäß § 7 Abs. 2 (jetzt § 8 Abs. 2) der Staatsanwaltschaft vorzulegen.

(6) Ist zweifelhaft, ob die Verfolgung im ordentlichen Strafverfahren angezeigt erscheint, oder beabsichtigt die Strafverfolgungsbehörde, das Verfahren einzustellen oder nach § 153 StPO. von der Erhebung der öffentlichen Klage wegen Geringfügigkeit abzusehen, so wird dem Wirtschafts- oder Ernährungsamt Gelegenheit zur Äußerung gegeben.

(7) (Aufgehoben durch III 1 der AV. vom 12. Januar 1942, abgedruckt S. 158.)

---

## b) Strafsachen auf dem Gebiet der Verbrauchsregelung

AV. d. RJM. v. 12. 1. 1942 (DJust. 1942 S. 49).

I. Im RGBl. I S. 731 ist eine Verordnung zur Ergänzung und Änderung von Vorschriften auf dem Gebiet der Verbrauchsregelung veröffentlicht, die am 30. November 1941 in Kraft getreten ist. Gleichzeitig ist die Verbrauchsregelungs-Strafverordnung in der Fassung, die sich aus dieser Änderungsverordnung ergibt, in neuer Paragraphenfolge bekanntgemacht worden, RGBl. I S. 734. Zu der Neufassung bemerke ich:

(1) In § 1 Abs. 1 Nr. 1 ist jetzt auch die Überlassung einer Bezugsberechtigung, die dem Überlassenden nicht zusteht (etwa einer gestohlenen, unterschlagenen oder erschlichenen Bezugskarte), unter Strafe gestellt; Bereicherungsabsicht ist dabei nicht mehr Voraussetzung für die Bestrafung.

(2) Als ein Beziehen oder Abgeben ohne Bescheinigung über die Bezugsberechtigung (§ 1 Abs. 1 Nr. 1) ist auch das Vertauschen und Eintauschen bezugsbeschränkter Erzeugnisse durch Gewerbetreibende für persönliche Bedürfnisse unter Einsatz der ihnen anvertrauten Ware anzusehen. Derartige Tauschgeschäfte sind ein Mißbrauch der Treuhänderstellung, die der Gewerbetreibende im Verkehr mit bezugsbeschränkten Erzeugnissen einnimmt, und erregen in der Bevölkerung berechtigten Unmut. Vertretungen der Wirtschaft und Stimmen der Presse haben in letzter Zeit häufig derartige Verfehlungen scharf mißbilligt; die Strafverfolgungsbehörden bitte ich, unter Hinweis hierauf in derartigen Fällen empfindliche Strafen zu beantragen.

(3) In § 1 Abs. 1 Nr. 1, § 2 Abs. 1 Nr. 1 ist nunmehr auch mit Strafe bedroht, wer sich die Verfügung über eine Bezugsberechtigung (unbefugt) verschafft; soweit er hierbei nicht in Ausübung eines Gewerbes oder Berufs handelt, wird vorausgesetzt, daß er sich die Verfügung gegen Entgelt verschafft.

(4) Vergehensstrafe ist in den Fällen des § 2 nicht nur für „besonders schwere" Fälle, sondern in „schweren" Fällen angedroht. Die Änderung trägt der Erfahrung Rechnung, daß ein verhältnismäßig großer Teil der Verfehlungen gegen § 2 VRStVO. Vergehensstrafe erfordert. Wann im einzelnen ein schwerer Fall vorliegt, wird unter Prüfung der Persönlichkeit des Täters und der gesamten Umstände der Tat, insbesondere auch der Beweggründe des Täters und des für die Versorgung entstandenen Nachteils, zu erwägen sein. Die Benutzung gefälschter Bezugskarten wird stets, der Handel mit Bezugskarten regelmäßig als schwerer Fall zu würdigen sein. Auch die Erschleichung der Genehmigung einer Hausschlachtung wird im allgemeinen einen schweren Fall darstellen, da der Verbraucher hierdurch erheblich größere Fleischrationen erlangt, als ihm als Normalverbraucher zustehen würden. Wird als Entschuldigung für falsche Angaben über die vorgeschriebene Mästungszeit bei Hausschlachtungen z. B. angeführt, daß ausreichende Futtermittel für diese Zeit nicht zur Verfügung gestanden hätten, so hat der Staatsanwalt darauf hinzuweisen, daß nach den Gedanken der bestehenden Regelung bei der angespannten Futtermittelversorgungslage nur derjenige Schweine halten und mästen darf, der über die notwendigen Futtermittel verfügt. Ein Mangel hieran kann daher, da jeder Tierhalter sich den erforderlichen Überblick über die ihm zur Verfügung stehenden Futtermittel verschaffen kann, falsche Angaben nicht rechtfertigen.

(5) Zur Entscheidung von Zweifeln bestimmt § 21 der Neufassung ausdrücklich den Bereich der Übertretungen für das Gebiet der Verbrauchsregelungs-Strafverordnung und stellt damit zugleich klar, daß die Fälle des § 2 Abs. 4 VRStVO. als Vergehen im Sinn des § 1 Abs. 2 RStGB. anzusehen sind. Die neuen Verjährungsfristen gelten sowohl für das Strafverfahren als auch für das Ordnungsstrafverfahren; die bisherige Verschiedenheit in der Handhabung der Verjährungsfristen ist damit beseitigt.

Eine Vorschrift über die Verjährung der Strafvollstreckung ist in der Verbrauchsregelungs-Strafverordnung nicht mehr gegeben, weil diese Rechtseinrichtung im österreichischen Strafgesetz nicht vorgesehen ist. Sollte die Vollstreckung einer Übertretungsstrafe aus der VRStVO. nach zwei Jahren, einer Vergehensstrafe nach fünf Jahren seit Eintritt der Rechtskraft des Urteils noch nicht eingeleitet sein, so ersuche ich vor Einleitung von Vollstreckungsmaßnahmen zu berichten.

II. Auf Grund der kriegswirtschaftlichen Bestimmungen sind auf dem Gebiete der Verbrauchsregelung Dienststellen verschiedener Verwaltungen (Gerichte, Wirtschafts- und Ernährungsämter, Wirtschaftsverbände, Preisüberwachungsbehörden und Polizeibehörden) zur Verhängung von kriminellen oder Ordnungsstrafen befugt. Um zu verhüten, daß sich aus der Aufspaltung der Zuständigkeiten auffallende Unterschiede in der Strafbemessung bei gleichartigen Zuwiderhandlungen gegen die Verbrauchsregelung ergeben, empfiehlt es sich, daß die Leiter oder Sachbearbeiter aller derjenigen Dienststellen, die an der Verfolgung solcher Verstöße beteiligt sind, miteinander Fühlung halten und sich in bestimmten Zeitabständen zur Besprechung der mit der Ausübung der Strafbefugnis zusammenhängenden Fragen zusammenfinden.

III. Die Richtlinien der AV. vom 15. April 1940, DJ. 1940 S. 455, werden unter Streichung der Ziff. 7, wie folgt, ergänzt:

(1) Bestehen Zweifel über den Inhalt der auf einem einzelnen Fachgebiet maßgebenden Vorschrift, so empfehle ich, die Wirtschafts- oder Ernährungsämter um Überlassung der Unterlagen zu bitten.

Ist anzunehmen, daß eine Sache zur Erörterung von Fragen grundsätzlicher Bedeutung führen wird oder wegen der Art oder der Ausführung der Straftat oder für die Beurteilung der Zuverlässigkeit des Täters von besonderem Interesse für die mit der Verbrauchsregelung befaßten Dienststellen ist, so wird die Anklage (und später das Urteil mit Gründen) in Abschrift dem Wirtschafts- oder Ernährungsamt übersandt; dies gilt insbesondere für Strafsachen aus § 1 Abs. 1 der Kriegswirtschaftsverordnung und aus § 1 Abs. 1 der Verbrauchsregelungs-Strafverordnung, und zwar auch dann, wenn mit diesen Verfehlungen Preisverstöße zusammentreffen. In diesen Fällen wird auch der Termin zur Hauptverhandlung dem Wirtschafts- oder Ernährungsamt mitgeteilt. Auf Wunsch der Ämter wird ihnen auch in anderen Fällen der Termin zur Hauptverhandlung und die Anklage und später das Urteil mitgeteilt. Soweit die Justizbehörden ohne Überlastung in der Lage sind, eine weitergehende laufende Unterrichtung der Wirtschafts- und Ernährungsämter durchzuführen, bestehen hiergegen keine Bedenken.

Ist ein Vertreter der Ämter in der Hauptverhandlung zugegen, so empfiehlt es sich regelmäßig, ihn als Sachverständigen oder informatorisch zu hören.

(2) Hält ein Gericht aus besonderen Gründen — für die ich einen strengen Maßstab anzulegen bitte — die Milderung einer durch Ordnungsstrafbescheid festgesetzten Ordnungsstrafe für geboten, so bitte ich zuvor mit dem betreffenden Amt Fühlung zu nehmen.

(3) Macht der Betroffene bei der Anhörung über die Umwandlung einer Ordnungsstrafe in Haft (§ 12 VRStVO.) Umstände geltend, die im Falle einer kriminellen Strafe die Vollstreckungsbehörde veranlassen würden, gemäß § 36 der Strafvollstreckungsverordnung vom 7. Dezember 1935, DJ. S. 1800, auf Vermeidung der alsbaldigen Vollstreckung einer Ersatzfreiheitstrafe hinzuwirken, so bitte ich, dem Amt Gelegenheit zur Stellungnahme zu geben. Hält das Amt gleichwohl den Antrag auf Umwandlung der Ordnungsstrafe in Haft aufrecht, so ist dem Antrag stattzugeben.

Die Anhörung des Betroffenen ist nicht dazu bestimmt, eine Nachprüfung des Ordnungsstrafbescheids des Amts durch das Amtsgericht herbeizuführen; das Amtsgericht ist an den rechtskräftigen Ordnungsstrafbescheid des Amts gebunden.

(4) Die Anklagebehörden bei den Sondergerichten treffen für eine gleichmäßige Handhabung der strafrechtlichen Vorschriften auf dem Gebiet der Kriegswirtschaft Vorsorge und ziehen Strafsachen, die sich zur Entscheidung durch die Sondergerichte eignen, an sich heran.

(5) Regt das Amt an, ein Urteil anzufechten, so wird es in der Regel angezeigt sein, Rechtsmittel einzulegen.

(6) Bilden Verstöße eines Angehörigen der Ämter oder der bewirtschaftenden Stellen gegen Vorschriften der Verbrauchsregelung den Gegenstand der Untersuchung, so bitte ich, die Behörden oder Stellen, denen der Beschuldigte angehört, möglichst frühzeitig zu unterrichten, und ihnen Gelegenheit zu geben, auf Grund ihrer besonderen Sachkunde an der Aufklärung des Sachverhalts mitzuwirken. Dies gilt insbesondere im Falle der Vornahme von Verhaftungen.

IV. Um eine gleichmäßige Abgrenzung der Fälle von Schwarzschlachtungen, die nicht nur nach der Verbrauchsregelungs-

Strafverordnung, sondern auch nach § 1 Abs. 1 der Kriegswirtschaftsverordnung zu beurteilen sind, sicherzustellen, sind die Anklagebehörden bei den Sondergerichten von jeder Schwarzschlachtung eines Schlachttiers in Kenntnis zu setzen, damit sie die Entscheidung treffen können, ob die Anklage wegen kriegsschädlichen Verhaltens vor dem Sondergericht zu erheben ist oder die Aburteilung wegen Verstoßes gegen die Verbrauchsregelungs-Strafverordnung dem amtsgerichtlichen Verfahren überlassen werden kann. Die Schwarzschlachtung auch nur eines Schlachttieres von normalem Schlachtgewicht kann mit Rücksicht auf die Gefahren der Nachahmung eines solchen Verhaltens und anderer mittelbarer Wirkungen (vgl. RGSt. 74, 359 [364]) ein Verbrechen gegen § 1 Abs. 1 der Kriegswirtschaftsverordnung sein. Ich bitte, Schwarzschlachtungen dem amtsgerichtlichen Verfahren (in den Reichsgauen der Ostmark auch dem Einzelrichter im vereinfachten Verfahren) zur Aburteilung aus der Verbrauchsregelungs-Strafverordnung nur dann zu überlassen, wenn der Täter nicht aus Gewinnsucht zum Zwecke der Weiterverschiebung des Fleisches gehandelt, sondern nur für den Verbrauch im eigenen Haushalt schwarzgeschlachtet hat, es sich nicht um bedeutende Fleischmengen handelt und auch sonst keine erschwerenden Umstände erkennbar sind.

Die Rundverfügung vom 21. Juli 1941 — 9133/2 — IIIa[1] 1084/41 — ist damit überholt.

V. Für Rechte gutgläubiger Dritter an Erzeugnissen, auf die sich eine Straftat gegen die Verbrauchsregelungs-Strafverordnung bezieht, ist in § 9 Abs. 4 und 5 VRStVO. die Gewährung einer Entschädigung vorgesehen. Sie soll insbesondere der Erhaltung des Bankkredits dienen, soweit er gegen Verpfändung oder Sicherungsübereignung von Vorräten an bezugsbeschränkten Erzeugnissen gewährt wird. Der Ersatzanspruch des Dritten — gegebenenfalls die Klage — richtet sich gegen den Fiskus. Diesen vertritt, wenn die Einziehung von einer dem Reichswirtschaftsminister nachgeordneten Dienststelle ausgesprochen worden ist, der Leiter der Behörde, dem die Dienststelle angegliedert ist (RdErl. vom 2. Mai 1941, MinBl. d. Reichswirtschaftsministeriums S. 152), wenn die Einziehung von einer dem Reichsminister für Ernährung und Landwirtschaft nachgeordneten Behörde ausgesprochen ist, der Leiter des Landes-(Provinzial-)Ernährungsamts. Ist die Einziehung im gerichtlichen Strafverfahren angeordnet worden, so wird der Reichsfiskus durch den Oberstaatsanwalt bei dem zuständigen Landgericht vertreten (AV. d. RJM. vom 9. März 1937, DJ. S. 431, für die Reichsgaue der Ostmark AV. d. RJM. vom 4. März 1939, DJ. S. 657).

---

## c) RdErl. des Reichskommissars für die Preisbildung vom 18. Juli 1940 (Mitt.Bl. II S. 185)

Betr.: Verbrauchsregelungs-Strafverordnung vom 8. 4. 1940

Die Verordnung über Strafen und Strafverfahren bei Zuwiderhandlungen gegen Vorschriften auf dem Gebiete der Bewirtschaftung bezugsbeschränkter Erzeugnisse (Verbrauchsregelungs-Strafverordnung) vom 6. 4. 1940, RGBl. I S. 610) faßt alle bisher auf dem Gebiete der Verbrauchsregelung geltenden Strafbestimmungen zusammen. Verstöße gegen die VRStVO. werden häufig zugleich mit Verstößen gegen preisrechtliche Vorschriften zusammenfallen. In diesen Fällen erfolgt die Festsetzung von Ordnungsstrafen gemäß § 9 der Preisstrafrechts-VO. vom 3. 6. 1939, RGBl. I S. 999, nur nach den Vorschriften dieser Verordnung.

In Ausführungserlassen zur VRStVO. haben der RWM. und der RMfEuL. diese Rechtslage anerkannt und das Verfahren in diesen Fällen durch Anweisung an die Wirtschafts- bzw. Ernährungsämter geregelt.

Danach sind von den Wirtschafts- bzw. Ernährungsämtern alle Tatbestände, bei denen eine nach der VRStVO. strafbare Handlung zugleich gegen Preisvorschriften verstößt, zunächst an die Preisüberwachungsstelle abzugeben. Diese entscheidet dann vorweg, ob der Preisverstoß die Stellung eines Strafantrages notwendig macht oder im Ordnungsstrafverfahren zu verfolgen ist. Entscheidet die Preisüberwachungsstelle sich für die Festsetzung einer Ordnungsstrafe, so hat sie dem Wirtschafts- bzw. Ernährungsamt davon Mitteilung zu machen. In diesen Fällen sollen die Wirtschafts- bzw. Ernährungsämter ihrerseits von einer Weitergabe des Vorganges an die Strafverfolgungsbehörden absehen und das Vorliegen eines öffentlichen Interesses an der Herbeiführung einer gerichtlichen Entscheidung verneinen.

In den Fällen, in denen der Preisverstoß nur Bagatellcharakter hat und der gleichzeitige Verbrauchsregelungs-Straftatbestand überwiegt, sollen die Preisüberwachungsstelle und untere Preisbehörde von einer Strafverfolgung ihrerseits absehen und die Vorgänge mit entsprechender Benachrichtigung an die Wirtschaftsbzw. Ernährungsämter zur weiteren Bearbeitung in deren Zuständigkeit abgeben.

Werden bei der Verfolgung von Preisverstößen gleichzeitig Zuwiderhandlungen gegen die VRStVO. festgestellt, so ist entsprechend den vorstehend aufgeführten Richtlinien zu verfahren. Überwiegt der Verstoß gegen die VRStVO. erheblich und trägt der Preisverstoß nur Bagatellcharakter, so ist der Vorgang an das zuständige Wirtschafts- bzw. Ernährungsamt abzugeben. Ist der Preisverstoß vorherrschend, so erfolgt die Strafverfolgung durch die Preisüberwachungsstelle, die bei der Festsetzung der Ordnungsstrafe den gleichzeitig begangenen Verstoß gegen die VRStVO. mitberücksichtigen soll und die in diesen Fällen das zuständige Wirtschafts- bzw. Ernährungsamt von der erfolgten Bestrafung, zweckmäßigerweise durch Übersendung einer Abschrift des Ordnungsstrafbescheides, unterrichten muß.

Kann im Einzelfall eine Verständigung nach den vorstehenden Richtlinien mit den Wirtschafts- bzw. Ernährungsämtern nicht erreicht werden, so ist mir umgehend zu berichten.

An alle Preisbildungs- und Preisüberwachungsstellen.

---

## d) Einnahmen auf Grund der Verbrauchsregelungs-Strafverordnung

RdErl. d. RMdInn. vom 30. April 1941 (MBliV. S. 807 = DJust. S. 600)

(1) Bei der Handhabung der VRStVO. vom 6. 4. 1940, RGBl. I S. 610, durch die Verw.-Behörden fallen eine Reihe von Einnahmen an, die zweifellos nicht dem Reich als Träger der Strafgerichtsbarkeit zufließen, bei denen aber zunächst nicht feststand, welchem Träger der öffentlichen Verwaltung sie zugute kommen sollten. Durch die Ausf.-Erl. des RWiM. vom 28. 5. 190 — S 2/6214/40 II (RdErl. Nr. 313/40 BWA) und des RMfEuL. vom 10. 7. 1940 — II D 4-842 wurde daher zunächst bestimmt, daß Einnahmen aus Ordnungsstrafen und aus der Verwertung eingezogener Verbrauchsgüter einem Sonderkonto gutzubringen wären.

(2) Nachdem nunmehr eine Klärung erzielt werden konnte, weise ich im Einvernehmen mit dem RWiM., dem RMfEuL., dem RFM. und dem PrFM. auf folgendes hin:

a) Einnahmen aus Ordnungsstrafen (§ 3 Abs. 1 und 2 und § 5 der VRStVO.; jetzt § 4 und 6 VRStVO. n. F.).

Sie fließen der Körperschaft zu, deren Ernährungs-(Wirtschafts-)Amt die Ordnungsstrafe verhängt hat, also grundsätzlich den Stadt- und Landkreisen. Straferlöse, die dem Sonderkonto gutgebracht worden sind, sind daher alsbald samt den angefallenen Zinsen an die Kasse des betreffenden Stadt- und Landkreises abzuführen, künftige Straferlöse sind zugunsten der Stadtkreise (Landkreise) zu vereinnahmen. Dabei ist es gleichgültig, ob der Ordnungsstrafbescheid sofort rechtskräftig geworden ist (gegebenenfalls die Ordnungsstrafe im Unterwerfungsverfahren festgesetzt wurde) oder ob infolge Antrags auf gerichtliche Entscheidung das Amtsgericht darüber entschieden hat; im letzteren Falle verbleibt der Erlös auch dann dem Stadt-(Land-)Kreis, wenn das Amtsgericht die Ordnungsstrafe noch erhöht hat. Findet dagegen Überleitung in das Strafverfahren statt, so verliert der Ordnungsstrafbescheid seine Bedeutung; eine im Strafverfahren etwa ausgesprochene Geldstrafe fließt immer dem Reich zu. Die Einnahmen aus Ordnungsstrafen, sind bei den Stadt-(Land-) Kreisen nicht zweckgebunden.

b) Erlöse aus der Verwertung eingezogener Sachen (§ 9 a. a. O.; jetzt § 10).

Hier gilt das gleiche wie für die Einnahmen aus Ordnungsstrafen.

c) Einnahmen aus gebührenpflichtigen Verwarnungen (§ 3 Abs. 3 a. a. O.; jetzt § 4 Abs. 3).

Auch die mit der Verwarnung verbundene Gebühr fließt dem Träger des Ernährungs-(Wirtschafts-)Amtes zu, das die Verwarnung ausgesprochen hat. Dies gilt auch dann, wenn eine örtliche Stelle mit der Einhebung der Verwarnungsgebühr beauftragt worden ist, z. B. die Ortspol.-Behörde; § 1 Abs. 3 des Reichspol.-Kostenges.[1]) trifft in diesem Fall nicht zu. Anders wäre die Rechtslage zu beurteilen, wenn nicht etwa das Ernährungs-(Wirtschafts-)Amt auf Grund des § 3 Abs. 3 (jetzt § 4 Abs. 3) der VRStVO. die Verwarnung ausspricht, sondern eine Pol.-Behörde auf Grund der landesrechtlichen Bestimmungen über die Erteilung gebührenpflichtiger Verwarnungen bei strafbaren Handlungen; in diesem Fall würde die Gebühreneinnahme dem Träger der verwarnenden Pol.-Behörde zufließen, also z. B. bei Verwarnung durch einen Landrat als Kreispol.-Behörde im Altreich dem betreffenden Land, in den Reichsgauen dem Reich, bei Verwarnung durch den Oberbürgermeister als Ortspol.-Behörde der Stadt usw.

d) Einnahmen für Kosten des Verfahrens (§ 11 a. a. O. in Verbindung mit §§ 36 und 37 der Preisstraf-VO. (jetzt §§ 18, 19 VRStVO. n. F.).

Hier fließen die Gebühreneinnahmen dem Träger der Behörde zu, die die gebührenpflichtige Entscheidung erläßt, also für den gebührenpflichtigen Ordnungsstrafbescheid dem Stadt-(Land-) Kreis, dessen Ernährungs-(Wirtschafts-)Amt den Ordnungsstrafbescheid erlassen hat, für den gebührenpflichtigen Beschluß des Amtsgerichts auf Grund des § 6 der VRStVO. (jetzt § 7) dem Reich; die zu ersetzenden Auslagen fließen dem Träger der Behörde zu, die das mit Auslagen verbundene Verfahren durchgeführt hat.

## e) Schleich- und Tauschhandel

AV. d. RJM. v. 1. 4. 1942 (D.Just. S. 238)

Die Reichsregierung hat soeben eine Verordnung zur Änderung der Kriegswirtschaftsverordnung erlassen, die auch in den eingegliederten Ostgebieten und im Protektorat Böhmen und Mähren Geltung hat. Neben der Ausfüllung einiger Lücken, die sich in der Praxis des bisherigen § 1 der Kriegswirtschaftsverordnung bemerkbar gemacht haben, bringt die Verordnung eine bedeutsame neue Vorschrift (§ 1 a), die insbesondere der Bekämpfung des Tausch- und Schleichhandels sowie der Entgegennahme von Schmiergeldern durch Gewerbetreibende gewidmet ist. Zu der neuen Vorschrift bemerke ich:

Wer in Handel oder Gewerbe an Erzeugung und Umlauf der Güter mitzuwirken hat, die in der Kriegswirtschaft für den zivilen Bedarf zur Verfügung gestellt werden können, hat sie an seinem Teile denjenigen Verbraucherkreisen zuzuführen, für deren Bedarf sie bestimmt sind. Keinesfalls darf er aus eigennützigen Gründen den Lauf der Ware stören: Er darf sie nicht zwecks Befriedigung eigener Wünsche zu Tauschzwecken abzweigen noch zur Erlangung von Sondervorteilen im Schleichhandel absetzen. Tausch- und Schleichhandel verknappen die ohnehin im Kriege zugunsten des Wehrmachtbedarfs beschränkten Vorräte unnötig weiter zu Lasten des Verbrauchers; wer im Gewerbe oder Beruf aus eigensüchtigen Gründen zu Tausch- oder Schleichhandel greift, entzieht sich der im Vorspruch der Kriegswirtschaftsverordnung ausgesprochenen Pflicht, die Fortführung eines geregelten Wirtschaftslebens zu gewährleisten, und verletzt die Treuhänderstellung, die ihm gegenüber der Allgemeinheit obliegt; vor allem aber erschüttert er das Vertrauen in eine billige gleichmäßige Verteilung der vorhandenen Güter, stört die innere Front und zeigt sich des Geistes unwürdig, in dem der Soldat an der Front täglich sein Leben für die Heimat einsetzt. Ebenso verwerflich ist es, wenn der Kaufmann oder sein Gefolgschaftsmitglied Schmiergelder entgegennimmt oder wenn ein Handwerker aus dem durch den Krieg entstandenen Mangel an Arbeitskräften ein Geschäft macht, indem er die eigene Leistung von der Zusage oder Gewährung von Sondervorteilen abhängig macht.

I. Die Staatsanwälte ersuche ich, Verstöße gegen die neue Vorschrift mit aller Schärfe zu verfolgen und bei Abwägung des Strafmaßes die obigen Gesichtspunkte zur Geltung zu bringen. Bei Entscheidung der Frage, ob ein öffentliches Interesse an der Verfolgung vorliegt, trägt der Staatsanwalt dem Gebot nachdrücklicher Bekämpfung des Tausch- und Schleichhandels Rechnung. Hat der Täter der Kriegswirtschaft ernsteren Schaden zugefügt, hat er z. B. wiederholt durch Tausch erlangte Ware weitervertauscht oder zum Tausch geeignete Ware unter Hintansetzung seiner Kunden an einen Bezieher geliefert, der damit seinerseits Tauschgeschäfte machen wollte, so kommt an Stelle der milderen Vorschrift des § 1a die strengere des § 1 der Kriegswirtschaftsverordnung, gegebenenfalls in Verbindung mit § 4 der Verordnung gegen Volksschädlinge, in Betracht.

II. Die Wirkung einer Strafe auf den Täter und auf die Öffentlichkeit ist um so nachdrücklicher, je schneller die Strafe der Tat auf dem Fuße folgt. In jedem Verfahrensabschnitt muß daher auf größtmögliche Beschleunigung Bedacht genommen werden. Der Behandlung im beschleunigten Verfahren ist der Vorzug zu geben; ich bitte darauf hinzuwirken, daß die Hauptverhandlung in aller Regel auch außerhalb des beschleunigten Verfahrens auf den nächstmöglichen Terminstag angesetzt wird. Ebenso erwarte ich, daß die gegen einen Ordnungsstrafbescheid beantragte gerichtliche Entscheidung mit größter Beschleunigung erlassen wird.

III. Um die Einheitlichkeit der Rechtsprechung auf diesem Gebiet zu sichern, bitte ich, die Bearbeitung dieser Strafsachen in der Hand eines besonders geeigneten Sachbearbeiters zu vereinigen, der mit den einschlägigen Anordnungen (Bezugscheinwesen usw.) vertraut ist und in der Regel auch die Hauptverhandlung wahrnimmt. Die Anklage bitte ich grundsätzlich beim Amtsrichter am Sitz des früheren Schöffengerichts zu erheben (AV. vom 13. März 1940 — Dt. Just. S. 324). Bei größeren Gerichten mit mehreren Abteilungen bitte ich die Herren Oberlandesgerichtspräsidenten, zu veranlassen, daß bei Geschäftsverteilung die Aburteilung dieser Strafsachen einer Abteilung zugewiesen wird.

Da Zuwiderhandlungen gegen § 1a der VO. häufig auch den Tatbestand einer Zuwiderhandlung gegen die Verbrauchsregelungs-StrafVO. erfüllen, empfiehlt es sich sowohl bei den Strafverfolgungsbehörden wie auch bei den Gerichten, dieselben Beamten mit der Bearbeitung dieser Strafverfahren zu betrauen, die auf Grund meiner Richtlinien in den AVen vom 15. 4. 1940, Dt. Just. S. 455, und vom 12. 1. 1942, Dt. Just. S. 49 mit der Bearbeitung von Strafverfahren auf Grund der Verbrauchsregelungs-StrafVO. befaßt sind. Auch in Strafverfahren, die nur auf Grund der Verbrauchsregelung-StrafVO. durchgeführt werden, kann es zweckmäßig sein, in aller Regel die Anklage bei dem Amtsrichter am Sitz des früheren Schöffengerichts zu erheben.

Gegen die Abgabe der Sachen an die Amtsanwaltschaft bestehen, sofern sie durch die Personallage geboten ist, keine Bedenken.

IV. Bestehen Anhaltspunkte dafür, daß der Täter mit dem Vergehen gegen § 1a der KWVO. zugleich eine Preisverletzung begangen hat, so bitte ich im Einvernehmen mit dem Reichskommissar für die Preisbildung nach folgenden Gesichtspunkten zu verfahren:

a) Handelt es sich um die Vereinbarung oder Gewährung eines Schmiergeldes zur Erzielung einer Bevorzugung bei der Lieferung von Waren oder bei Leistungen, so überwiegt regelmäßig der Gesichtspunkt der Korruption. Die Preisüberwachungsstellen und unteren Preisbehörden sind angewiesen worden, in solchen Fällen regelmäßig die Vorgänge an die Staatsanwaltschaft zur weiteren Bearbeitung abzugeben.

b) Handelt es sich um die Vereinbarung eines Warentausches oder die Gewährung einer Tauschware, so überwiegt ebenfalls regelmäßig der Verstoß gegen das Gebot der Kriegswirtschaft, bei der Geldwirtschaft zu bleiben. Auch in solchen Fällen sind die Preisbehörden angewiesen, wie zu a) zu verfahren, und zwar ohne Rücksicht darauf, ob der Tausch auf der Grundlage der zugelassenen Preise oder auf einer anderen Basis betrieben wird.

c) Besteht jedoch der Vorteil in der Forderung, Zusage oder Gewährung eines Überpreises, so wird es vielfach zweifelhaft sein, ob der Gesichtspunkt der Preisverletzung oder der dem § 1a der Kriegswirtschaftsverordnung zugrunde liegende Gedanke überwiegt. In solchen Fällen ermöglicht die Preisbehörde, falls sie die Vorgänge in den Händen hat, der Staatsanwaltschaft eine Äußerung; entsprechend hört die Staatsanwaltschaft, falls die Ermittlungen bei ihr liegen, die Preisüberwachungsstelle ihres Bezirks. Beide Behörden nehmen auf größtmögliche Beschleunigung ihrer Stellungnahme Bedacht. Bestehen Zweifel darüber, ob ein öffentliches Interesse an der Verfolgung vorliegt, so entscheidet gemäß § 1b KWVO. in Verbindung mit § 4 VRStVO. die Staatsanwaltschaft.

V. Ein öffentliches Interesse an der Strafverfolgung bitte ich insbesondere anzunehmen:

wenn die Schuld des Täters so schwerwiegend erscheint, daß Freiheitsstrafe oder mindestens eine gerichtliche Geldstrafe mit der Wirkung der Eintragung in das Strafregister und in das polizeiliche Führungszeugnis zur Kennzeichnung des Täters geboten erscheint,

wenn mit dem Vergehen nach § 1a KWVO. eine Verfehlung tatsächlich oder rechtlich zusammentrifft, die durch die Justizbehörde von Amts wegen zu verfolgen ist,

wenn zur Aufklärung des Sachverhalts eidliche Vernehmungen stattfinden oder andere den Justizbehörden vorbehaltene Zwangsmittel angewendet werden müssen,

wenn zweifelhafte Rechtsfragen zu lösen sind,

wenn am Tatort sich gleichartige Straftaten häufen, so daß ihre Erörterung in öffentlicher Hauptverhandlung und durch Berichte in der Presse sachgemäß erscheint.

Der Umstand allein, daß eine hohe Vermögensstrafe geboten erscheint, rechtfertigt die Annahme eines öffentlichen Interesses noch nicht, da die Preisüberwachungsstellen Ordnungsstrafen in Geld in unbeschränkter Höhe festsetzen und daneben gegebenenfalls auch Betätigungsverbote und Geschäftschließungen anordnen können.

VI. Die Zusammenarbeit zwischen Justizbehörden und Ernährungs- und Wirtschaftsämtern hat sich bereits im Rahmen der

VRStVO. bewährt; ich erwarte, daß sie auch bei der Behandlung von Zuwiderhandlungen gegen § 1a der KWVO. in der gleichen Weise erfolgt.

Bei der Entscheidung der Frage, ob eine Erledigung durch Ordnungsstrafbescheid des Ernährungs- oder Wirtschaftsamts ausreicht oder ein öffentliches Interesse an der Strafverfolgung anzunehmen ist, gelten die Richtlinien zu IV entsprechend; jedoch ist zu beachten, daß die Ernährungs- und Wirtschaftsämter Ordnungsstrafen bis zur Höhe von 5000 RM festsetzen können.

VII.......

---

## f) Strafsachen nach der Verordnung über den Warenverkehr

AV. d. RJM. v. 24. 9. 1937 (DJust. S. 1522)

Auf Grund der Verordnung über den Warenverkehr vom 4. September 1934 (RGBl. I S. 816) in Verbindung mit der Verordnung über die Errichtung von Überwachungsstellen v. 4. 9. 1934 (DRAnz. und Preuß. Staatsanz. Nr. 209 v. 7. 9. 1934) und einigen sie ergänzenden Verordnungen sind insgesamt 28 Überwachungsstellen zur Überwachung und Regelung des Verkehrs mit Waren errichtet worden, deren Zuständigkeit jeweils ein wichtiges Rohstoff- und Warengebiet umfaßt. Die Überwachungsstellen haben durch Anordnungen, die im DRAnz. und Preußischen Staatsanzeiger verkündet worden sind, Bestimmungen über Beschaffung, Verteilung, Lagerung, Absatz und Verbrauch von Waren und Rohstoffen sowie über die Buchführung und die Durchführung von Meldungen und Erhebungen getroffen. Diese Anordnungen bilden die Grundlage für die gesamte Rohstoffbewirtschaftung.

In den §§ 10, 12 und 13 der Verordnung über den Warenverkehr v. 4. 9. 1934 in der Fassung der VO. v. 28. 6. 1937 (RGBl. I S. 761) sind

1. Verletzungen der Auskunftspflicht gegenüber den Überwachungsstellen,
2. vorsätzliche oder fahrlässige Zuwiderhandlungen gegen die von dem Reichswirtschaftsminister, dem Reichsminister für Ernährung und Landwirtschaft und dem Reichsforstmeister oder die von einer Überwachungsstelle getroffenen Anordnungen,
3. das Erschleichen einer Genehmigung, Bewilligung u. ä. auf dem Gebiete der innerdeutschen Bewirtschaftung

unter Strafe gestellt.

Zuwiderhandlungen gegen die Anordnungen sind — soweit sie nicht von dem Reichsbeauftragten im Wege des Ordnungsstrafverfahrens oder auf seinen Antrag durch das Reichswirtschaftsgericht verfolgt werden — mit Gefängnis und Geldstrafe, letztere in unbeschränkter Höhe, oder mit einer dieser Strafen zu bestrafen.

Für die Behandlung dieser Strafsachen weise ich auf folgendes hin:

1. In Nr. 424a der „Richtlinien für das Strafverfahren" (eingefügt durch Abschn. I. 3 der AV. v. 21. 11. 1936 — DJ. S. 1795 —) habe ich den Strafverfolgungsbehörden die beschleunigte und nachdrückliche Verfolgung der Zuwiderhandlungen gegen Anordnungen der Überwachungsstellen zur Pflicht gemacht Es geht nicht an, daß — wie es in Einzelfällen vorgekommen

ist — die Strafanzeigen der Überwachungsstellen infolge übermäßig langer Dauer des Verfahrens ihre Wirkung verlieren, und daß schließlich Strafen beantragt und verhängt werden, deren geringe Höhe in einem Mißverhältnis zu der Tragweite der Verfehlung steht. Vielmehr müssen die Maßnahmen der Überwachungsstellen auf dem Gebiete der Rohstoffbewirtschaftung bei den Justizbehörden verständnisvolle, schnelle und wirksame Unterstützung finden.

2. Um den Strafverfolgungsbehörden und den Gerichten die ihnen in Strafverfahren nach der Verordnung über den Warenverkehr erwachsenden Aufgaben zu erleichtern, werden die Überwachungsstellen künftig bei Strafanzeigen erforderlichenfalls auf die im Einzelfall wichtigen allgemeinen und besonderen wirtschaftspolitischen und rechtlichen Gesichtspunkte hinweisen. Soweit das nicht geschieht, wird es sich die Strafverfolgungsbehörde in Zweifelsfällen angelegen sein lassen müssen, eine solche Stellungnahme der Überwachungsstelle nachträglich herbeizuführen. Dies gilt insbesondere für die Fälle, in denen eine Zuwiderhandlung gegen Anordnungen der Überwachungsstelle nicht von dem Reichsbeauftragten, sondern von anderer Seite zur Anzeige gebracht wird. In diesen Fällen wird es sich empfehlen, der Überwachungsstelle die Anzeige unter gleichzeitiger Übersendung etwaiger schon erwachsener Aktenvorgänge mit der Bitte um Stellungnahme zuzuleiten. Auch im übrigen muß die Strafverfolgungsbehörde darauf Bedacht nehmen, während des ganzen Verfahrens mit der Überwachungsstelle in Verbindung zu bleiben; insbesondere empfiehlt sich, schriftliche Eingaben der Beschuldigten oder ihrer Vertreter, die sich mit wirtschaftsrechtlichen oder -politischen Fragen befassen oder sonst für die Überwachungsstelle von Wert sein können, dieser abschriftlich zuzuleiten, damit sie Gelegenheit hat, sich dazu zu äußern.

(3) Beabsichtigt die Strafverfolgungsbehörde, das Verfahren einzustellen, oder gemäß § 153 StPO. wegen Geringfügigkeit von der Erhebung der öffentlichen Klage abzusehen, so ist der Überwachungsstelle Gelegenheit zur Äußerung zu geben.

(4) Der Termin zur Hauptverhandlung ist der Überwachungsstelle mitzuteilen. Ist damit zu rechnen, daß in der Hauptverhandlung im Rahmen der Schuldfrage oder hinsichtlich der Strafzumessung Fragen wirtschaftpolitischer Art zur Erörterung gelangen, die eine besondere Sachkunde voraussetzten, so wird es sich empfehlen, den Reichsbeauftragten oder einen seiner Sachbearbeiter als Sachverständigen zu benennen.

Auch während der Hauptverhandlung soll der Anklagevertreter mit dem etwa erschienenen Reichsbeauftragten oder dessen Beauftragten in Fühlung bleiben. Ist zur Herstellung einer Verständigung eine Besprechung erforderlich, so wird der Vertreter der Anklage eine kurze Unterbrechung der Hauptverhandlung zu beantragen haben.

(5) Das Urteil ist der Überwachungsstelle durch Übersendung einer vollständigen Urteilsabschrift mit Gründen mitzuteilen. Ferner ist die Überwachungsstelle von der Einlegung eines Rechtsmittels zu benachrichtigen.

(6) Regt die Überwachungsstelle an, ein Urteil anzufechten, so wird es in der Regel angezeigt sein, das nach Lage der Sache gebotene Rechtsmittel vorsorglich einzulegen. Läßt sich wegen der Durchführung des Rechtsmittels eine Verständigung nicht erzielen, so ist die Entscheidung des zuständigen Generalstaatsanwalts einzuholen.

## g) Erste Anordnung über die Wahrnehmung der Aufgaben Befugnisse des Reichskommissars für die Preisbildung

Vom 12. Dezember 1936 (DRAnz. Nr. 291)

Auf Grund des Absatzes III der Überleitungsverordnung zum Gesetz zur Durchführung des Vierjahresplanes — Bestellung eines Reichskommissars für die Preisbildung — vom 29. Oktober 1936 (RGBl. I S. 927) vom 26. November 1936 (RGBl. I S. 955) wird in Abänderung der bisher gültigen Vorschriften folgendes bestimmt:

1. Die Festsetzung von Preisen, Preisspannen und Zuschlägen jeder Art erfolgt durch den Reichskommissar für die Preisbildung[1].

Soweit Preise nur für einen räumlich begrenzten Bezirk von Bedeutung sind, sind für ihre Festsetzung als Preisbildungsstellen zuständig:

In Preußen die Oberpräsidenten:

der Oberpräsident der Provinz Westfalen zugleich für die Lippeschen Gemeinden Stift Cappel und Lipperode,

der Oberpräsident der Provinz Hannover zugleich für den braunschweigischen Landesteil Thedinghausen,

der Oberpräsident der Rheinprovinz zugleich für den zum Lande Oldenburg gehörigen Kreis Birkenfeld[2],

der Oberpräsident in Kiel zugleich für den oldenburgischen Landesteil Lübeck (Oldenburg) einschließlich der lübeckschen und mecklenburgischen Enklaven, — aber ausschließlich der Gemeinden Bad Schwartau, Rensefeld, Stockelsdorf, Fackenburg, Mori, Groß-Steinrade, Seeretz (zur Marktgemeinschaft Lübeck gehörend) — sowie für die lübeckschen Enklaven im Kreise Ratzeburg[3],

der Oberpräsident für die Provinz Sachsen zugleich für das Land Anhalt,

in der Reichshauptstadt Berlin der Staatskommissar (Stadtpräsident) im Einvernehmen mit dem Polizeipräsidenten von Berlin.

In den anderen Ländern wird die Festsetzung von Preisen mit begrenzter räumlicher Auswirkung den obersten Landesbehörden übertragen. In den Ländern, in denen auch die

Preisüberwachung durch die nachfolgenden Bestimmungen der Obersten Landesbehörde zugewiesen ist, setzt ihr Leiter oder sein ständiger Vertreter die Preise fest. Die Preisfestsetzung wird in den Hohenzollernschen Landen der Württembergischen Obersten Landesbehörde, in den Gemeinden Altona, Wandsbek und Harburg-Wilhelmsburg[4] dem Reichsstatthalter (Landesregierung) der Freien und Hansestadt Hamburg, in den oldenburgischen Gemeinden Bad Schwartau, Rensefeld, Stockelsdorf, Fackenburg, Mori, Groß-Steinrade, Seeretz (zur Marktgemeinschaft Lübeck gehörend) der Lübeckschen Landesregierung[3], im Saarland dem Reichskommissar für das Saarland persönlich oder seinem ständigen Vertreter übertragen[5].

Für die Kohle setzt der Reichskommissar für die Preisbildung die Preise selbst fest.

Die Festsetzung der im Spinnstoffgesetz vom 6. Dezember 1935 (RGBl. I S. 1411) geregelten Preise richtet sich nach diesem Gesetz.

2. Die Preisüberwachung[6] wird übertragen in Preußen den Regierungspräsidenten — in Berlin, Altona-Wandsbek und Harburg-Wilhelmsburg den Polizeipräsidenten[7], in Bayern den Kreisregierungen[8], in Sachsen den Kreishauptleuten[8], in Hamburg der Behörde für Wirtschaft[7], in den übrigen Ländern der Obersten Landesbehörde, im Saarland dem Reichskommissar für das Saarland.

   Die zuständigen Dienststellen bedienen sich bei der Preisüberwachung der ihnen nachgeordneten Behörden der allgemeinen und inneren Verwaltung, der Polizei und Gendarmerie, sowie nach näherer Anweisung der Dienststellen der Geheimen Staatspolizei.

3. Die Befugnis, bei Zuwiderhandlungen Strafantrag[9] zu stellen, Verhandlung vor dem Sondergericht zu beantragen[10] und Ordnungsstrafen zu verhängen[11] wird den Preisüberwachungsstellen übertragen[12].

   In der Ordnungsstrafverfügung ist festzusetzen, daß der Betroffene die durch das Verfahren verursachten baren Auslagen zu erstatten hat[13].

   [14]Gegen die von den Preisüberwachungsstellen verhängten Ordnungsstrafen steht dem Betroffenen innerhalb einer Ausschlußfrist von einer Woche in Preußen, Bayern, Sachsen

und Hamburg das Recht der Beschwerde, in den übrigen Ländern und in Berlin der Einspruch zu. Über die Beschwerde entscheiden in Preußen die Oberpräsidenten, in Bayern, Sachsen und Hamburg die Oberste Landesbehörde. Über den Einspruch entscheidet der Leiter der Obersten Landesbehörde, der Reichskommissar für das Saarland, der Polizeipräsident von Berlin und der Regierungspräsident in Sigmaringen persönlich oder durch seinen ständigen Vertreter.

[14]Die Beschwerde und der Einspruch haben keine aufschiebende Wirkung.

Für[15] den Geltungsbereich des Spinnstoffgesetzes vom 6. Dezember 1935 (RGBl. I S. 1411), der Verordnung über Preise für unedle Metalle vom 31. Juli 1934 (RGBl. I S. 766), der Verordnung über Preise für ausländische Waren vom 22. September 1934 (RGBl. I S. 843), der Verordnung über Preise für Silber vom 6. Oktober 1936 (RGBl. I S. 881) und der Verordnungen zur Verhinderung von Preissteigerungen auf dem Gebiet der Lederwirtschaft vom 20. April 1934 (RGBl. I S. 318), 14. November 1934 (RGBl. I S. 1162), 4. April 1935 (RGBl. I S. 505) entscheidet über die Beschwerde der Reichskommissar für die Preisbildung nach den Vorschriften der vorgenannten gesetzlichen Bestimmungen.

4. Die Preisüberwachungsstellen können die ihnen nach Ziffer 3 zugewiesenen Befugnisse auf die nachgeordneten unteren Verwaltungsbehörden — in Preußen Landräte, Oberbürgermeister, Polizeipräsidenten, staatliche Polizeiverwalter, in den außerpreußischen Ländern die entsprechenden Behörden — übertragen. Dies gilt jedoch nicht für das Recht, Ordnungsstrafen über 500 RM. zu verhängen und Verhandlung vor dem Sondergericht zu beantragen; ferner nicht in den Fällen, in denen der Reichskommissar für die Preisbildung über die Beschwerde entscheidet (Ziffer 3 letzter Absatz)[15]. Soweit hiernach eine Übertragung erfolgt ist, entscheidet über die Beschwerde gegen Ordnungsstrafen die Preisüberwachungsstelle[16].

5. Das Recht der Schließung von Geschäften und Betrieben übt bei Erzeugerbetrieben der Reichskommissar für die Preisbildung selbst aus. Im übrigen sind für die Geschäftsschließung die Preisüberwachungsstellen zuständig. Hinsichtlich der Beschwerde und des Einspruchs gegen eine Ge-

schäftsschließung gilt das zu Ziffer 3 Gesagte entsprechend[14]. Das Reichswirtschaftsgericht kann nicht angerufen werden[17].

6. Die Vorschriften der Verordnung über Handelsbeschränkungen vom 13. Juli 1923 (RGBl. I S. 706) in der Fassung der Verordnung vom 26. Juni 1924 (RGBl. I S. 661), des Gesetzes vom 19. Juli 1926 (RGBl. I S. 413), des Lebensmittelgesetzes vom 5. Juli 1927 (RGBl. I S. 134), des Gesetzes vom 23. März 1934 (RGBl. I S. 213) und des Gesetzes vom 19. Dezember 1935 (RGBl. I S. 1516) mit der Ausführungsanweisung des Reichs- und Preußischen Wirtschaftsministers vom 27. Februar 1936 (V 4594/36 MBlWi. 1936 S. 51) bleiben unberührt.

7. Der Reichskommissar für die Preisbildung behält sich das Recht vor, den schuldigen Einzelpersonen auf dem Gebiet, auf dem die Zuwiderhandlung erfolgt ist, jede Tätigkeit zu untersagen oder die weitere Tätigkeit von Auflagen abhängig zu machen[18].

8. Die Rechte aus der Verordnung über die Auskunftspflicht vom 13. Juli 1923 (RGBl. I S. 723)[18]) stehen auch den nach den Ziffern 1 und 3 zuständigen Behörden zu.

9. Der Reichskommissar behält sich alle sonstigen Befugnisse vor, insbesondere trifft er allgemeine Maßnahmen für die Bildung von Preisen.

10. Diese Anordnung tritt am 15. Dezember 1936 in Kraft.

**1.** Dem Reichskommissar für die Preisbildung stehen weitere Befugnisse nach dem Gesetz zur Durchführung des Vierjahresplans vom 29. 10. 36 (RGBl. I S. 927) zu. Er hat alle Preise und Entgelte mit Ausnahme der Löhne und Gehälter zu regeln und zu überwachen. Er kann daher z. B. Vorschriften über Preisauszeichnungen, Abgabe von Waren in bestimmten Mengen, über Preisbindungen erlassen.

**2.** Jetzt Landkreis der Rheinprovinz nach dem Gesetz über Groß-Hamburg und andere Gebietsbereinigungen v. 26. 1. 37 (RGBl. I S. 91). Preisüberwachungsstelle ist der Reg.-Präsident in Koblenz. 2. Org.AO. v. 27. 2. 37 (DRAnz. Nr. 50).

**3.** Der oldenburgische Landesteil Lübeck einschließlich sämtlicher Enklaven, das Land Lübeck und die als zur Marktgemeinschaft Lübeck gehörend aufgeführten Gemeinden sowie die lübeckschen Enklaven, ausgenommen die Gemeinden Schattin und Utrecht (jetzt Mecklenburg) gehören nunmehr nach dem Gesetz in Anm. 2 zur Preisbildungsstelle in Kiel.

**4.** Altona, Wandsbeck und Harburg-Wilhelmsburg gehören nach dem Gesetz in Anm. 2 zu Hamburg. Hinsichtlich der Zuständigkeit für Preisbildung u. Preisüberwachung gilt 2. OrganisationsAV. v. 27. 2. 37 (DRAnz. Nr. 50).

**5.** Die Preisbildung im bayerischen Regierungsbezirk Pfalz ist nach der 3. Org.AO. v. 2. 7. 38 (DRAnz. Nr. 153) dem Reichskommissar für das Saarland übertragen.

**6.** Die Preisüberwachung umfaßt nicht nur die Tätigkeit, die darauf gerichtet ist, den bestehenden Preisvorschriften Geltung zu verschaffen, sondern jede Erforschung und Beobachtung von Preisbewegungen. Erweiterung der Befugnisse der Preisüberwachungsstellen in den OrgAO. v. 24. 6. 40, v. 11. 3. 41 und v. 11. 3. 42, die nachstehend unter l bis n abgedruckt sind.

**7.** Vgl. Anm. 4. Preisüberwachungsstelle ist Gemeindeverwaltung der Hansestadt Hamburg, Verwaltung für Handel, Schiffahrt und Gewerbe.

**8.** Jetzt Regierungspräsidenten. Dritte Verordnung über den Neuaufbau des Reichs vom 28. 11. 38 (RGBl. I S. 1675).

**9.** Nunmehr Strafverlangen. (§ 5 PrStrVO.)

**10.** Kein Antrag, sondern Anregung.

**11.** Der Reichskommissar hat durch Dienstanweisung angeordnet, daß Ordnungsstrafen über 50000 RM. seiner vorherigen Zustimmung bedürfen. Die Befugnisse, Ordnungsstrafen zu verhängen, umfaßt die Befugnis, alle nach § 8 PrStrVO. möglichen Maßnahmen zu verhängen. Für die Feststellung der Befugnis sind Ordnungsstrafen und Abführbeträge zusammen zu zählen. Schutz Preisstrafrecht Seite 97.

**12.** Die Rechte der Preisüberwachungsstellen ergeben sich auch aus §§ 8 Abs. 6, 10, 26, 16, 17 Abs. 2, 21 Abs. 2, 22, 31, 33, 34 Abs. 2, 35 PrStrVO.

**13.** Die Kostenpflicht ist jetzt in §§ 36, 37 PrStrVO. geregelt.

**14.** Nunmehr §§ 28 bis 32 PrStrVO.

**15.** Jetzt § 31 Abs. 2 PrStrVO. Den unteren Verwaltungsbehörden stehen auch die Befugnisse nach §§ 22, 31 PrStrVO. nicht zu.

**16.** Jetzt § 31 PrStrVO.

**17.** Siehe Anm. 1 zu § 10 PrStrVO.

**18.** Abgedruckt Seite 85.

---

## h) Vierte Anordnung über die Wahrnehmung der Aufgaben und Befugnisse des Reichskommissars für die Preisbildung

Vom 27. September 1937 (DRAnz. Nr. 238)

Auf Grund des Absatzes III der Überleitungsverordnung zum Gesetz zur Durchführung des Vierjahresplans — Bestellung eines Reichskommissars für die Preisbildung — vom 26. November 1936 (RGBl. I S. 955) wird folgendes bestimmt:

Die in Ziffer 1 Absatz 2 der Ersten Anordnung über die Wahrnehmung der Aufgaben und Befugnisse des Reichskommissars für die Preisbildung vom 12. Dezember 1936 (Reichsanz. Nr. 291) bezeichneten Befugnisse sowie die Erteilung von Ausnahmebewilligungen auf Grund von § 3 der Verordnung über das Verbot von Preiserhöhungen vom 26. November 1936 (RGBl. I S. 955) werden hinsichtlich der Mieten und Pachten für Wohn- und Geschäftsräume den Stadt- und Landkreisen als staatliche Aufgaben übertragen.

In den Landkreisen können die Befugnisse auf kreisangehörige Gemeinden mit mehr als 10000 Einwohnern — in der Rheinprovinz und in Westfalen auf die Ämter — weiter übertragen werden.

Maßnahmen allgemeiner Art dürfen die vorstehend bezeichneten Behörden nur mit Genehmigung der Preisbildungsstellen treffen.

---

## i) Fünfte Anordnung über die Wahrnehmung der Aufgaben und Befugnisse des Reichskommissars für die Preisbildung

Vom 6. Oktober 1937 (DRAnz. Nr. 238)

Auf Grund des Absatzes III der Überleitungsverordnung zum Gesetz zur Durchführung des Vierjahresplans — Bestellung eines Reichskommissars für die Preisbildung — vom 26. November 1936 (RGBl. I S. 955) wird folgendes bestimmt:

Die in Ziffer 1 Abs. 2 der Ersten Anordnung über die Wahrnehmung der Aufgaben und Befugnisse des Reichskommissars für die Preisbildung vom 12. Dezember 1936 (Reichsanz. Nr. 291) bezeichneten Befugnisse sowie die Erteilung von Ausnahmebewilligungen auf Grund von § 3 der Verordnung über das Verbot von Preiserhöhungen vom 26. November 1936 (RGBl. I S. 955) werden bei Grundstücken den unteren Verwaltungsbehörden — in Preußen den Landräten und Oberbürgermeistern — in den anderen Ländern den entsprechenden Behörden — übertragen.

Gegen die Entscheidungen dieser Behörden ist binnen zwei Wochen die Beschwerde an die Aufsichtsbehörde — im Siedlungsverband Ruhrkohlenbezirk an den Verbandspräsidenten — zulässig.

---

## k) Sechste Anordnung über die Wahrnehmung der Aufgaben und Befugnisse des Reichskommissars für die Preisbildung

Vom 12. Oktober 1938 (Mitteilungsbl. I Nr. 33)

Auf Grund des Absatzes III der Überleitungsverordnung zum Gesetz zur Durchführung des Vierjahresplans — Bestellung eines Reichskommissars für die Preisbildung — vom 26. November 1936 (RGBl. I S. 955) wird folgendes bestimmt:

Die in Ziffer 1 Absatz 2 der Ersten Anordnung über die Wahrnehmung der Aufgaben und Befugnisse des Reichskommissars für die Preisbildung vom 12. Dezember 1936 (Reichsanz. Nr. 291) bezeichneten Befugnisse sowie die Erteilung von Ausnahmebewilligungen auf Grund von § 3 der Verordnung über das Verbot von Preiserhöhungen vom 26. November 1936 (RGBl. I S. 955) werden bei der Bildung des Milchpreises, einschließlich der Festsetzung von Spannen und Zuschlägen, den unteren Verwaltungsbehörden — in Preußen den Landräten und Oberbürgermeistern, in den anderen Ländern den entsprechenden Behörden — übertragen.

## l) Anordnung über die Erweiterung der Befugnisse der Preisüberwachungsstellen

Vom 24. Juni 1940 (DRAnz. Nr. 164)

Auf Grund des § 2 des Gesetzes zur Durchführung des Vierjahresplans — Bestellung eines Reichskommissars für die Preisbildung — vom 29. Oktober 1936 (RGBl. I S. 927) werden die Preisüberwachungsstellen in Erweiterung der ihnen übertragenen Befugnisse mit Zustimmung des Beauftragten für den Vierjahresplan ermächtigt,

1. Nach Maßgabe der Verordnung über Strafen und Strafverfahren bei Zuwiderhandlungen gegen Preisvorschriften vom 3. Juni 1939 (RGBl. I S. 999) schuldigen Einzelpersonen auf dem Gebiet, auf dem die Zuwiderhandlung begangen ist, die Tätigkeit oder Betriebsführung bis zur Dauer von 6 Monaten zu untersagen,
2. im Rahmen ihrer Zuständigkeit den unteren Preisbehörden (Landräten, staatlichen Polizeiverwaltern, Oberbürgermeistern) die Befugnis zu übertragen, Betriebe bis zur Dauer von 14 Tagen zu schließen.

## m) Anordnung über die Erweiterung der Befugnisse der Preisüberwachungsstellen

Vom 11. März 1941 (DRAnz. Nr. 63)

Auf Grund des § 2 des Gesetzes zur Durchführung des Vierjahresplans — Bestellung eines Reichskommissars für die Preisbildung — vom 29. Oktober 1936 (RGBl. I S. 927) wird mit Zustimmung des Beauftragten für den Vierjahresplan folgendes bestimmt:

1. Die Preisüberwachungsstellen werden ermächtigt, anzuordnen, daß Gewinne, die entgegen den Vorschriften der Kriegswirtschafts-Verordnung vom 4. September 1939 (RGBl. I S. 1609) erzielt worden sind, an das Reich abzuführen sind, auch wenn ein Verschulden nicht vorliegt.
2. Gegen den Bescheid der Preisüberwachungsstelle steht dem Betroffenen innerhalb einer Woche die Beschwerde zu. Über die Beschwerde entscheidet die Preisbildungsstelle. In Berlin entscheidet statt des Stadtpräsidenten der Polizeipräsident persönlich oder sein allgemeiner Vertreter.
3. Der Reichskommissar für die Preisbildung und die Preisbildungsstellen können Bescheide nach Ziff. 1 und 2 in volkswirtschaftlich begründeten Fällen abändern.

---

## n) Anordnung über die Erweiterung der Befugnisse der Preisüberwachungsstellen

Vom 11. März 1942 (DRAnz. Nr. 59)

Auf Grund des § 2 des Gesetzes zur Durchführung des Vierjahresplans — Bestellung eines Reichskommissars für die Preisbildung — vom 29. Oktober 1936 (RGBl. I S. 927) wird mit Zustimmung des Beauftragten für den Vierjahresplan folgendes bestimmt:

I. Die Preisüberwachungsstellen werden in Erweiterung der ihnen übertragenen Befugnisse ermächtigt,

1. nach Maßgabe der Verordnung über Strafen und Strafverfahren bei Zuwiderhandlungen gegen Preisvorschriften vom 3. Juni 1939 (RGBl. I S. 939)

   a) schuldigen Einzelpersonen auf dem Gebiet, auf dem die Zuwiderhandlungen begangen ist, die Tätigkeit oder Betriebsführung bis zur Dauer von 3 Jahren zu untersagen oder die weitere Tätigkeit oder Betriebsführung bis zur Dauer von 3 Jahren von Auflagen abhängig zu machen,

b) die Schließung von Erzeugerbetrieben bis zur Dauer von 3 Jahren anzuordnen oder die Weiterführung der Betriebe bis zur Dauer von 3 Jahren von Auflagen abhängig zu machen,

2. im Rahmen ihrer Zuständigkeit den unteren Preisbehörden (Landräte, staatliche Polizeiverwalter, Oberbürgermeister) die Befugnis zu übertragen, Ordnungsstrafen bis zu 1000 RM. festzusetzen.

II. Diese Anordnung gilt auch in den eingegliederten Ostgebieten.

---

## o) Bekämpfung der Preistreiberei.

AV. d. RJM. v. 11. 1. 1941 (DJust. S. 111)

Im Kriege bedeutet es einen besonders schwerwiegenden Verstoß gegen die Belange der Volksgemeinschaft, wenn gewissenlose Elemente durch Forderung ungerechtfertigt hoher Preise ihren eigenen Vorteil über das gemeine Wohl stellen. Ungesetzliche Preisforderungen müssen schwerste Schäden sowohl für die Kriegswirtschaft wie für den einzelnen zur Folge haben; sie tragen, wie die Erfahrungen des Weltkrieges gelehrt haben, Unruhe in die Bevölkerung und in die Wirtschaft und können die Widerstandskraft und den Widerstandswillen der Bevölkerung zersetzen. Einem so gefährlichen — unter Umständen an Landesverrat angrenzenden — Verhalten muß mit aller Schärfe entgegengetreten werden. Die Bekämpfung von Straftaten gegen die Preisvorschriften gehört daher zu den vordringlichsten Aufgaben nicht nur der Preisbehörden, sondern auch der Staatsanwaltschaften und der Gerichte. Die Staatsanwaltschaften ersuche ich, gegen Preistreiberei mit größter Beschleunigung und allem Nachdruck einzuschreiten.

I. . . . **Ich weise dazu insbesondere auf folgende Gesichtspunkte hin:**

Grundlegend ist die Vorschrift in § 22 KriegswirtschaftsVO., wonach Preise und Entgelte für Güter und Leistungen jeder Art nach den Grundsätzen der kriegsverpflichteten Volkswirtschaft gebildet werden müssen. Sie verpflichtet jeden wirtschaftenden Volksgenossen, seine Preise ständig mit der durch den Krieg für die Volksgesamtheit geschaffenen Lage in Einklang zu bringen und zu halten. Gewinne, die nur als Kriegsfolge zufallen, sind danach in jedem Falle ungerechtfertigt und verboten. Ebenso verstößt gegen § 22 KriegswirtschaftsVO., wer die durch den Krieg bedingten Änderungen in der Herstellung oder Zusammensetzung von Erzeugnissen dazu benutzt, um seinen Verdienst an dem einzelnen Erzeugnis zu erhöhen. Verboten ist ferner das Ausweichen in die schlechtere Qualität oder in die geringere Menge bei gleichbleibenden Preisen, die Koppelung schwer verkäuflicher Waren mit begehrten Waren (vgl. auch die VO. zur Verbilligung des Warenverkehrs v. 29. 10. 1937, RGBl. I S. 1142), die Berechnung von Aufgeldern, das Verwiegen von Untergewichten, das Zupacken unverlangter

Waren für zahlungskräftige Kunden unter Berechnung von Überpreisen, kurz jede Ausnutzung einer angespannten Versorgungslage zur Erzielung von Kriegsgewinn. Insbesondere weise ich darauf hin, daß, wie sich aus § 22 KriegswirtschaftsVO. ergibt, die Einhaltung der Grenzen der Preisstoppverordnung oder sonstiger Preisvorschriften von der Verantwortung nicht befreit. Ist der Preis z. B. ungerechtfertigt hoch gestoppt oder bringt er infolge einer Kostensenkung einen übermäßig hohen Gewinn, so muß er auf die den Kriegsverhältnissen angemessene Höhe gesenkt werden.

Die Preisvorschriften wenden sich regelmäßig an jedermann, an den Verkäufer und den Vermittler wie an den Käufer, an den Betriebsleiter wie an seine Angestellten, an den Täter wie an den Teilnehmer.

In subjektiver Beziehung muß von jedem angenommen werden, daß er weiß, daß die Versorgungsschwierigkeiten des Krieges nicht dazu benutzt werden dürfen, um andere zu benachteiligen oder sich selbst Vorteile zu verschaffen. Auf Unkenntnis des Verbots des § 22 KriegswirtschaftsVO. kann sich daher niemand berufen.

**II.** Die Mehrzahl der Verfehlungen gegen Preisvorschriften wird durch die zuständigen Verwaltungsbehörden durch Ordnungsstrafen geahndet, die in unbeschränkter Höhe zulässig sind und in empfindlicher Höhe festgesetzt zu werden pflegen (§§ 8ff. der PreisstrafrechtsVO. v. 3. 6. 1939, RGBl. I S. 999). Den Verwaltungsbehörden steht der erste Zugriff zu; die Verfolgung durch die Justizbehörden tritt nur auf Verlangen der Verwaltungsbehörden ein (§ 5 PreisstrafrechtsVO.). Erfolgt die Abgabe an die Justizbehörden mit Rücksicht auf Zweifel über die Sach- oder Rechtslage oder auf Zusammentreffen der Preisverletzung mit Straftaten des kriminellen Strafrechts, so darf die gerichtliche Strafe keinesfalls niedriger sein als die nach der Praxis der Verwaltungsbehörden zu erwartende Ordnungsstrafe. Haben aber die Preisbehörden den Antrag auf gerichtliche Verfolgung gestellt, weil sie eine Ordnungsstrafe in Geld in dem einzelnen Fall als nicht mehr ausreichend ansehen, so wird die Staatsanwaltschaft von der Befugnis, die Anklage vor dem Sondergericht zu erheben (§ 14 Abs. 2 der ZuständigkeitsVO. v. 21. 2. 1940, RGBl. I S. 405), in der Regel Gebrauch zu machen haben, wenn mit einer Freiheitsstrafe von mehr als einem Jahr zu rechnen ist. In den übrigen Fällen gebietet es die Notwendigkeit, Preisstrafsachen mit größtmöglicher Beschleunigung zur Aburteilung zu bringen, das Verfahren nicht vor der Strafkammer, sondern vor dem Amtsgericht durchzuführen, und zwar, soweit angängig, im beschleunigten Verfahren; hierbei wird regelmäßig der Antrag auf sofortige Vollstreckung der vom Amtsrichter erkannten Strafe zu stellen sein. Soweit die Nachprüfung von Preiskalkulationen es erfordert, empfehle ich, Gutachten von den Preisbildungsstellen heranzuziehen. In Anbetracht des Ernstes solcher Verfehlungen sind alsdann in Verbindung mit Geldstrafen empfindliche Freiheitsstrafen, im Falle des § 1 Abs. 5 der PreisstrafrechtsVO. Zuchthaus, sowie auch Einziehung der Gegenstände, auf die sich die strafbare Handlung bezieht, zu beantragen; in jedem Falle wird auch im Benehmen mit den Preisbehörden zu prüfen sein, ob die Volksgemeinschaft durch Anordnung eines Berufsverbots (§ 42 l RStGB.) gegen den Täter zu schützen sein wird. Liegen zugleich die Voraussetzungen des § 4 der VO. gegen Volksschädlinge vor, so ist nach dieser Zuchthausstrafe zu beantragen; in besonders schweren Fällen wird eingedenk des Wortes des Führers, daß in diesem Kampf erstmals in der Geschichte nicht von dem einen verdient wird, während der andere verblutet, und daß daher, wer da glaubt, sich in diesen schicksalhaften Jahren bereichern zu können, kein Vermögen erwirbt, sondern sich den Tod holt, gemäß § 4 der VO. gegen Volksschädlinge die Todesstrafe zu beantragen sein. Gegenüber gewissenlosen Preistreibern wird häufig die öffentliche Brandmarkung durch Bekanntmachung des Urteils nach § 4 der PreisstrafrechtsVO. angezeigt sein.

## Zustellungsvorschriften aus der Reichszivilprozeßordnung

### Zustellung an Generalbevollmächtigte und Prokuristen

§ 173. Die Zustellung erfolgt an den Generalbevollmächtigten sowie in den durch den Betrieb eines Handelsgewerbes hervorgerufenen Rechtsstreitigkeiten an den Prokuristen mit gleicher Wirkung wie an die Partei selbst.

§ 175. Der Zustellungsbevollmächtigte ist bei der nächsten gerichtlichen Verhandlung oder, wenn die Partei vorher dem Gegner einen Schriftsatz zustellen läßt, in diesem zu benennen[12]. Geschieht dies nicht, so können alle späteren Zustellungen bis zur nachträglichen Benennung in der Art bewirkt werden, daß der Gerichtsvollzieher das zu übergebende Schriftstück unter der Adresse der Partei nach ihrem Wohnorte zur Post gibt. Die Zustellung wird mit der Aufgabe zur Post als bewirkt angesehen, selbst wenn die Sendung als unbestellbar zurückkommt.

Die Postsendungen sind mit der Bezeichnung „Einschreiben" zu versehen, wenn die Partei es verlangt und zur Zahlung der Mehrkosten sich bereit erklärt.

### Ersatzzustellung an Hausgenossen u. a.

§ 181. Wird die Person, welcher zugestellt werden soll, in ihrer Wohnung nicht angetroffen, so kann die Zustellung in der Wohnung an einen zu der Familie gehörenden erwachsenen Hausgenossen oder an eine in der Familie dienende erwachsene Person erfolgen.

Wird eine solche Person nicht angetroffen, so kann die Zustellung an den in demselben Hause wohnenden Hauswirt oder Vermieter erfolgen, wenn diese zur Annahme des Schriftstücks bereit sind.

### Zustellung durch Niederlegung trotz Postbestelldienst

§ 182. Ist die Zustellung nach diesen Bestimmungen nicht ausführbar, so kann sie dadurch erfolgen, daß das zu übergebende Schriftstück auf der Geschäftsstelle des Amtsgerichts, in dessen Bezirke der Ort der Zustellung gelegen ist, oder an diesem Orte bei der Postanstalt oder dem Gemeindevorsteher oder dem Polizeivorsteher niedergelegt und eine schriftliche Mitteilung über die Niederlegung unter der Anschrift des Empfängers in der bei gewöhnlichen Briefen üblichen abgegeben oder, falls dies nicht tunlich ist, an der Tür der Wohnung befestigt oder einer in der Nachbarschaft wohnenden Person zur Weitergabe an den Empfänger ausgehändigt wird.

### Ersatzzustellung im Geschäftsraum

§ 183. Für Gewerbetreibende, welche ein besonderes Geschäftslokal haben, kann, wenn sie in dem Geschäftslokale nicht angetroffen werden, die Zustellung an einen darin anwesenden Gewerbegehilfen erfolgen.

Wird ein Rechtsanwalt, ein Notar oder ein Gerichtsvollzieher in seinem Geschäftslokal nicht angetroffen, so kann die Zustellung an einen darin anwesenden Gehilfen oder Schreiber erfolgen.

### Ersatzzustellung bei Körperschaften

§ 184. Wird der gesetzliche Vertreter oder der Vorsteher einer Behörde, einer Gemeinde, einer Korporation oder eines Vereins, welchem zugestellt werden soll, in dem Geschäftslokale während der gewöhnlichen Geschäftsstunden nicht angetroffen, oder ist er an der Annahme verhindert, so kann die Zustellung an einen anderen in dem Geschäftslokal anwesenden Beamten oder Bediensteten bewirkt werden.

Wird der gesetzliche Vertreter oder der Vorsteher in seiner Wohnung nicht angetroffen, so finden die Bestimmungen der §§ 181, 182 nur Anwendung, wenn ein besonderes Geschäftslokal nicht vorhanden ist.

### Verweigerung der Annahme

§ 186. Wird die Annahme der Zustellung ohne gesetzlichen Grund verweigert, so ist das zu übergebende Schriftstück am Orte der Zustellung zurückzulassen.

### Heilung bei Zustellungensmängeln

§ 187. Ist ein Schriftstück, ohne daß sich seine formgerechte Zustellung nachweisen läßt, oder unter Verletzung zwingender Zustellungsvorschriften dem Prozeßbeteiligten zugegangen, an den die Zustellung dem Gesetz gemäß gerichtet war oder gerichtet werden konnte, so kann die Zustellung als in dem Zeitpunkt bewirkt angesehen werden, in dem das Schriftstück dem Beteiligten zugegangen ist. Dies gilt nicht, soweit durch die Zustellung der Lauf einer Notfrist in Gang gesetzt werden soll.

### Zustellungsurkunde

§ 190. Über die Zustellung ist eine Urkunde aufzunehmen.

Dieselbe ist auf die Urschrift des zuzustellenden Schriftstücks oder auf einen mit derselben zu verbindenden Bogen zu setzen.

Eine durch den Gerichtsvollzieher beglaubigte Abschrift der Zustellungsurkunde ist auf das bei der Zustellung zu übergebende Schriftstück oder auf einen mit demselben zu verbindenden Bogen zu setzen.

Die Zustellungsurkunde ist der Partei, für welche die Zustellung erfolgt, zu übermitteln.

### Inhalt der Zustellungsurkunde

§ 191. Die Zustellungsurkunde muß enthalten:

1. Ort und Zeit der Zustellung;
2. die Bezeichnung der Person, für welche zugestellt werden soll;
3. die Bezeichnung der Person, an welche zugestellt werden soll;
4. die Bezeichnung der Person, welcher zugestellt ist; in den Fällen der §§ 181, 183, 184 die Angabe des Grundes, durch welchen die Zustellung an die bezeichnete Person gerechtfertigt wird; wenn nach § 182 verfahren ist, die Bemerkung, wie die darin enthaltenen Vorschriften befolgt sind;
5. im Falle der Verweigerung der Annahme die Erwähnung, daß die Annahme verweigert und das zu übergebende Schriftstück am Orte der Zustellung zurückgelassen ist;
6. die Bemerkung, daß eine Ausfertigung oder eine beglaubigte Abschrift des zuzustellenden Schriftstücks und daß eine beglaubigte Abschrift der Zustellungsurkunde übergeben ist;
7. die Unterschrift des die Zustellung vollziehenden Beamten.

### Inhalt der Zustellung, Urkunde bei Aufgabe zur Post

§ 192. Ist die Zustellung durch Aufgabe zur Post (§ 175) erfolgt, so muß die Zustellungsurkunde den Bestimmungen des vorstehenden Paragraphen unter Nr. 2, 3, 7 entsprechen und außerdem ergeben, zu welcher Zeit, unter welcher Adresse und bei welcher Postanstalt die Aufgabe geschehen ist.

### Zustellung durch die Post.

§ 193. Zustellungen können auch durch die Post erfolgen.

### Zustellung durch die Post. Verfahren des Gerichtsvollziehers

§ 194. Wird durch die Post zugestellt, so hat der Gerichtsvollzieher die zuzustellende Ausfertigung oder die beglaubigte Abschrift des zuzustellenden Schriftstücks verschlossen der Post mit dem Ersuchen zu übergeben, die Zustellung einem Postbediensteten des Bestimmungsortes aufzutragen. Die Sendung muß mit der Anschrift der Person, an die zugestellt werden soll, sowie mit der Bezeichnung des absendenden Gerichtsvollziehers und einer Geschäftsnummer versehen sein.

Der Gerichtsvollzieher hat auf dem bei der Zustellung zu übergebenden Schriftstück zu vermerken, für welche Person er dasselbe der Post übergibt, und auf der Urschrift des zuzustellenden Schriftstücks oder auf einem mit derselben zu verbindenden Bogen zu bezeugen, daß die Übergabe in der im Abs. 1 bezeichneten Art und für wen sie geschehen ist.

### Zustellung durch die Post. Verfahren des Postbediensteten

§ 195. Die Zustellung durch den Postbediensteten erfolgt in Gemäßheit der Bestimmungen der §§ 180—186.

Über die Zustellung ist von dem Postbediensteten eine Urkunde aufzunehmen, welche den Bestimmungen des § 191 Nr. 1, 3—5, 7 entsprechen und die Übergabe der ihrer Anschrift und ihrer Geschäftsnummer nach bezeichneten Sendung sowie der Abschrift der Zustellungsurkunde bezeugen muß.

Die Urkunde ist von dem Postbediensteten der Postanstalt und von dieser dem Gerichtsvollzieher zu überliefern, welcher mit derselben in Gemäßheit der Bestimmung des § 190 Abs. 4 zu verfahren hat.

### Niederlegung wegen Unbestellbarkeit

§ 195 a. Findet nach der Wohnung oder dem Geschäftsraum, in denen zugestellt werden soll, ein Postbestelldienst nicht statt, so wird die Sendung bei der zuständigen Postanstalt hinterlegt. Die Postanstalt vermerkt auf der Zustellungsurkunde und auf der Sendung den Grund und den Zeitpunkt der Niederlegung. Das Gericht kann die Zustellung als frühestens mit dem Ablauf einer Woche seit dieser Niederlegung als bewirkt ansehen, wenn anzunehmen ist, daß der Empfänger in der Lage gewesen ist, sich die Sendung aushändigen zu lassen oder sich über ihren Inhalt zu unterrichten.

### Zustellung durch die Post. Verfahren des Urkundsbeamten

§ 196. Insoweit eine Zustellung unter Vermittlung der Geschäftsstelle zulässig ist, kann dieselbe unmittelbar die Post um Bewirkung der Zustellung ersuchen. In diesem Falle finden die Vorschriften der §§ 194, 195 auf die Geschäftsstelle entsprechende Anwendung; die erforderliche Beglaubigung erfolgt durch den Urkundsbeamten der Geschäftsstelle.

§ 199. Eine im Auslande zu bewirkende Zustellung erfolgt mittels Ersuchens der zuständigen Behörde des fremden Staates oder des in diesem Staate residierenden Konsuls oder Gesandten des Reichs.

§ 200. Zustellungen an Deutsche, welche das Recht der Exterritorialität genießen, erfolgen, wenn dieselben zur Mission des Reichs gehören, mittels Ersuchens des Reichsministers des Auswärtigen;...
Zustellungen an die Vorsteher der Reichskonsulate erfolgen mittels Ersuchens des Reichsministers des Auswärtigen.

§ 201. Zustellungen an Personen, welche zu einem im Auslande befindlichen oder zu einem mobilen Truppenteile oder zur Besatzung eines in Dienst gestellten Kriegsfahrzeuges gehören, können mittels Ersuchens der vorgesetzten Kommandobehörde erfolgen.

§ 202. Die erforderlichen Ersuchungsschreiben werden von dem Vorsitzenden des Prozeßgerichts erlassen.

Die Zustellung wird durch das schriftliche Zeugnis der ersuchten Behörden oder Beamten, daß die Zustellung erfolglos sei, nachgewiesen.

## II. Zustellungen von Amts wegen

§ 208. Auf die von Amts wegen zu bewirkenden Zustellungen finden die Vorschriften über die Zustellungen auf Betreiben der Parteien entsprechende Anwendung, soweit nicht aus den nachfolgenden Bestimmungen sich Abweichungen ergeben.

### Bewirkung

§ 209. Für die Bewirkung der Zustellung hat die Geschäftsstelle Sorge zu tragen.

### Beglaubigung

§ 210. Die Beglaubigung der bei der Zustellung zu übergebenden Abschrift geschieht durch den Urkundsbeamten der Geschäftsstelle.

### Ausführung der Zustellung

§ 211. Die Geschäftsstelle hat das zu übergebende Schriftstück einem Gerichtswachtmeister oder der Post zur Zustellung auszuhändigen. Die Sendung muß verschlossen sein; sie muß mit der Anschrift der Person, an die zugestellt werden soll, sowie mit der Bezeichnung der absendenden Stelle und einer Geschäftsnummer versehen sein. Sie muß den Vermerk „Vereinfachte Zustellung" tragen.

Die Vorschrift des § 194 Abs. 2 findet keine Anwendung.

### Beurkundung der Zustellung

§ 212. Die Beurkundung der Zustellung durch den Gerichtswachtmeister oder den Postbediensteten erfolgt nach den Vorschriften des § 195 Abs. 2 mit der Maßgabe, daß eine Abschrift der Zustellungsurkunde nicht zu übergeben, der Tag der Zustellung jedoch auf der Sendung zu vermerken ist.

Die Zustellungsurkunde ist der Geschäftsstelle zu überliefern.

### Zustellung an Anwalt u. a.

§ 212 a. Bei der Zustellung an einen Anwalt, Notar, oder Gerichtsvollzieher oder eine Behörde oder Körperschaft des öffentlichen Rechts genügt zum Nachweis der Zustellung das mit Datum und Unterschrift versehene schriftliche Empfangsbekenntnis des Anwalts oder eines gemäß § 20 der Reichsrechtsanwaltsordnung bestellten Zustellungsbevollmächtigten, des Notars oder Gerichtsvollziehers oder der Behörde oder Körperschaft.

Aushändigung an Amtsstellen

§ 212 b. Eine Zustellung kann auch dadurch vollzogen werden, daß das zu übergebende Schriftstück an der Amtsstelle dem ausgehändigt wird, an den die Zustellung zu bewirken ist. In den Akten und auf dem ausgehändigten Schriftstück ist zu vermerken, wann dies geschehen ist; der Vermerk ist von dem Beamten, der die Aushändigung vorgenommen hat, zu unterschreiben.

Zustellung durch Aufgabe zur Post.

§ 213. Ist die Zustellung durch Aufgabe zur Post (§ 175) erfolgt, so hat der Urkundsbeamte der Geschäftsstelle in den Akten zu vermerken, zu welcher Zeit und unter welcher Adresse die Aufgabe geschehen ist. Der Aufnahme einer Zustellungsurkunde bedarf es nicht.

---

## Nachtrag

Zur Seite 8 unter Gartenbauerzeugnisse: Vgl. AO. Nr. 5/43 HV. der dt. Gartenbauwirtschaft v. 17. 3. 1943 (RNVBl. S. 107).

„ 21 Anm. 39: VO. über den Zusammenschluß der deutschen Wein- und Trinkbranntweinwirtschaft v. 30. 4. 43 (RGBl. I S. 273).

„ 70 Anm. 9 hinter Wolle: AO. v. 27. 1. 1943 (DRAnz. Nr. 29).

„ 97 Anm. 8: Der Reichsbauernführer z. B. AO. über Veräußerung von Pferden v. 20. 2. 1943 (RNVBl. S. 83).

„ 62 Anm. 1 zu § 1 b: RdErlaß des Reichskommissars für die Preisbildung v. 15. 4. 1942 (MittBl. I S. 246).

Betr. Schleich- und Tauschhandel

Von der Allgemeinen Verfügung des Reichsministers der Justiz vom 1. April 1942 (DtJust. S. 238)[1] über die Bekämpfung des Schleich- und Tauschhandels, die in ihrem einschlägigen Teil im Einvernehmen mit mir erlassen worden ist, gebe ich Kenntnis. . . . .

Ergänzend weise ich auf folgendes hin:

I. Zuwiderhandlungen gegen § 1 a der VO. zur Ergänzung der KWVO. vom 25. 3. 1942 werden häufig auch den Tatbestand einer Zuwiderhandlung gegen Preisvorschriften erfüllen, vielfach außerdem mit Verstößen gegen die VRStVO. vom 6. 4. 1940 zusammentreffen. Hierbei ist nach folgenden Richtlinien zu verfahren:

---

[1]) Abgedruckt Seite 166.

1. Die Fälle, in denen der Täter mit der Zuwiderhandlung gegen § 1a KWVO. gleichzeitig einen Verstoß gegen Preisvorschriften begangen hat, behandelt Ziffer IV der AV. des Reichsministers der Justiz.

a) Vorgänge der dort zu IVa und b genannten Art sind danach regelmäßig an die Staatsanwaltschaft zur weiteren Bearbeitung abzugeben. Es empfiehlt sich, zugleich wegen des Preisverstoßes das Verlangen auf gerichtliche Strafverfolgung zu stellen.

b) Vorgänge der zu Ziffer IVc genannten Art sind an die Staatsanwaltschaft abzugeben, wenn ein öffentliches Interesse an der Strafverfolgung besteht. Die Fälle, in denen ein öffentliches Interesse an der Strafverfolgung anzunehmen ist, sind unter V der AV. des RJM. aufgeführt. Bei der Entscheidung, ob ein öffentliches Interesse vorliegt, ersuche ich, nach Maßgabe der Ziffer IVc zu verfahren. Liegt hiernach kein öffentliches Interesse vor, so können die Preisbehörden mit dem Preisverstoß auch das Vergehen nach § 1a KWVO. nach Maßgabe der PreisstrafrechtsVO. ahnden.

2. In Fällen, in denen mit einer Zuwiderhandlung gegen § 1a KWVO. nicht nur ein Preisverstoß, sondern auch ein Verstoß gegen die VRStVO. zusammentrifft, ist grundsätzlich wie zu 1 zu verfahren. Liegt hiernach kein öffentliches Interesse vor, und wird deshalb im Ordnungsstrafverfahren vorgegangen, so ist mein RdErl. Nr. 87/40 vom 18. 7. 1940 (Mitteilungsbl. II 185[1]) entsprechend anzuwenden. Jedoch wird zu berücksichtigen sein, daß neben dem Preisverstoß nicht nur ein Verstoß gegen die VRStVO., sondern auch gegen § 1a KWVO. vorliegt. In Fällen der in Ziffer 1a dieses Erlasses genannten Art wird regelmäßig angenommen werden können, daß der Preisverstoß hinter dem Verstoß gegen die VRStVO. und § 1a KWVO. zurücktritt.

II. Der kriegswichtigen Bekämpfung des Schleich- und Tauschhandels ist besondere Aufmerksamkeit zu widmen. Hierbei ist es unbedingt notwendig, mit den Sachbearbeitern der Staatsanwaltschaft und der Wirtschafts- und Ernährungsämter eng zusammenzuarbeiten. Zweckmäßig wird es sein, mit ihnen in regelmäßigen Zeitabständen die mit der Ausübung der Strafbefugnis zusammenhängenden Fragen zu besprechen. Ich erwarte, daß sich diese Zusammenarbeit reibungslos vollzieht und weise mit Nachdruck darauf hin, daß es unter allen Umständen zu vermeiden ist, durch kleinliche und zeitraubende Erörterungen etwaiger Zuständigkeitsfragen die Schlagkraft der Aktion gegen den Schleich- und Tauschhandel abzuschwächen.

Zur Seite 124

## Auszug aus der Verordnung über die Reichsverteidigungskommissare und die Vereinheitlichung der Wirtschaftsverwaltung

Vom 16. November 1942 (RGBl. I S. 649)

Der Ministerrat für die Reichsverteidigung verordnet mit Gesetzeskraft:

### Abschnitt I

### Reichsverteidigungskommissare

§ 1. Nach den Weisungen des Führers, den Gesetzen sowie den Verordnungen und Richtlinien des Ministerrats für die Reichsverteidigung leiten

[1]) Abgedruckt Seite 163.

die Obersten Reichsbehörden im Rahmen ihrer allgemeinen Befugnisse die Aufgaben der zivilen Reichsverteidigung und führen mit Hilfe der zu ihrem Geschäftsbereich gehörenden Behörden und Dienststellen diese Aufgaben durch.

§ 2. Die Reichsverteidigungskommissare sind in der Mittelstufe die Organe des Ministerrats für die Reichsverteidigung. Die Obersten Reichsbehörden bedienen sich bei der Durchführung grundsätzlicher Reichsverteidigungsmaßnahmen der Reichsverteidigungskommissare.

§ 4. (1) Die Reichsverteidigungskommissare sind für die aus der Anlage[1]) ersichtlichen Bezirke (Reichsverteidigungsbezirke) zuständig.

§ 5. (1) Die Reichsverteidigungskommissare können im Rahmen der Gesetze und der Befugnisse der Obersten Reichsbehörden nach Maßgabe der ihnen von diesen erteilten Anordnungen den zivilen Behörden ihres Wirkungsbereichs, die nicht Oberste Reichsbehörden oder Oberste preußische Landesbehörden sind, Weisungen in allen Reichsverteidigungsangelegenheiten für ihren Bezirk erteilen. Die Befugnisse der Reichsverteidigungskommissare erstrecken sich nicht auf die Reichspost, die Reichsbahn sowie die Reichsfinanzverwaltung in bezug auf die Geldbewirtschaftung, die bei der Durchführung der Reichsabgabenordnung und des Steueranpassungsgesetzes sich ergebenden Angelegenheiten und den verstärkten Grenzaufsichtsdienst. Die Obersten Reichsbehörden können für ihren Zuständigkeitsbereich Weisungen der Reichsverteidigungskommissare aufheben.

## Abschnitt II

### Wirtschafts- und Sozialverwaltung

§ 9. (1) Die einheitliche Lenkung aller wirtschaftlichen Maßnahmen, die von den Obersten Reichsbehörden und den von diesen ermächtigten Stellen angeordnet werden, wird für die in der Anlage bezeichneten Bezirke (Wirtschaftsbezirke) den dort in Spalte 4 genannten Behörden der allgemeinen Verwaltung übertragen.

(2) Die Behörden in Spalte 4 der Anlage können denjenigen Behörden, Organisationen der wirtschaftlichen Eigenverwaltung und sonstigen Stellen, die zum wirtschaftlichen Zuständigkeitsbereich der im Vierjahresplan vereinigten Obersten Reichsbehörden gehören oder deren Dienstaufsicht unterstehen, im Rahmen der ihnen übertragenen Befugnisse Weisungen erteilen.

§ 10. (1) Bei den genannten Behörden werden, soweit noch nicht vorhanden, Landeswirtschaftsämter, Landesernährungsämter sowie Forst- und Holzwirtschaftsämter errichtet.

(2) Diese Ämter sind unbeschadet ihrer haushaltsrechtlichen Betreuung Bestandteil der Behörde, bei der sie errichtet sind. Sie führen die Bezeichnung der Behörde mit dem Zusatz „Landeswirtschaftsamt", „Landesernährungsamt" oder „Forst- und Holzwirtschaftsamt".

(3) Die örtliche Zuständigkeit der Ämter erstreckt sich auf die Wirtschaftsbezirke. Die zuständige Oberste Reichsbehörde kann im Einvernehmen mit dem Beauftragten für den Vierjahresplan, dem Reichsminister des Innern und dem Leiter der Partei-Kanzlei bestimmen, daß ein Amt für mehrere Wirtschaftsbezirke zuständig ist oder daß in einem Wirtschaftsbezirk mehrere Landeswirtschaftsämter, Landesernährungsämter oder Forst- und Holzwirtschaftsämter gebildet werden.

---

[1]) Nicht abgedruckt.

(4) Es bestimmen die Aufgaben und Befugnisse der Landeswirtschaftsämter der Reichswirtschaftsminister, der Landesernährungsämter der Reichsminister für Ernährung und Landwirtschaft, der Forst- und Holzwirtschaftsämter der Reichsforstmeister.

§ 11. (1) Zur Erleichterung der Zusammenarbeit zwischen den im § 10 genannten Ämtern und den Dienststellen der Wehrmacht können nach Maßgabe näherer Bestimmung Außenstellen dieser Ämter errichtet werden.

(2) Die zuständigen Obersten Reichsbehörden bestimmen, daß für solche Fragen, die den Wehrkreis in seiner Gesamtheit berühren, eines der im § 10 genannten Ämter, das sich in der Regel am Sitz des Wehrkreiskommandos befinden soll, die Federführung für alle sonstigen im Wehrkreis gelegenen oder an ihm beteiligten Ämter und Außenstellen übernimmt.

§ 12. (1) Der örtliche Zuständigkeitsbereich der Bevollmächtigten für den Nahverkehr umfaßt einen oder mehrere Wirtschaftsbezirke oder Teile von Wirtschaftsbezirken.

(2) Die Bevollmächtigten für den Nahverkehr sind unbeschadet ihrer haushaltsrechtlichen Betreuung Bestandteile der Behörde der allgemeinen Verwaltung, bei der sie errichtet sind oder errichtet werden.

§ 13. (1) Der örtliche Zuständigkeitsbereich der dem Reichsminister für Bewaffnung und Munition unterstellten Rüstungsinspektionen umfaßt einen oder mehrere Wirtschaftsbezirke oder Teile von Wirtschaftsbezirken.

(2) Die Leiter der mit Aufgaben der Rüstungswirtschaft befaßten Dienststellen bilden die Rüstungskommissionen, deren örtlicher Zuständigkeitsbereich einen oder mehrere Reichsverteidigungsbezirke umfaßt. Der Reichsminister für Bewaffnung und Munition bestimmt den Vorsitzer und die Zusammensetzung der Rüstungskommissionen. Diese erhalten Weisungen nur vom Reichsminister für Bewaffnung und Munition.

§ 14. Die Mitglieder der Rüstungskommissionen und die Leiter sonstiger mit Kriegswirtschaftsaufgaben befaßten Behörden, Dienststellen und Beauftragten bilden den Kriegswirtschaftsstab. Dieser steht dem Reichsverteidigungskommissar für seinen Bezirk beratend zur Seite und tritt unter seinem Vorsitz zusammen. Die Geschäftsführung des Kriegswirtschaftsstabes obliegt der in der Anlage Spalte 4 bezeichneten Behörde, bei der hierfür ein Beauftragter gestellt wird.

§ 15. Der Reichswirtschaftsminister, der Reichsminister für Ernährung und Landwirtschaft, der Reichsverkehrsminister und der Reichsforstmeister sind ermächtigt, Dienststellen, Organisationen der wirtschaftlichen Eigenverwaltung und sonstige Stellen, die zu ihrem Zuständigkeitsbereich gehören, im Einvernehmen mit dem Reichsminister des Innern und dem Leiter der Partei-Kanzlei ganz oder teilweise der staatlichen Verwaltung zu unterstellen, in staatliche Verwaltungsbehörden einzugliedern oder aufzulösen.

§ 16. (1) Der Reichswirtschaftsminister kann den Gauwirtschaftskammern (Wirtschaftskammern, Industrie- und Handelskammern, Handwerkskammern) staatliche Aufgaben als Auftragsangelegenheiten übertragen.

(2) Die Behörden in Spalte 4 der Anlage können den Kammern für die Durchführung aller staatlichen Auftragsangelegenheiten Weisungen erteilen.

§ 17. (1) Der Reichsnährstand ist in seiner Gesamtheit dem Reichsminister für Ernährung und Landwirtschaft unterstellt. Die in den Wirtschaftsbezirken zuständigen Dienststellen und Gliederungen des Reichsnährstandes sind den Landesernährungsämtern unterstellt. Für die forstlichen Dienststellen des Reichsnährstandes gilt die vom Reichsminister für Ernährung und Landwirtschaft und vom Reichsforstmeister getroffene Sonderregelung.

(2) Die Bezirke der Landesbauernschaften werden den Wirtschaftsbezirken angepaßt. Der Reichsminister für Ernährung und Landwirtschaft kann im Einvernehmen mit dem Reichsminister des Innern und mit Genehmigung des Beauftragten für den Vierjahresplan bestimmen, daß eine Landesbauernschaft für mehrere Wirtschaftsbezirke zuständig ist oder daß in einem Wirtschaftsbezirk mehrere Landesbauernschaften gebildet werden.

§ 18. Die Bezirke der Landesarbeitsämter und der Reichstreuhänder der Arbeit werden den Wirtschaftsbezirken angepaßt. Der Reichsarbeitsminister kann im Einvernehmen mit dem Reichsminister des Innern und mit Genehmigung des Beauftragten für den Vierjahresplan bestimmen, daß ein Landesarbeitsamt und ein Reichstreuhänder der Arbeit für mehrere Wirtschaftsbezirke zuständig sind oder daß in einem Wirtschaftsbezirk mehrere Landesarbeitsämter gebildet und mehrere Reichstreuhänder der Arbeit bestellt werden.

§ 19. (1) Die in den Landkreisen bei den Landräten, in den Stadtkreisen bei den Oberbürgermeistern errichteten Ernährungsämter und Wirtschaftsämter sind Bestandteile der unteren Verwaltungsbehörden. Sie führen die Bezeichnung der unteren Verwaltungsbehörde mit dem Zusatz „Ernährungsamt" oder „Wirtschaftsamt".

(2) Die einheitliche Lenkung aller forst- und holzwirtschaftlichen Maßnahmen wird den unteren Verwaltungsbehörden übertragen, bei denen der Reichsforstmeister oder die von ihm bestimmten Stellen Beauftragte für die Forst- und Holzwirtschaft bestellen. Die Beauftragten führen die Bezeichnung der Behörde mit dem Zusatz „Beauftragter für die Forst- und Holzwirtschaft".

(3) Die Aufgaben der genannten Ämter und Beauftragten bestimmen die zuständigen Obersten Reichsbehörden.

(4) Die Vorschriften des § 17 Abs. 1 gelten für die bei den unteren Verwaltungsbehörden gebildeten Ernährungsämter entsprechend.

(5) Für Berlin, Hamburg und Wien gilt die vom Reichswirtschaftsminister und vom Reichsminister für Ernährung und Landwirtschaft im gegenseitigen Einvernehmen getroffene besondere Regelung.

§ 20. (1) Die unteren Verwaltungsbehörden sind an die fachlichen Weisungen der Landeswirtschaftsämter und der Landesernährungsämter gebunden. Die allgemeine Dienstaufsicht der höheren Verwaltungsbehörde (Aufsichtsbehörde) bleibt unberührt.

(2) Die Behörden in Spalte 4 der Anlage haben mit den Aufsichtsbehörden in allen kriegswirtschaftlichen Fragen engste Fühlung zu halten und sie laufend über die wichtigsten kriegswirtschaftlichen Maßnahmen zu unterrichten. Die Aufsichtsbehörden sind befugt, sich von den unteren Verwaltungsbehörden über die kriegswirtschaftlichen Aufgaben unterrichten zu lassen.

(3) Der Geschäftsverkehr zwischen den Landeswirtschaftsämtern und Landesernährungsämtern einerseits und den unteren Verwaltungsbehörden andererseits ist in wichtigen Angelegenheiten, abgesehen von eiligen Fällen, über die Aufsichtsbehörden zu leiten. In eiligen Fällen ist der Aufsichtsbehörde eine Abschrift zuzuleiten. Entsprechendes gilt für die Berichte der unteren Verwaltungsbehörden.

(4) Die Landeswirtschaftsämter und die Landesernährungsämter können sich bei fachlichen Prüfungen der unteren Verwaltungsbehörden der Aufsichtsbehörden bedienen. Nehmen sie die Prüfung selbst vor, so haben sie die Aufsichtsbehörde zu beteiligen.

Abschnitt III

Schlußbestimmungen

§ 21. Die zur Durchführung und Ergänzung dieser Verordnung erforderlichen Rechts- und Verwaltungsvorschriften werden zum Abschnitt I vom Generalbevollmächtigten für die Reichsverwaltung im Einvernehmen mit dem Beauftragten für den Vierjahresplan, dem Leiter der Partei-Kanzlei und dem Chef des Oberkommandos der Wehrmacht, zum Abschnitt II von den zuständigen Obersten Reichsbehörden mit Zustimmung des Beauftragten für den Vierjahresplan, des Generalbevollmächtigten für die Reichsverwaltung, des Leiters der Partei-Kanzlei und des Chefs des Oberkommandos der Wehrmacht erlassen.

§ 22. (1) Diese Verordnung tritt am 1. Dezember 1942 in Kraft, und zwar auch in den eingegliederten Ostgebieten. Für das Protektorat Böhmen und Mähren ergeht Sonderregelung. Die zuständigen Obersten Reichsbehörden bestimmen im Einvernehmen mit dem Reichsminister des Innern und dem Chef des Oberkommandos der Wehrmacht den Zeitpunkt, zu dem die Änderungen in der gebietlichen Gliederung der in den §§ 10, 12, 13, 17 Abs. 2 und im § 18 genannten Ämter und Dienststellen durchgeführt werden.

(2) Mit dem Inkrafttreten dieser Verordnung treten die Verordnung über die Bestellung von Reichsverteidigungskommissaren vom 1. September 1939 (Reichsgesetzbl. I S. 1565), die Anordnung des Ministerrats für die Reichsverteidigung zur Durchführung der Verordnung über die Bestellung von Reichsverteidigungskommissaren vom 22. September 1939 (Reichsgesetzbl. I S. 1937), die Verordnung über die Wirtschaftsverwaltung vom 27. August 1939 (Reichsgesetzbl. I S. 1495) und die Verordnung zur Änderung der Verordnung über die Wirtschaftsverwaltung vom 28. November 1939 (Reichsgesetzbl. I S. 2315) außer Kraft. Die zur Durchführung der Verordnung über die Wirtschaftsverwaltung erlassenen Vorschriften bleiben in Kraft. Die zuständigen Obersten Reichsbehörden können sie der neuen Rechtslage anpassen.

## Verordnung zur Durchführung der Verordnung über die Reichsverteidigungskommissare und die Vereinheitlichung der Wirtschaftsverwaltung

Vom 4. Mai 1943 (RGBl. I S. 281)

Auf Grund des § 21 der Verordnung über die Reichsverteidigungskommissare und die Vereinheitlichung der Wirtschaftsverwaltung vom 16. November 1942 (RGBl. I S. 649) wird nach Zustimmung des Beauftragten für den Vierjahresplan, des Leiters der Partei-Kanzlei und des Chefs des Oberkommandos der Wehrmacht verordnet:

Zu § 10

§ 1. (1) Die nach dem Erlaß des Generalbevollmächtigten für die Wirtschaft über die Organisation der Wirtschaftsverwaltung vom 27. August 1939 — GBW 1/5075/39 — (nicht veröffentlicht) errichteten Führungsstäbe Wirtschaft werden mit Inkrafttreten dieser Verordnung aufgehoben.

(2) Die Beauftragten des Generalbevollmächtigten für Sonderfragen der chemischen Erzeugung bei den bisherigen Führungsstäben Wirtschaft und die Verkehrsbeauftragten der bisherigen Führungsstäbe Wirtschaft werden

den Landeswirtschaftsämtern eingegliedert. Die zur Durchführung dieser Vorschrift erforderlichen Maßnahmen trifft der Reichswirtschaftsminister im Verwaltungswege.

Zu § 19 Abs. 2 und § 20

§ 2. Die unteren Verwaltungsbehörden sind auch an die fachlichen Weisungen der Forst- und Holzwirtschaftsämter gebunden.

# Stichwortverzeichnis

Die Zahlen bedeuten die Seiten des Buches, die fettgedruckten die Hauptfundstellen.

D



E

**M**



**N**



**O**



**P**

Q



R



S

## W